EXECUÇÃO TRABALHISTA EM PERGUNTAS E RESPOSTAS

DE ACORDO COM O NOVO CPC

BEN-HUR SILVEIRA CLAUS

Prefácio
Wagner D. Giglio

EXECUÇÃO TRABALHISTA EM PERGUNTAS E RESPOSTAS

DE ACORDO COM O NOVO CPC

2ª edição
1ª reimpressão

Belo Horizonte
FÓRUM
CONHECIMENTO JURÍDICO
2024

© 2015 HS Editora Ltda.
© 2017 2ª edição Editora Fórum Ltda.
2024 1ª reimpressão

É proibida a reprodução total ou parcial desta obra, por qualquer meio eletrônico, inclusive por processos xerográficos, sem autorização expressa do Editor.

Conselho Editorial

Adilson Abreu Dallari
Alécia Paolucci Nogueira Bicalho
Alexandre Coutinho Pagliarini
André Ramos Tavares
Carlos Ayres Britto
Carlos Mário da Silva Velloso
Cármen Lúcia Antunes Rocha
Cesar Augusto Guimarães Pereira
Clovis Beznos
Cristiana Fortini
Dinorá Adelaide Musetti Grotti
Diogo de Figueiredo Moreira Neto (*in memoriam*)
Egon Bockmann Moreira
Emerson Gabardo
Fabrício Motta
Fernando Rossi
Flávio Henrique Unes Pereira

Floriano de Azevedo Marques Neto
Gustavo Justino de Oliveira
Inês Virgínia Prado Soares
Jorge Ulisses Jacoby Fernandes
Juarez Freitas
Luciano Ferraz
Lúcio Delfino
Marcia Carla Pereira Ribeiro
Márcio Cammarosano
Marcos Ehrhardt Jr.
Maria Sylvia Zanella Di Pietro
Ney José de Freitas
Oswaldo Othon de Pontes Saraiva Filho
Paulo Modesto
Romeu Felipe Bacellar Filho
Sérgio Guerra
Walber de Moura Agra

CONHECIMENTO JURÍDICO

Luís Cláudio Rodrigues Ferreira
Presidente e Editor

Coordenação editorial:
Leonardo Eustáquio Siqueira Araújo / Aline Sobreira de Oliveira

Rua Paulo Ribeiro Bastos, 211 – Jardim Atlântico – CEP 31710-430
Belo Horizonte – Minas Gerais – Tel.: (31) 99412.0131
www.editoraforum.com.br – editoraforum@editoraforum.com.br

C616e   Claus, Ben-Hur Silveira
            Execução trabalhista em perguntas e respostas: de acordo com o novo CPC/ Ben-Hur Silveira Claus. 1. reimpressão.– Belo Horizonte : Fórum, 2017.

            220 p.
            ISBN: 978-85-450-0214-7

            1. Direito processual trabalhista. 2. Direito trabalhista. I. Título.

                                                                CDD 342.68
                                                                CDU 347.9

Informação bibliográfica deste livro, conforme a NBR 6023:2002 da Associação Brasileira de Normas Técnicas (ABNT):

CLAUS, Ben-Hur Silveira. *Execução trabalhista em perguntas e respostas: de acordo com o novo CPC*. 1. reimpr. Belo Horizonte: Fórum, 2017. 220 p. ISBN 978-85-450-0214-7.

À Iris.

SUMÁRIO

PREFÁCIO
Wagner D. Giglio 15

APRESENTAÇÃO
Ben-Hur Silveira Claus 17

EXECUÇÃO TRABALHISTA
EM PERGUNTAS E RESPOSTAS

1. É viável o prosseguimento da execução contra o devedor subsidiário (empresa tomadora dos serviços) quando o devedor principal (empresa prestadora de serviços) tem a falência decretada? 21

2. É necessário aguardar pelo término da falência do devedor principal para somente após direcionar a execução contra o devedor subsidiário? 23

3. É viável direcionar a execução contra o sócio no caso de falência da executada? 26

4. É possível direcionar a execução contra os condôminos se os bens do condomínio são insuficientes? 30

5. É possível direcionar a execução contra os demais membros da família beneficiados pelo trabalho do empregado doméstico? 32

6. É viável, no caso de franquia, reconhecer a responsabilidade subsidiária da empresa franqueadora? 34

7. É viável, no caso de representação comercial, reconhecer a responsabilidade subsidiária da empresa representada? 37

8. É viável direcionar a execução contra o(s) sócio(s) minoritário(s)? 38

9. É possível direcionar a execução contra diretor de sociedade anônima de capital fechado? 41

10. É possível desconsiderar a personalidade jurídica da executada de ofício? 44

11. Para desconsiderar a personalidade jurídica basta que a executada não tenha bens para responder pela execução? 45

12. A ausência de interessados no leilão pelos bens penhorados pode ser equiparada à inexistência de bens para efeito de desconsideração da personalidade jurídica da executada? 49

13. Pode se caracterizar fraude patrimonial antes mesmo da constituição do crédito trabalhista? 50

14. É viável liberar o depósito recursal para o reclamante no caso de falência superveniente da executada? 52

15. É possível deferir arresto sem prova de dívida líquida e certa? 54

16. É possível redirecionar a execução contra o tomador de serviços que não participou da fase de conhecimento da reclamatória trabalhista? 56

17. É possível redirecionar a execução contra o empreiteiro principal que não figurou na fase de conhecimento da reclamatória trabalhista? 57

18. É possível alienar de forma antecipada bens sujeitos à depreciação econômica (como computadores e veículos)? 58

19. É possível alienar de forma antecipada bens semoventes? 59

20. É possível alienar de forma antecipada bens de guarda dispendiosa? 60

21. O crédito trabalhista tem preferência sobre o crédito com garantia real (penhor, hipoteca, cédula rural hipotecária) mesmo quando a penhora do credor com garantia real é anterior? 60

22. O credor trabalhista pode penhorar o produto de arrematação – dinheiro – mesmo quando não tenha penhorado o bem do executado arrematado? Como é feita essa penhora? 62

23. É possível declarar fraude contra credores nos embargos de terceiro opostos pelo adquirente do bem penhorado? 63

24. É possível declarar a ocorrência de fraude à execução quando há desconsideração da personalidade jurídica da sociedade e o sócio aliena bem particular quando ainda não havia sido citado pessoalmente para a execução? 69

25. Presume-se a propriedade do bem penhorado na posse do executado? 70

26. O princípio da execução mais eficaz (CLT, art. 888, §1º) sobrepõe-se ao princípio da execução menos gravosa (CPC, art. 805)? 72

27. A arrematação pelo maior lanço autoriza afastar a alegação de preço vil? 75

28. A impenhorabilidade dos bens necessários ao exercício de qualquer profissão (CPC, art. 833, V) abrange os bens necessários à atividade econômica do empregador executado? 76

29. O bem de família pode ser penhorado quando luxuoso? 77

30. A impenhorabilidade do bem de família inclui o box respectivo (garagem)? 79

31. Em se tratando de defesa da meação, incumbe ao cônjuge o ônus da prova quanto à alegação de que o trabalho prestado ao sócio executado não reverteu em favor da família? 80

32. É possível desconsiderar a personalidade jurídica da sociedade anônima de capital aberto e responsabilizar o(s) diretor(es) administrador(es)? 82

33. O bem hipotecado pode ser penhorado? 84

34. O bem dado em penhor pode ser penhorado? 85

35. O bem alienado fiduciariamente pode ser penhorado? O bem gravado com leasing pode ser penhorado? 88

36. É possível relativizar a impenhorabilidade do salário do executado quando se tratar de credor trabalhista (CPC, art. 833, IV, §2º)? 90

37. O art. 28, §5º, do CDC pode ser aplicado subsidiariamente ao processo do trabalho? 92

38. É possível realizar a execução definitiva na pendência de RE (ou de AI em RE)? 95

39. É possível realizar a execução provisória de ofício na pendência de AI em RR, com prestação jurisdicional definitiva (pagamento integral ao credor)? 96

40. É possível realizar a execução provisória de ofício na pendência de Recurso Ordinário? 97

41. É possível realizar a execução provisória de ofício na pendência de Agravo de Petição? 98

42. É possível determinar de ofício o registro de hipoteca judiciária na matrícula de imóvel da reclamada em razão da sentença trabalhista condenatória proferida? 98

43. A penhora de bens do sócio, realizada após a desconsideração da personalidade jurídica da sociedade executada, configura nulidade se feita sem a prévia citação do sócio? 100

44. O credor precisa executar antes os sócios da devedora principal, se há condenação subsidiária da tomadora dos serviços?............ 101

45. É possível levar a sentença trabalhista condenatória a protesto extrajudicial no Cartório de Títulos e Documentos?........................ 104

46. O credor hipotecário pode adjudicar o bem penhorado pelo credor trabalhista?.. 106

47. É possível redirecionar a execução contra outra(s) empresa(s) do grupo econômico quando a empresa empregadora não tem bens? Mesmo quando essa outra empresa do grupo não participou da fase de cognição?... 106

48. A existência de grupo econômico é provada apenas por meio de prova documental?... 108

49. Quando se caracteriza a sucessão trabalhista?............................. 109

50. A subsistência de empresa sucedida descaracteriza a sucessão trabalhista?... 109

51. A sucessão trabalhista caracteriza-se mesmo quando apenas um segmento produtivo é transferido para o novo empreendedor?........ 110

52. A sucessão trabalhista caracteriza-se mesmo quando os empregados da empresa sucedida não tenham trabalhado para a empresa sucessora?.. 110

53. É possível sustentar a existência de responsabilidade solidária entre empresa sucessora e empresa sucedida?............................. 112

54. É possível redirecionar a execução contra o sucessor que não participou da fase de conhecimento do processo?........................ 113

55. É possível redirecionar a execução contra o sucedido que não participou da fase de conhecimento do processo?........................ 116

56. O que fazer quando caracterizada a figura do depositário infiel?...... 117

57. É legal a imediata remoção dos bens móveis penhorados?............ 119

58. O sócio que se retira da sociedade continua responsável por mais dois anos?.. 120

59. O sócio que se retirou da sociedade há mais de dois anos pode ser responsabilizado em caso de fraude ou de insolvência da empresa ao tempo da retirada do sócio?.. 123

60. O sócio que ingressa na sociedade após a constituição do crédito trabalhista é responsável?... 125

61. O fato de ocorrer nova penhora reabre o prazo para embargos à execução?........ 127

62. O credor trabalhista pode dirigir a execução contra qualquer sócio da empresa?........ 128

63. Tratando-se de executado proprietário de fração ideal em condomínio, é possível penhorar e realizar a alienação de todo o imóvel, ainda que apenas o condômino executado seja devedor?........ 129

64. É lícito efetuar penhora de crédito do executado junto às empresas operadoras dos cartões de crédito aceitos pelo executado nas vendas que o executado faz para seus clientes?........ 131

65. A impenhorabilidade da pequena propriedade rural é oponível ao respectivo credor trabalhista?........ 133

66. É lícita a concessão de medida cautelar de ofício para assegurar futura execução?........ 136

67. Os cooperados têm responsabilidade solidária pelas dívidas das cooperativas?........ 138

68. Eletrodomésticos podem ser penhorados?........ 139

69. É viável direcionar a execução contra o sócio no caso de recuperação judicial da sociedade executada?........ 140

70. É possível direcionar a execução contra o responsável subsidiário antes de esgotar as possibilidades de execução contra o devedor principal?........ 145

71. É possível realizar a desconsideração inversa da personalidade jurídica da sociedade executada?........ 148

72. Os embargos à execução devem ser recebidos sem efeito suspensivo no processo do trabalho? A execução pode prosseguir?........ 151

73. No caso de conduta atentatória à dignidade da justiça, o juiz pode, além de aplicar a multa prevista no art. 774, parágrafo único, do CPC, proibir o executado de falar nos autos do processo?........ 152

74. As despesas da execução correm por conta do executado?........ 154

75. A ordem de preferência para a penhora (CPC, art. 835) obriga ao juízo?........ 155

76. É ineficaz a indicação de bens à penhora quando o executado não observa a ordem preferencial prevista no art. 835 do CPC (CLT, art. 882)?........ 156

77. Havendo desconsideração da personalidade jurídica da sociedade, a responsabilidade dos sócios entre si é solidária? 157

78. A executada pode discutir, nos embargos à alienação, matéria relativa à fase de conhecimento e à fase de embargos à execução? 158

79. A executada revel deve apresentar recurso ordinário quando intimada da sentença ou quando intimada para falar sobre os cálculos de liquidação, sob pena de preclusão? 161

80. O crédito trabalhista tem privilégio sobre o crédito previdenciário? .. 163

81. A liquidação extrajudicial da empresa suspende a execução trabalhista? Não. Aplica-se o art. 18 da Lei nº 6.024/74 à execução trabalhista? 165

82. Tratando-se de bem destinado tanto à utilização comercial, quanto à utilização residencial, é viável a penhora? 166

83. Tratando-se de crédito trabalhista, é lícita a penhora de valor depositado em caderneta de poupança? 168

84. É possível penhorar bem de família, em se tratando de execução de condenação decorrente de responsabilidade civil? 168

85. A execução pode ser direcionada contra o acionista controlador da sociedade anônima? 170

86. O negócio celebrado a título gratuito pode configurar fraude contra credores ou fraude à execução? A doação de bens aos filhos com reserva de usufruto pode configurar fraude à execução ou fraude contra credores? 173

87. A remissão de dívida por parte de devedor insolvente pode configurar fraude à execução ou fraude contra credores? 176

88. A celebração de contrato oneroso com devedor insolvente, quando a insolvência for notória, pode configurar fraude à execução ou fraude contra credores? 178

89. A celebração de contrato oneroso com devedor insolvente, quando houver motivo para a insolvência ser conhecida do outro contratante, pode configurar fraude à execução ou fraude contra credores? 179

90. O pagamento feito a credor quirografário, por devedor insolvente, quando a dívida ainda não está vencida, pode configurar fraude à execução ou fraude contra credores? 181

91. A concessão de garantia de dívida pelo devedor insolvente pode configurar fraude à execução ou fraude contra credores? 182

92. A simulação de alienação de patrimônio do devedor pode ser declarada nula de ofício pelo juízo na própria execução?............... 184

93. O conhecimento da situação de insolvência do alienante pode ser presumido quando há relação de parentesco, relação de amizade, negócios mútuos, alienação de todos os bens ou alienação por preço vil?... 186

94. É possível penhorar as cotas sociais do sócio executado?............. 188

95. O bloqueio de numerário realizado pelo Convênio BacenJud caracteriza violação da garantia de sigilo bancário?..................... 191

96. É possível penhorar o bem de família quando o devedor adquire novo bem imóvel residencial de maior valor?................................ 193

97. É possível penhorar o bem de família quando alugado e não utilizado para a moradia da família?... 196

98. A fraude à execução pode ser declarada de ofício?..................... 197

99. O crédito trabalhista pode ser penhorado?................................ 199

100. Os bens tornados indisponíveis na execução fiscal podem ser penhorados na execução trabalhista?... 200

101. A execução trabalhista pode ser retomada quando tiver decorrido o prazo de 180 dias sem aprovação do Plano de Recuperação Judicial?... 202

102. A indisponibilidade de bens prevista no art. 185-A do CTN é aplicável de ofício à execução trabalhista?.................................... 203

103. A averbação premonitória prevista no art. 828 do CPC é aplicável de ofício na sentença trabalhista condenatória?........................... 206

104. É lícita a hipoteca judiciária de bens móveis e outros?............... 208

105. Tratando-se de executado solteiro, pode-se penhorar o bem residencial?.. 210

106. O terceiro responde com seu patrimônio pessoal quando descumpre a ordem judicial para, na penhora de crédito, depositar em juízo o valor devido ao executado?... 211

REFERÊNCIAS 215

PREFÁCIO

A Consolidação das Leis do Trabalho contém poucas disposições sobre o processo trabalhista. Seus autores estavam cientes dessa insuficiência normativa, tanto assim que previram como supri-la, ordenando, nos artigos 769 e 889, a aplicação das regras do processo comum, ou seja, do Código de Processo Civil, e, na execução, dos "preceitos que regem o processo dos executivos fiscais para a cobrança judicial da dívida ativa da Fazenda Pública Federal".

O procedimento nas cortes trabalhistas era muito controvertido desde o início. Nos anos finais da década de 1950, um juiz de São Paulo chegou a pregar uma Portaria, na entrada da sala de audiências, com as regras procedimentais que seriam aplicadas naquela Vara, à época denominada Junta de Conciliação e Julgamento. A aplicação do processo civil e, na execução, das referentes aos executivos fiscais dependia da controversa compatibilidade com as regras processuais da Consolidação. A discutida tarefa de compatibilizar esses três diplomas legais foi explorada no primeiro livro lançado pelo saudoso Antônio Lamarca, nos anos finais da década de 1950 ou iniciais da década de 1960.

Desde essa época até nossos dias, as coisas se complicaram bastante, com a incidência das Súmulas do Supremo Tribunal Federal, do Tribunal Superior do Trabalho e dos Tribunais Regionais, de várias leis não integradas à C.L.T., Orientações Jurisprudenciais, Instruções Normativas, Provimentos, etc. Nessa floresta de disposições aplicáveis ao processo trabalhista podem se perder juízes, advogados, juristas e, com maior razão, as partes interessadas nas ações trabalhistas.

Daí a utilidade de estudos atualizados, com caráter prático, objetivando a "Efetividade da Execução Trabalhista" através de perguntas e respostas para auxiliar juízes, advogados e outros operadores do Direito dedicados ao processo do trabalho. A forma escolhida pelo autor, valorizada pela utilização de uma linguagem simples e acessível, antecipando as dúvidas mais frequentes, facilita o entendimento.

A simplicidade e a despretensão do autor não escondem, entretanto, o jurista maduro e preocupado com a melhoria da atuação do Poder Judiciário Trabalhista. Muitas de suas propostas se revestem de um saudável caráter inovador. Basta lembrar as menções ao registro da hipoteca judiciária da sentença condenatória, de ofício, o protesto extrajudicial da sentença no Cartório de Títulos e Documentos e a execução provisória na pendência de recurso, ambas as medidas por iniciativa do juiz, independentemente de requerimento da parte.

A leitura do texto comprova que estamos diante de alguém com a experiência prática de um juiz atuante, com evidente vocação para cultor da ciência do Direito e preocupado com a eficiência de suas decisões. A obra, ademais, desperta o sabor de "quero mais", levando o leitor ao desejo de compreensão do inteiro teor das ações da Justiça do Trabalho. Ninguém melhor do que o autor poderá incumbir-se dessa missão.

Wagner D. Giglio

APRESENTAÇÃO

A Justiça do Trabalho deve dedicar especial atenção à fase de execução do processo, de forma a garantir com celeridade a entrega do bem da vida como concretização da Justiça Social, porque, embora seja igualmente importante a fase de conhecimento do processo, é na satisfação dos créditos reconhecidos que as partes identificam a efetividade do aparato judiciário.

Entre as causas do emperramento da execução trabalhista, Wagner D. Giglio identifica as seguintes: a) a explosão demográfica; b) a industrialização do país; c) a extensão da legislação trabalhista aos empregados rurais e domésticos; d) a alta rotatividade da mão de obra; e) a proliferação de empregados sem registro; f) a má-distribuição da riqueza nacional; g) a maior consciência dos direitos de cidadania; h) a insuficiência da estrutura judiciária em face da demanda; i) as baixas taxas de juros e correção monetária.

E propõe as seguintes soluções: a) adotar o princípio da execução mais eficaz, em detrimento ao princípio da execução menos onerosa; b) combater as protelações com maior rigor; c) proferir sentenças líquidas, sempre que possível; d) criar um cargo de contador em cada Vara; e) fixar o depósito recursal no valor integral da condenação (como ocorre no direito tributário).

Algumas das soluções apontadas dependem de lei, o que tem encontrado resistências no Parlamento. Porém, não é necessária a edição de lei para aplicar-se o princípio da execução mais eficaz com maior intensidade na execução trabalhista. É que esse princípio já integra nosso direito positivo. Sua presença no ordenamento jurídico trabalhista é haurida do §1º do art. 888 da CLT, preceito que estabelece que a arrematação far-se-á pelo maior lanço. Trata-se de conferir a esse princípio maior eficácia normativa. E isso é plenamente possível diante do direito positivo atual, não exigindo alteração legislativa, sobretudo após a inserção da garantia fundamental à duração razoável do processo na ordem constitucional (CF, art. 5º, LXXVIII).

Foi nesse contexto que surgiu a ideia de uma obra de consulta rápida sobre efetividade da execução trabalhista.

Concebida como ferramenta simples de apoio à execução, a obra apresenta-se sob a fórmula didática de perguntas e respostas. À pergunta, segue-se a resposta. À resposta, segue-se o fundamento legal. Ao fundamento legal, segue-se a doutrina de apoio. À doutrina, segue-se a jurisprudência de apoio.

A obra foi concebida na perspectiva da maior efetividade da execução. Optou-se pela doutrina e pela jurisprudência mais aptas a conferir efetividade à execução trabalhista. Esse critério foi adotado de forma deliberada: quando há várias correntes de opinião acerca de determinado aspecto da execução, optou-se pela corrente de opinião mais "garantista" da efetividade da execução. Por conseguinte, não se faz um cotejo crítico entre as diversas correntes de pensamento sobre cada tema da execução, pois uma discussão de tal amplitude escapa restrito objetivo da obra, que se destina à condição de simples ferramenta de consulta rápida.

Algumas propostas são inovadoras, como o registro da hipoteca judiciária constituída pela sentença trabalhista condenatória no Cartório de Registro de Imóveis, de ofício; como o protesto extrajudicial da sentença trabalhista condenatória no Cartório de Títulos e Documentos, de ofício (Lei nº 9.492/97, art. 1º); como a execução provisória de ofício na pendência de recurso.

Outras práticas são conhecidas, mas ainda pouco utilizadas, como a alienação antecipada de bens sujeitos à rápida depreciação econômica (tais como computadores e equipamentos eletrônicos); de bens de guarda dispendiosa e de bens semoventes.

Por fim, algumas propostas objetivam construir uma nova orientação para a jurisprudência, como é o caso da proposta de admitir-se declarar fraude contra credores em embargos de terceiro opostos pelo adquirente (Pontes de Miranda, Francisco Antônio de Oliveira, Maria Helena Diniz, Ari Pedro Lorenzetti e Alice Monteiro de Barros); como é o caso da proposta de admitir-se a penhora do bem de família quando suntuoso (Ari Pedro Lorenzetti, Marcos da Silva Porto e João Pedro Silvestrin); como é o caso da proposta de admitir-se a relativização da regra da impenhorabilidade absoluta, quando a penhora de uma pequena parcela do salário permitir o atendimento do crédito trabalhista em execução, sem prejuízo à subsistência do executado e sua dignidade de pessoa humana (Francisco Meton de Lima, Manoel Antônio Teixeira Filho, Ari Pedro Lorenzetti, João Pedro Silvestrin, Rejane Souza Pedra e Cláudio Antônio Cassou Barbosa).

Esta segunda edição do livro está atualizada conforme o CPC de 2015.

As críticas e sugestões são bem-vindas e são indispensáveis. Para tanto, coloco à disposição o meu endereço eletrônico (benhurclaus@terra.com.br) e desejo a todos uma boa leitura.

Ben-Hur Silveira Claus

EXECUÇÃO TRABALHISTA EM PERGUNTAS E RESPOSTAS

1. É viável o prosseguimento da execução contra o devedor subsidiário (empresa tomadora dos serviços) quando o devedor principal (empresa prestadora de serviços) tem a falência decretada?

Sim.

Fundamento legal: CDC, art. 28, *caput* e §5º,[1] por analogia; CC, art. 828, III,[2] por analogia; Lei nº 6.019/74, art. 16,[3] por analogia.

Doutrina:

Ari Pedro Lorenzetti:

A restrição do art. 828, III, do Código Civil, aplica-se, analogicamente, a todas as situações nas quais, em tese, seja cabível o benefício de ordem. No mesmo sentido aponta o art. 16 da Lei nº 6.019/74. Embora este

---

[1] CDC: Art. 28. O juiz poderá desconsiderar a personalidade jurídica da sociedade quando, em detrimento do consumidor, houver abuso de direito, excesso de poder, infração da lei, fato ou ato ilícito ou violação dos estatutos ou contrato social. A desconsideração também será efetivada quando houver *falência*, estado de insolvência, encerramento ou inatividade da pessoa jurídica provocados por má administração.
[...]
§5º. "Também poderá ser desconsiderada a pessoa jurídica sempre que sua personalidade for, de alguma forma, obstáculo ao ressarcimento de prejuízos causados aos consumidores".

[2] CC: Art. 827. O fiador demandado pelo pagamento da dívida tem direito a exigir, até a contestação da lide, que sejam primeiro executados os bens do devedor.
Parágrafo único. O fiador que alegar o benefício de ordem, a que se refere este artigo, deve nomear bens do devedor, sitos no mesmo município, livres e desembargados, quantos bastem para solver o débito.
Art. 828. Não aproveita este benefício ao fiador:
[...]
III – se o devedor for insolvente, ou falido.

[3] Lei nº 6.019/74: Art. 16. No caso de falência da empresa de trabalho temporário, a empresa tomadora ou cliente é solidariamente responsável pelo recolhimento das contribuições previdenciárias, no tocante ao tempo em que o trabalhador esteve sob suas ordens, assim como em referência ao mesmo período, pela remuneração e indenização prevista nesta lei.

dispositivo se tenha referido à responsabilidade *solidária*, autorizou o trabalhador temporário a exigir os seus créditos da empresa cliente pelo simples fato da falência da empresa prestadora de mão de obra, não indagando se o patrimônio desta comportaria a satisfação dos créditos trabalhistas, considerando que estes gozam de preferência em relação aos demais. Assim, por aplicação analógica do art. 828, III, do Código Civil, assim como do art. 16 da Lei nº 6.019/74, a falência ou a insolvência do devedor ou do responsável principal é o quanto basta para que se possa direcionar a execução contra o responsável subsidiário.

Nada impede, entretanto, que o trabalhador continue insistindo em receber os seus direitos junto ao devedor ou ao responsável principal, perseguindo os bens deste além do foro da execução, ou habilitando o crédito perante o juízo da falência ou insolvência.[4]

Jurisprudência:

OJ nº 7 da Seção Especializada em Execução do TRT4:

REDIRECIONAMENTO DA EXECUÇÃO CONTRA DEVEDOR SUBSIDIÁRIO. FALÊNCIA DO DEVEDOR PRINCIPAL. A decretação da falência do devedor principal induz presunção de insolvência e autoriza o redirecionamento imediato da execução contra o devedor subsidiário.

EMENTA: RECURSO DE REVISTA. AGRAVO DE PETIÇÃO. CONDENAÇÃO SUBSIDIÁRIA. FALÊNCIA DO DEVEDOR PRINCIPAL. EXECUÇÃO IMEDIATA DO DEVEDOR ACESSÓRIO. INOCORRÊNCIA DE VIOLAÇÃO DA COISA JULGADA. Prevendo o título judicial transitado em julgado condenação subsidiária do beneficiário direto do trabalho, sobrevindo falência do prestador de serviços, não fere a coisa julgada a execução direta e imediata do devedor acessório. A quebra é o reconhecimento judicial da insolvência do devedor, ou seja, muito mais que inadimplência ou inidoneidade financeira, que justificaram a condenação subsidiária. A promoção da execução contra o responsável subsidiário não significa violação da coisa julgada, mas seu exato cumprimento. (TST, RR 580.012/1999, Rel. José Pedro de Camargo Rodrigues de Souza, publicado em 16.02.2001).

EMENTA: FALÊNCIA. EXECUÇÃO. RESPONSABILIDADE SUBSIDIÁRIA. Condenada a agravante como responsável subsidiária e tendo sido declarada a falência da devedora principal, prossegue a execução

---

[4] LORENZETTI, Ari Pedro. *A responsabilidade pelos créditos trabalhistas*. São Paulo: LTr, 2003. p. 24-25.

contra o devedor subsidiário, em respeito à coisa julgada. Agravo provido. (TRT 1ª Região, AP 2.169/2001, Ac. 4ª T, Rel. Juiz Luiz Alfredo Mafra Lino, DOE 12.09.2001).

EMENTA: REDIRECIONAMENTO DA EXECUÇÃO CONTRA A DEVEDORA SUBSIDIÁRIA. FALÊNCIA DA DEVEDORA PRINCIPAL. A não comprovação da capacidade da massa falida de satisfazer o débito trabalhista acarreta o redirecionamento da execução contra a devedora subsidiária, a qual se desonera do respectivo ônus, apenas quando, e se comprovada, a capacidade da massa falida na satisfação do débito. (TRT 4ª Região, AP 01870-2005-201-04-00-0, Ac. 6ª T, Rel. Juíza Maria Cristina Schaan Ferreira).

EMENTA: AGRAVO DE PETIÇÃO DA UNIÃO – 2ª EXECUTADA. REDIRECIONAMENTO DA EXECUÇÃO CONTRA A RESPONSÁVEL SUBSIDIÁRIA, ORA AGRAVANTE. O insucesso da execução em face da empresa prestadora, com a condenação subsidiária da tomadora, faculta o redirecionamento da execução contra esta, sem a necessidade de primeiro ser promovida a execução contra os sócios daquela, notadamente quando a agravante, principal interessada, não aponta bens livres da prestadora, hábeis a garantir a execução. Havendo devedora subsidiária, não há razão para se proceder à desconsideração da pessoa jurídica do devedor principal, até por questão de celeridade processual. Agravo de petição não provido. (TRT 4ª Região, AP 01009-1996-018-04-00-5, Ac. 2ª T, Rel. Juíza Denise Pacheco).

2. É necessário aguardar pelo término da falência do devedor principal para somente após direcionar a execução contra o devedor subsidiário?

Não.

Fundamento legal: CDC, art. 28, *caput* e §5º,[5] por analogia; CC, art. 828, III,[6] por analogia; Lei nº 6.019/74, art. 16,[7] por analogia.

---

[5] CDC: Art. 28. O juiz poderá desconsiderar a personalidade jurídica da sociedade quando, em detrimento do consumidor, houver abuso de direito, excesso de poder, infração da lei, fato ou ato ilícito ou violação dos estatutos ou contrato social. A desconsideração também será efetivada quando houver *falência*, estado de insolvência, encerramento ou inatividade da pessoa jurídica provocados por má administração.
[...]
§5º. Também poderá ser desconsiderada a pessoa jurídica sempre que sua personalidade for, de alguma forma, obstáculo ao ressarcimento de prejuízos causados aos consumidores.

Doutrina:
Ari Pedro Lorenzetti:

Situação idêntica ocorre em caso de falência ou de insolvência. Consoante o art. 828, III, do Código Civil, o benefício de ordem não aproveita ao fiador quando o devedor for insolvente ou falido. Não indaga a lei, em tais casos, se o patrimônio do devedor comportaria a satisfação da dívida garantida pela fiança, sendo suficiente o reconhecimento de sua falência ou insolvência. Note-se, portanto, que a responsabilidade subsidiária não visa apenas garantir que a dívida seja satisfeita, mas também que o seja sem percalços. É por isso que, para valer-se do benefício de ordem, exige-se do responsável subsidiário que indique bens *livres e desembaraçados*, além de situados no foro da execução. Destarte, se os bens do devedor ou do principal responsável foram arrecadados pelo juízo falimentar, é o quanto basta para que possa ser redirecionada a execução contra os responsáveis subsidiários. De nada adianta ao responsável subsidiário, pois, alegar que o patrimônio do falido é suficiente para satisfazer o crédito por ele garantido.[8]

Jurisprudência:

OJ nº 7 da Seção Especializada em Execução do TRT4:

REDIRECIONAMENTO DA EXECUÇÃO CONTRA DEVEDOR SUBSIDIÁRIO. FALÊNCIA DO DEVEDOR PRINCIPAL. A decretação da falência do devedor principal induz presunção de insolvência e autoriza o redirecionamento imediato da execução contra o devedor subsidiário.

EMENTA: RECURSO DE REVISTA. AGRAVO DE PETIÇÃO. CONDENAÇÃO SUBSIDIÁRIA. FALÊNCIA DO DEVEDOR PRINCPAL.

---

[6] Lei nº 6.019/74: Art. 16. No caso de falência da empresa de trabalho temporário, a empresa tomadora ou cliente é solidariamente responsável pelo recolhimento das contribuições previdenciárias, no tocante ao tempo em que o trabalhador esteve sob suas ordens, assim como em referência ao mesmo período, pela remuneração e indenização prevista nesta lei.

[7] CC: Art. 827. O fiador demandado pelo pagamento da dívida tem direito a exigir, até a contestação da lide, que sejam primeiro executados os bens do devedor.
Parágrafo único. O fiador que alegar o benefício de ordem, a que se refere este artigo, deve nomear bens do devedor, sitos no mesmo município, livres e desembargados, quantos bastem para solver o débito.
Art. 828. Não aproveita este benefício ao fiador:
[...]
III – se o devedor for insolvente, ou falido.

[8] LORENZETTI, Ari Pedro. *A responsabilidade pelos créditos trabalhistas*. São Paulo: LTr, 2003. p. 24.

EXECUÇÃO IMEDIATA DO DEVEDOR ACESSÓRIO. INOCORRÊNCIA DE VIOLAÇÃO DA COISA JULGADA. Prevendo o título judicial, transitado em julgado, condenação subsidiária do beneficiário direto do trabalho, sobrevindo falência do tomador dos serviços, não fere a coisa julgada a execução direta e imediata do devedor acessório. A quebra é o reconhecimento judicial da insolvência do devedor, ou seja, muito mais que inadimplência ou inidoneidade financeira, que justificaram a condenação subsidiária. A promoção da execução contra o responsável subsidiário não significa violação da coisa julgada, mas seu exato cumprimento. Recurso de Revista não conhecido. (TST, RR 580.012/99, Ac. 2ª T, 13.12.2000, Rel. Juiz conv. José Pedro de Camargo. DJU 16.02.2001. p. 701)

EMENTA: AGRAVO DE PETIÇÃO. RESPONSABILIDADE SUBSIDIÁRIA. REDIRECIONAMENTO DA EXECUÇÃO. Na hipótese dos autos, a execução deve ser promovida contra a agravante, consoante o item IV da Súmula nº 331/TST. É imperioso que a execução se transfira para a devedora subsidiária, a menos que esta comprove que a devedora principal pode arcar seguramente com a satisfação do débito, o que não se presume. Recurso desprovido. (TRT 4ª Região, AP 00177-2004-221-04-00-3, Ac. 1ª T, Rel. Desembargadora Eurídice Josefina Bazo Tôrres).

EMENTA: DIRECIONAMENTO DA EXECUÇÃO CONTRA A DEVEDORA SUBSIDIÁRIA. Diante do evidente prejuízo e da existência de devedora subsidiária, desnecessário é que o exequente aguarde o término do processo falimentar para somente então ver satisfeitos os seus créditos. Aplicação por analogia do inciso III do artigo 828 do Código Civil. Agravo de petição desprovido. (TRT 4ª Região, AP 00651-2004-003-04-00-9, Ac. 9ª T, Rel. Des. Eurídice Josefina Bazo Tôrres).

EMENTA: EXECUÇÃO. FALÊNCIA DA DEVEDORA PRINCIPAL. RESPONSABILIDADE SUBSIDIÁRIA DO TOMADOR DE SERVIÇOS. Na execução contra dois devedores em se tratando de falência, mesmo que um figure no pólo passivo da execução na condição de devedor secundário com responsabilidade subsidiária pelo cumprimento da obrigação, aquela deve se processar contra este último, não havendo necessidade de habilitação do crédito no juízo universal da falência. Isto porque se a responsabilidade subsidiária tem por escopo garantir o cumprimento das obrigações trabalhistas, considerando-se a hipossuficiência do empregado, com maior razão referida responsabilidade deverá recair de forma imediata sobre o responsável subsidiário na hipótese de falência. (TRT 3ª Região, AP 00065-1997-004-03-00-6, Rel. Des. Maria Lucia Cardoso Magalhães, julgado em 31.01.2007).

3. É viável direcionar a execução contra o sócio no caso de falência da executada?

Sim. Mediante a desconsideração da personalidade jurídica da sociedade executada, a ser adotada com fundamento no art. 28, *caput* e §5º, do CDC, aplicável por analogia.

Fundamento legal: CDC, art. 28, *caput* §5º,[9] por analogia; CC, art. 828, III,[10] por analogia; Lei nº 6.019/74, art. 16,[11] por analogia.

Doutrina:

Francisco Antônio de Oliveira:

> Não deve ser descartada a penhora de bens do sócio em caso de falência. Com certeza, o sócio não conseguirá indicar bens da empresa conforme lhe permite o art. 596, CPC, em face da arrecadação dos bens pelo administrador judicial. A situação do empregado em comparação com o estado falimentar da empresa é de *res inter alios*. O empregado não corre o risco do empreendimento, pois jamais participa dos lucros; não tem possibilidade de ingerência nos destinos da empresa; deu a sua força de trabalho em benefício da empresa, força de trabalho essa que jamais poderá ser revertida. Se alguém deve responder perante os créditos trabalhistas, em caso de quebra, são os sócios, e não o empregado. São eles, sócios, os únicos culpados pela quebra, já que o risco

---

[9] CDC: Art. 28. O juiz poderá desconsiderar a personalidade jurídica da sociedade quando, em detrimento do consumidor, houver abuso de direito, excesso de poder, infração da lei, fato ou ato ilícito ou violação dos estatutos ou do contrato social. A desconsideração também será efetivada quando houver *falência*, estado de insolvência, encerramento ou inatividade da pessoa jurídica provocados por má administração.
[...]
§5º. Também poderá ser desconsiderada a pessoa jurídica sempre que sua personalidade for, de alguma forma, obstáculo ao ressarcimento de prejuízos causados aos consumidores.

[10] CC: Art. 827. O fiador demandado pelo pagamento da dívida tem direito a exigir, até a contestação da lide, que sejam primeiro executados os bens do devedor.
Parágrafo único. O fiador que alegar o benefício de ordem, a que se refere este artigo, deve nomear bens do devedor, sitos no mesmo município, livres e desembargados, quantos bastem para solver o débito.
Art. 828. Não aproveita este benefício ao fiador:
[...]
III – se o devedor for insolvente, ou falido.

[11] Lei nº 6.019/74: Art. 16. No caso de falência da empresa de trabalho temporário, a empresa tomadora ou cliente é solidariamente responsável pelo recolhimento das contribuições previdenciárias, no tocante ao tempo em que o trabalhador esteve sob suas ordens, assim como em referência ao mesmo período, pela remuneração e indenização prevista nesta lei.

é próprio do empreendimento. E o risco não pode ser transferido ao trabalhador (teoria da *disregard of legal entity*).[12]

Ari Pedro Lorenzetti:

Por outro lado, conforme observa Arion Mazurkevic, nada impede que o credor trabalhista, mesmo após ter se habilitado perante a massa falimentar, promova, perante a Justiça do Trabalho, a execução dos responsáveis subsidiários. E justifica: 'A habilitação não corresponde à garantia do juízo, nem assegura a satisfação do crédito. Tão somente permite que o credor passe a figurar no quadro geral de credores e posteriormente participe, com a realização do ativo (expropriação dos bens arrecadados), do rateio para o seu pagamento. Esse pagamento, por sinal, pode não ser integral, bastando que o ativo seja insuficiente para a satisfação de todos os créditos trabalhistas habilitados. Habilitado o crédito trabalhista perante o juízo da falência e prosseguindo-se a execução em face do sócio ou do administrador na Justiça do Trabalho, havendo a satisfação integral ou parcial em um destes juízos, bastará que seja comunicado ao outro para a adequação ou a extinção da execução, não gerando qualquer prejuízo às partes ou à massa falida. Do contrário, compelindo o credor a optar por uma dessas formas de execução, fatalmente se estará relegando-o a sorte do meio escolhido, em detrimento ou em favorecimento dos demais credores que escolheram o outro meio'. Para que a execução se processe contra o responsável subsidiário, não é necessário que o credor demonstre haver esgotado todas as possibilidades de recebimento perante o devedor ou o responsável principal. Assim, se o devedor, uma vez citado para efetuar o pagamento, ficar inerte, não solvendo a dívida nem indicando bens à penhora, é o quanto basta para que a execução possa voltar-se contra os responsáveis subsidiários.[13]

Francisco Antônio de Oliveira:

É princípio informador do direito do trabalho que 'o empregado não corre o risco do empreendimento, já que também não participa dos lucros'. Em não havendo bens que suportem a execução forçada – insolvência, concordata, falência, liquidação extrajudicial, desaparecimento dos bens da pessoa jurídica, etc. –, os sócios responderão pelos débitos trabalhistas com os seus patrimônios particulares.[14]

---

[12] OLIVEIRA, Francisco Antônio de. *Execução na Justiça do Trabalho*. 6. ed. São Paulo: RT, 2007. p. 253.
[13] LORENZETTI, Ari Pedro. *A responsabilidade pelos créditos trabalhistas*. São Paulo: LTr, 2003. p. 25.
[14] OLIVEIRA, Francisco Antônio de. *Execução na Justiça do Trabalho*. 6. ed. São Paulo: RT, 2007. p. 263.

Marcos Neves Fava:

> Os sócios que não sejam 'ilimitadamente responsáveis' não têm, pois, sua falência decretada, quando a empresa de que são titulares tem assinada sua quebra. Ora, se não, nada obsta que seu patrimônio particular, isento de apreensão pelo juízo universal da falência, responda pelas obrigações trabalhistas, pelos argumentos expendidos linha acima, no que toca à despersonalização do empregador. Ao revés do ordinário despacho, lido em quase todos os feitos em que a falência do devedor resta decretada, com autorização para expedição de certidão para habilitação do crédito no quase infinito procedimento concursal, saída melhor será a declaração de despersonalização do empregador e virada da mira dos atos executórios ao patrimônio individual dos sócios.[15]

Enunciado nº 20 da Jornada Nacional da Justiça do Trabalho sobre Execução (Cuiabá/MT - 2010):

> Falência e Recuperação Judicial. Prosseguimento da execução trabalhista contra coobrigados, fiadores, regressivamente obrigados e sócios. Possibilidade. A falência e a recuperação judicial, sem prejuízo do direito de habilitação de crédito no juízo universal, não impedem o prosseguimento da execução contra os coobrigados, os fiadores e os obrigados de regresso, bem como os sócios, por força da desconsideração da personalidade jurídica.

Jurisprudência:

> EMENTA: AGRAVO REGIMENTAL. CONFLITO DE COMPETÊNCIA. CORREÇÃO DE DECISÕES JUDICIAIS. IMPOSSIBILIDADE. EXECUÇÃO TRABALHISTA. FALÊNCIA DA EXECUTADA. BENS DOS SÓCIOS. 1. [...]. 2. O juízo da execução trabalhista deve observar a competência exclusiva e absoluta do juízo falimentar quando o exequente perseguir patrimônio da massa falida (arrecadado ou a arrecadar). Esse fato não o impede, porém, de autorizar, nas hipóteses legais, constrições sobre bens estranhos à massa como são, de ordinário, os bens dos sócios de responsabilidade limitada. 3. Essa regra vale especialmente quando tais sócios são demandados, em nome próprio, juntamente com a falida, na reclamação trabalhista, e contra eles é direcionada a pretensão do exequente. Nessa situação, a suspensão

---

[15] FAVA, Marcos Neves. *Execução trabalhista efetiva*. São Paulo: LTr, 2009. p. 115.

automática decorrente da decretação da falência não atinge todas as partes reclamadas/executadas. Atinge apenas a falida. A lide trabalhista permanece em curso em relação aos demais reclamados/executados (sócios), já que foram demandados em nome próprio. 4. Se a execução trabalhista promovida contra sociedade falida foi redirecionada para atingir bens dos sócios, não há conflito de competência entre a justiça especializada e o juízo falimentar – eis que o patrimônio da falida quedou-se livre de constrição. Precedentes. 5. Não cabe conflito de competência quando o sócio de responsabilidade limitada da falida pretende apenas livrar seu patrimônio pessoal de medidas constritivas determinadas pelo juízo trabalhista, ainda que sob o pretexto de preservar a igualdade entre os credores habilitados na falência. (STJ, AgRg-CC 200701307250, (86096 MG), 2ª Sessão, Rel. Min. Humberto Gomes de Barros, DJU 23.09.2007. p. 207).

EMENTA: PROCESSUAL CIVIL. AGRAVO REGIMENTAL NO CONFLITO DE COMPETÊNCIA. JUÍZO FALIMENTAR E JUÍZO TRABALHISTA. DECRETAÇÃO DA FALÊNCIA. EXECUÇÃO DE CRÉDITO TRABALHISTA. DESCONSIDERAÇÃO DA PERSONALIDADE JURÍDICA PELO JUÍZO LABORAL. INCLUSÃO DE BEM DE SÓCIO NA EXECUÇÃO. CONFLITO NÃO CONHECIDO. 1. Se a execução trabalhista, movida em face da empresa que teve a falência decretada, foi redirecionada para atingir bens dos sócios, não há conflito de competência entre a Justiça especializada e o Juízo falimentar, portanto, não justifica o envio dos autos ao Juízo universal, pois o patrimônio da empresa falida continuará livre de constrição. Precedentes. 2. Ademais, considerando que os recursos a serem utilizados para satisfação do crédito trabalhista não desfalcarão o patrimônio da massa falida, não há que se falar em burla à ordem de pagamento dos credores na falência. (AgRg no CC 109256/SP, Rel. Ministra NANCY ANDRIGHI, SEGUNDA SEÇÃO, julgado em 14.04.2010, DJe 23.04.2010). 3. *Qualquer questionamento a respeito de atos (penhora, leilão, arrematação) e decisões provenientes da Justiça laboral deve ser feito perante essa Justiça especializada, por meio das ações e/ou recursos cabíveis.* 4. Agravo regimental improvido. (STJ-AgRg em ED no Conflito de Competência nº 121.613 - GO (2012/0056022-3), Relator: Ministro Luis Felipe Salomão. Data de Julgamento: 09.10.2013, S2 - SEGUNDA SEÇÃO).

EMENTA: REDIRECIONAMENTO DA EXECUÇÃO. PENHORA DE BENS DOS SÓCIOS. ILEGITIMIDADE ATIVA. Na execução que se volta contra os bens dos sócios, por inexistência ou insuficiência dos bens sociais, falece legitimidade à sociedade executada, em embargos à penhora ou em qualquer outra arguição, para a defesa dos bens dos sócios, constritos à garantia da dívida, circunstância que não se modifica ante a decretação de falência da sociedade, quando ocorrente em momento posterior ao redirecionamento da execução contra os sócios. (TRT 4ª Região, AP 01071-2005-292-04-00-5, Ac. 1ª T, Rel. Desembargador Milton Varela Dutra).

EMENTA: AGRAVO DE PETIÇÃO. REDIRECIONAMENTO DA EXECUÇÃO EM FACE DO SÓCIO DA RECLAMADA FALIDA. Hipótese em que entende-se correto o redirecionamento da execução em relação ao patrimônio do sócio. Na constância da falência, só a demora da satisfação do crédito alimentar mostra que não é ordinário aguardar o encerramento da mesma, que na maioria das vezes frustra os credores, devendo ser destacada, ainda, a natureza alimentar do crédito executado, aos quais são asseguradas maiores garantias. A falência da executada é indício suficiente da impossibilidade, ou, pelo menos da grande dificuldade do exequente em obter junto a ela a satisfação de seu crédito. Dado provimento. (TRT 4ª Região, AP00050-1998-801-04-00-0, Ac. 1ª T, Rel. Desembargadora Eurídice Josefina Bazo Tôrres).

4. É possível direcionar a execução contra os condôminos se os bens do condomínio são insuficientes?

Sim.

Fundamento legal: Lei nº 2.757/56, art. 3º.[16]

Doutrina:

Francisco Antônio de Oliveira:

Em se tratando de condomínio, e inexistindo bens comuns que possam garantir o sucesso da execução, responsáveis, solidariamente, são todos os condôminos. As regras contidas no art. 1.317 do CC hão de ser aplicadas (art. 8º, CLT), respeitada a realidade trabalhista. E o art. 1.317 há de ser interpretado em consonância com as normas contidas nos arts. 259 e 275, todos do CC. O crédito trabalhista, de natureza alimentar e gozando de superprivilégio (superior aos créditos tributários – art. 186 do CTN), a exemplo da indenização de acidente de trabalho, é indivisível, conforme preleciona W. B. Monteiro. Assim, na ausência de bens comuns do condomínio que possam ser penhorados, penhorar-se-ão bens de qualquer condômino, que bastem a levar a bom termo a execu-

---

[16] Lei nº 2.757/56: Art. 3º. Os condôminos responderão proporcionalmente, pelas obrigações previstas nas leis trabalhistas, inclusive as judiciais e extrajudiciais.

ção. Praceados os bens e paga a dívida ou recolhida a importância da dívida para evitar a venda em hasta pública, o condômino sub-roga-se no direito do credor em relação aos outros coobrigados.[17]

Edilton Meireles:

Daí se tem, então, que a responsabilidade patrimonial pelos débitos contraídos em nome do condomínio devem recair sobre os bens dos condôminos (art. 12 da Lei nº 4.591/64 c/c art. 624 do CPC), ainda que não sejam comuns. De preferência, a execução deverá recair sobre os bens comuns dos condôminos, ou seja, sobre aqueles que não pertencem exclusivamente ao condômino, mas, sim, à coletividade. Contudo, na falta de bens suficientes, é lógico que o credor poderá se voltar contra os bens particulares de cada condômino, pois este, sim, é titular da obrigação, em solidariedade com os demais co-proprietários.[18]

Ari Pedro Lorenzetti:

No tocante aos condomínios horizontais, embora a respectiva administração tenha legitimidade para contratar empregados, quando o faz age como representante dos condôminos. 'Trata-se [...] de representação meramente formal: os empregadores são os *condôminos*, como ressalta o art. 2º da Lei nº 2.757, condôminos que respondem, proporcionalmente, pelas obrigações trabalhistas (art. 3º)'. Todavia, 'os direitos dos que trabalham no prédio respectivo devem ser exercidos contra a administração do edifício, e não contra cada condômino em particular'. Entretanto, não havendo bens suficientes no patrimônio do condomínio, a dívida poderá ser cobrada de qualquer condômino. Conforme salienta *Francisco Antônio de Oliveira*, a dívida trabalhista é indivisível. Assim, não sendo paga pelo condomínio, nem tendo este bens para garantir a execução, poderão ser penhorados bens de qualquer condômino, pelo valor total da dívida.[19]

Jurisprudência:

EMENTA: PENHORA DE BEM IMÓVEL. PROMESSA DE COMPRA E VENDA. CONDOMÍNIO DE FATO. MANUTENÇÃO DO GRAVAME.

---

[17] OLIVEIRA, Francisco Antônio de. *Execução na Justiça do Trabalho*. 6. ed. São Paulo: RT, 2007. p. 509.
[18] MEIRELES, Edilton. *Legitimidade na Execução Civil e Trabalhista*. São Paulo: LTr, 2001. p. 102.
[19] LORENZETTI, Ari Pedro. *A responsabilidade pelos créditos trabalhistas*. São Paulo: LTr, 2003. p. 44.

Estando o imóvel situado em condomínio de fato, contra quem é movida a ação que dá origem à penhora, os promitentes compradores – condição das agravantes – são devedores solidários do débito trabalhista, por força do art. 1.334, §2º, do Código Civil. Incidência da Lei nº 2.757/56 c/c arts. 10 e 448 da CLT. Agravo não provido. (TRT 4ª Região, AP 01639-2007-104-04-00-9, Ac. 8ª T, Rel. Desembargador Denis Marcelo de Lima Molarinho).

EMENTA: O condômino não é terceiro em relação ao condomínio e pode ser penhorado bem de sua propriedade para garantia de dívida de natureza trabalhista, do condomínio. (TRT 5ª R, R. 164/75, Rel. Juiz Alves Ribeiro, 11.02.1976, *Revista LTr* 41/950).

5. É possível direcionar a execução contra os demais membros da família beneficiados pelo trabalho do empregado doméstico?

Sim.

Fundamento legal: Lei nº 5.859/72, art. 1º;[20] Lei nº 8.009/90, art. 3º, I, por analogia.[21]

Doutrina:

Edilton Meireles:

Quanto à família, conquanto o CPC não lhe dê expressa capacidade processual, pode-se deduzi-la a partir do texto constitucional que lhe reservou o *status* de ente sujeito a direitos e obrigações (arts. 226, 227 e 230). Mais lógico, portanto, que a família seja representada processualmente através de seu chefe, ao invés de se demandar contra todos os seus integrantes. Aliás, o próprio Código Civil, em seu art. 233, inciso I, estabelece que compete ao seu chefe 'a representação legal da família'. O Código Civil, assim, equiparou a família às entidades sem personalidade jurídica, mas que podem ser firmatárias de compromissos, com capacidade para atuar em juízo. Diga-se, inclusive, que

---

[20] Lei nº 5.859/72: Art. 1º. Ao empregado doméstico, assim considerado aquele que presta serviço de natureza contínua e de finalidade não lucrativa à pessoa *ou à família* no âmbito residencial destas, aplica-se o disposto nesta Lei (grifei).

[21] Lei nº 8.009/90: Art. 3º. A impenhorabilidade é oponível em qualquer processo de execução civil, fiscal, previdenciária, trabalhista ou de outra natureza, salvo se movido: I - em razão dos créditos de trabalhadores *da própria residência* e das respectivas contribuições previdenciárias (grifei).

no Direito do Trabalho há muito a família já foi elevada a ente sujeito de direitos e obrigações. Isso ocorre nas relações de emprego com os trabalhadores domésticos, pois o art. 1º da Lei nº 5.859/72 define como empregado doméstico 'aquele que presta serviços de natureza contínua e de finalidade não lucrativa à pessoa ou família, no âmbito residencial destas [...]'. Daí, pode-se deduzir que o empregador, conforme dicotomia da lei, será a *pessoa* ou a *família* tomadora dos serviços domésticos. Assim, se o devedor for a família, caberá, então, ao seu chefe ou administrador representá-la judicialmente, em aplicação analógica à representação processual das sociedades de fato. Aliás, no dia a dia da família, percebe-se, claramente, que seus membros, quando plenamente capazes, agem em verdadeira sociedade de fato, em diversas situações da vida. São diversas pessoas, ligadas por laços de família, que convergem suas atividades para fins comuns, muitas vezes adquirindo bens e contraindo dívidas, através do esforço comum de todos os seus membros. Constituem, através de seus esforços, do ponto de vista jurídico-patrimonial, mais do que uma simples família, mas uma verdadeira sociedade de fato.[22]

Ari Pedro Lorenzetti:

A família também pode ser incluída entre os grupos não personificados. Para Edilton Meireles, 'conquanto o CPC não lhe dê expressa capacidade processual, pode-se deduzi-la a partir do texto constitucional, que lhe reservou o *status* de ente sujeito a direitos e obrigações (arts. 226, 227 e 230)'. Segundo o mesmo autor, desde há muito o Direito do Trabalho assim a considera, ao incluí-la como destinatária do trabalho doméstico (Lei nº 5.859/72). Como, porém, não é titular de patrimônio algum, todos os membros da família beneficiados pela prestação do labor doméstico respondem solidariamente pelos créditos do empregado. Tanto é assim que, para o pagamento de tais créditos, pode ser penhorado, inclusive, o imóvel residencial (Lei nº 8.009/90, art. 3º, I).[23]

Jurisprudência:

EMENTA: AGRAVO DE PETIÇÃO DO TERCEIRO-EMBARGANTE EXCESSO DE PENHORA. MEAÇÃO. Agravante que não faz qualquer prova a respeito do alegado excesso de penhora, considerando-se razoável a constrição de imóvel avaliado em R$36.000,00, para uma

---

[22] MEIRELES, Edilton. *Legitimidade na execução civil e trabalhista*. São Paulo: LTr, 2001. p. 68.
[23] LORENZETTI, Ari Pedro. *A responsabilidade pelos créditos trabalhistas*. São Paulo: LTr, 2003. p. 46-47.

dívida de R$23.401,76. Resguardo da meação do esposo da devedora do qual não se cogita, porquanto, tratando-se a exequente de empregada doméstica, presume-se que os créditos trabalhistas decorrem de labor prestado em prol de toda a família. Agravo não provido. (TRT 4ª Região, AP 02445-2007-721-04-00-5, Ac. 7ª T, Rel. Desembargadora Dionéia Amaral Silveira).

6. É viável, no caso de franquia, reconhecer a responsabilidade subsidiária da empresa franqueadora?

Sim.

Fundamento legal: CLT, art. 2º, §2º;[24] CLT, art. 455, por analogia;[25] Súmula 331, IV, do TST.[26]

Doutrina:

Ari Pedro Lorenzetti:

Não é diferente o que ocorre, na esfera do Direito do Trabalho, com relação à franquia. Uma análise mais detida das condições contratuais, no entanto, evidencia que o vínculo jurídico decorrente da franquia subsume-se perfeitamente à previsão do art. 2º, §2º, da CLT, embora com algumas particularidades. Com efeito, pelo contrato em questão, unem-se dois empresários em torno de um objetivo comum, sob o inegável controle da empresa concedente ou franqueadora. Em muitos casos, o franqueado sujeita-se a uma situação de fato equiparável à condição de simples filial do franqueador, tal a ingerência deste nas atividades daquele, definindo e fiscalizando desde o modelo arquitetônico do

---

[24] CLT: Art. 2º [...].
§2º. Sempre que uma ou mais empresa, tendo, embora, cada uma delas, personalidade jurídica própria, estiverem sob a direção, controle ou administração de outra, constituindo grupo industrial, comercial ou de qualquer outra atividade econômica, serão, para os efeitos da relação de emprego, solidariamente responsáveis a empresa principal e cada uma das subordinadas.

[25] CLT: Art. 455. Nos contratos de subempreitada, responderá o subempreiteiro pelas obrigações derivadas do contrato de trabalho que celebrar, cabendo, todavia, aos empregados, o direito de reclamação contra o empreiteiro principal pelo inadimplemento daquelas obrigações por parte do primeiro.

[26] Súmula 331 do TST, item IV: "O inadimplemento das obrigações trabalhistas por parte do empregador implica a responsabilidade subsidiária do tomador dos serviços quanto àquelas obrigações, desde que haja participado da relação processual e conste também do título executivo judicial".

estabelecimento até a forma de comercialização dos produtos, com fixação de preços e horários de funcionamento, escolha dos uniformes e fornecedores aprovados pelo franqueador, o que denota um completo controle desta sobre a atividade do franqueado. Não raro, o franqueador interfere inclusive na seleção de empregados pelo franqueado. Segundo Edilton Meireles, em alguns casos, o franqueador chega até a sufocar a atividade do franqueado, levando-o à falência, dado o número de amarras e restrições à sua liberdade de dirigir o próprio negócio. Vale lembrar, por outro lado, que o franqueador costuma estabelecer uma série de requisitos a serem preenchidos pelos candidatos à franquia. Os contratos de franquia, aliás, são o retrato mais perfeito do grupo econômico, não se podendo validar que o franqueador se beneficie simplesmente dos lucros, sem partilhar os riscos dessa modalidade contratual. Destarte, dada a existência de um controle das atividades do franqueado por parte do franqueador, beneficiando-se este, ademais, dos resultados obtidos pelo franqueado, não se poderia simplesmente afastar a responsabilidade daquele pelo adimplemento dos créditos dos empregados contratados por este, o que, não raro, é consequência das políticas adotadas pelo controlador.[27]

Jurisprudência:

EMENTA: RELAÇÃO COMERCIAL ENTRE EMPRESAS. INTERESSE ECONÔMICO. RESPONSABILIDADE. Não se pode olvidar que a figura da franquia traz grandes questionamentos acerca da responsabilidade do franqueador perante os trabalhadores do franqueado, posto que, indiretamente, usufrui da força de trabalho, recebendo o produto do seu empreendimento, ficando responsável subsidiariamente, como se fosse uma cessão de direitos de exploração da marca, ou uma subempreitada, o que não passa de atividade exercida em benefício dela própria, independentemente do contrato civil entre a cedente e a cedida, franqueadora e franqueada, caindo na aplicação analógica do art. 455 da CLT (TRT 3ª Região, RO 10.322/98, Ac. 3ª T, Rel. Juiz Bolívar Viégas Peixoto. DJE 02.02.1999).

EMENTA: FRANCHISING. GRUPO ECONÔMICO. CARACTERIZAÇÃO, PARA FINS DO ART. 2º, §2º, DA CLT. 'A hierarquia entre empresas, embora ainda exista em alguns campos da atividade capitalista, cede lugar a uma nova estrutura empresarial de cunho horizontal, sem liderança e organização da empresa-mãe, mas exercendo, entre si, com a devida reciprocidade, controle e fiscalização, participando de

---

[27] LORENZETTI, Ari Pedro. *A responsabilidade pelos créditos trabalhistas*. São Paulo: LTr, 2003. p. 70-71.

um mesmo empreendimento' (Juiz Denílson Bandeira Coelho, http://www.amatra10.com.br/grupo.html). Note-se que tal entendimento não conflita com o espírito legal, eis que este estabelecia solidariedade entre as empresas principal e cada uma das subordinadas. Assim, não se teria como solidárias apenas a empregadora e suas superioras, mas também as laterais. 'O franqueado, na exploração da marca cedida pelo franqueador, desenvolve atividade de interesse comum, sem embargo de que submetido a regras rígidas e previamente estipuladas por este' (Juiz João Luiz Rocha Sampaio). Nesse diapasão, para fins legais, o *franchising* caracteriza grupo econômico e, portanto, gera as consequências previstas no art. 2º, §2º, da CLT. (TRT 10ª Região, RO 1.766/2001, 2ª T, 16.04.2002, Red. Desig. Juiz André R. P. V. Damasceno. *Revista LTr*, v. 66. nº 10, out. 2002. pp. 1253-4).

EMENTA: CONTRATO DE FRANQUIA. RESPONSABILIDADE DA FRANQUEADORA. Os contratos de franquia constituem-se numa forma de terceirização de serviços, tendo em vista que o franqueador, por meio de uma terceira pessoa – em que deposita a fidúcia necessária à reprodução da atividade essencial ao negócio –, nada mais objetiva que distribuir produtos ou serviços, visando ampliar vendas e expandir seus negócios, sem ter que arcar com maior amplitude empresarial. O franqueador figura, assim, como tomador de serviços, e o franqueado, como prestador de serviços, de modo que deve ser reconhecida a responsabilidade subsidiária do primeiro por possíveis débitos trabalhistas do segundo. Aplica-se, pois, o entendimento cristalizado no inciso IV do Enunciado 331 do Col TST. (TRT 3ª Região, RO 19.068/2000, Ac. 4ª T, Rel. Juiz Otávio Linhares Renault. DJE 16.12.2000).

EMENTA: RESPONSABILIDADE SUBSIDIÁRIA. Hipótese em que a segunda e a terceira reclamadas caracterizam-se como beneficiárias da mão de obra do reclamante, sendo responsáveis subsidiariamente pelos créditos reconhecidos. Recurso parcialmente provido. (TRT 4ª Região, RO 00670- 2006- 731-04-00-3, Ac. 1ª T, Rel. Desembargadora Eurídice Josefina Bazo Tôrres).

EMENTA: CONTRATO DE FRANQUIA. RESPONSABILIDADE SUBSIDIÁRIA DA SEGUNDA RECLAMADA. Caso em que a empresa franqueadora, tomadora dos serviços, é responsável subsidiária pela condenação, na forma da Súmula 331 do TST. (TRT 4ª Região, RO 03426-2005-232-04-00-7, Ac. 3ª T, Rel. Desembargador Ricardo Carvalho Fraga).

7. É viável, no caso de representação comercial, reconhecer a responsabilidade subsidiária da empresa representada?

Sim. Observadas certas particularidades.

Fundamento legal: CLT, art. 2º, §2º;[28] CLT, art. 455, por analogia;[29] Súmula 331, IV, do TST.[30]

Doutrina:

Ari Pedro Lorenzetti:

As empresas representadas também respondem pelos créditos trabalhistas dos empregados das representantes nos casos em que for exigida destas exclusividade, ainda que em relação a determinados empregados apenas. No caso, embora, administrativamente, a empresa representante tenha autonomia, sob o ponto de vista de sua atuação comercial, está sujeita às diretrizes ditadas pela representada, o que implica um controle sobre sua atividade econômica. A mesma conclusão impõe-se se analisada a questão sob a ótica da terceirização de serviços. O estado de subordinação do representante, no caso, é evidente, consoante destaca Arnaldo Sussekind, ao ponderar que 'a existência de certa dose de subordinação, ainda que se trate de indiscutível exercício de atividade comercial, ressalta da simples leitura da Lei nº 4.886, de 9.11.1965, que regula as atividades dos representantes comerciais autônomos. A exclusividade a favor do representado está, por igual, prevista em lei (art. 27, alínea *i*). E, nem sequer, o controle da produção é incompatível com o contrato típico de representação comercial autônomo'. Assim, assumindo a representada o controle das principais ações da empresa representante, definindo, inclusive, o direcionamento de suas atividades e, principalmente, colhendo os lucros decorrentes da atividade desta,

---

[28] CLT: Art. 2º [...].
[...]
§2º Sempre que uma ou mais empresa, tendo, embora, cada uma delas, personalidade jurídica própria, estiverem sob a direção, o controle ou a administração de outra, constituindo grupo industrial, comercial ou de qualquer outra atividade econômica, serão, para os efeitos da relação de emprego, solidariamente responsáveis a empresa principal e cada uma das subordinadas.

[29] CLT: Art. 455. Nos contratos de subempreitada, responderá o subempreiteiro pelas obrigações derivadas do contrato de trabalho que celebrar, cabendo, todavia, aos empregados, o direito de reclamação contra o empreiteiro principal pelo inadimplemento daquelas obrigações por parte do primeiro.

[30] Súmula 331 do TST, item IV: "O inadimplemento das obrigações trabalhistas por parte do empregador implica a responsabilidade subsidiária do tomador dos serviços quanto àquelas obrigações, desde que esta tenha participado da relação processual e conste também do título executivo judicial".

deve, igualmente, assumir as correspondentes responsabilidades, a fim de que os trabalhadores não tenham que suportar eventuais prejuízos. Afinal, conforme Jean-Claude Javillier, 'no regime capitalista, o empregador assume todo o risco econômico. O empregado nenhum. A subordinação é, portanto, o reflexo dessa relação de produção'. Assim, se o empregador não tem condições de responder pelo passivo trabalhista, a ele deve associar-se quem exercia a relação subordinante sobre aquele, no caso, a empresa representada.[31]

8. É viável direcionar a execução contra o(s) sócio(s) minoritário(s)?

Sim.

Fundamento legal: CC, art. 50;[32] CDC, art. 28, §5º,[33] por analogia.

Doutrina:

Ari Pedro Lorenzetti:

Nas sociedades limitadas, há um controle da sociedade sobre a pessoa dos sócios e destes entre si. A identificação dos sócios no contrato social possibilita aos que tratam com a sociedade, conhecer os indivíduos que a compõem e, a partir da idoneidade e da reputação destes, medir os riscos envolvidos no negócio. Por outro lado, tal fato implica uma relação de confiança entre os membros da sociedade, exercendo, por isso mesmo, um controle sobre as alterações sociais, só admitidas, em regra, se houver concordância dos demais sócios. O que inspira as sociedades do tipo personalista é justamente a confiança recíproca entre os sócios. Isso possibilita que a responsabilidade seja estendida inclusive aos

---

[31] LORENZETTI, Ari Pedro. *A responsabilidade pelos créditos trabalhistas*. São Paulo: LTr, 2003. p. 72-73.
[32] CC: Art. 50. Em caso de abuso da personalidade jurídica, caracterizado pelo desvio de finalidade, ou pela confusão patrimonial, pode o juiz decidir, a requerimento da parte, ou do Ministério Público quando lhe couber intervir no processo, que os efeitos de certas e determinadas relações de obrigações sejam estendidas aos bens particulares dos administradores ou dos sócios da pessoa jurídica.
[33] CDC: Art. 28. O juiz poderá desconsiderar a personalidade jurídica da sociedade quando, em detrimento do consumidor, houver abuso de direito, excesso de poder, infração da lei, fato ou ato ilícito ou violação dos estatutos ou do contrato social. A desconsideração também será efetivada quando houver falência, estado de insolvência, encerramento ou inatividade da pessoa jurídica provocados por má administração.
[...]
§5º. Também poderá ser desconsiderada a pessoa jurídica sempre que sua personalidade for, de alguma forma, obstáculo ao ressarcimento de prejuízos causados aos consumidores.

sócios que não participaram da administração societária, pois os que a exercem não o fazem em nome próprio, senão por força da confiança que desfrutam perante os demais companheiros. Assim, mesmo os sócios que não ocupam cargo gerencial não se podem dizer estranhos à administração, uma vez que o dirigente, no exercício desta função, não passa de representante dos demais sócios. Essa é a razão pela qual determinou o Código Civil que fossem aplicadas subsidiariamente aos administradores as regras relativas ao mandato (art. 1.011, §2º). Se o gerente se desvia de suas obrigações, a responsabilidade também recai sobre os que o escolheram, conferindo-lhe os poderes de direção. Não se pode admitir que o bom êxito aproveite aos demais sócios e, em caso de fracasso, as consequências sejam transferidas aos trabalhadores, eis que estes não têm nenhuma participação na gestão empresarial. Destarte, nas sociedades limitadas, todos os sócios assumem as consequências da má administração, pois, ainda quando não participaram diretamente, anuíram com a permanência, no comando dos negócios, da pessoa por eles escolhida. Referindo-se especificamente ao Código de Defesa do Consumidor, observou Tupinambá Miguel Castro do Nascimento que a legitimação passiva decorrente da desconsideração 'pode alcançar qualquer dos integrantes da pessoa jurídica, quer como sócios-gerentes, sócios majoritários, sócios minoritários, enfim, sócios em geral. A desconsideração da pessoa jurídica, como prevista na lei, não tem limitação qualquer no art. 20 do Código Civil, quanto à *persecutio*'. Na mesma linha, a Lei nº 8.620/93 estendeu a todos os sócios, sem distinção, a responsabilidade pelos créditos previdenciários (art. 13).[34] Ora, se o que é acessório mereceu tal atenção de legislador, outra não poderia ser a solução quanto aos créditos trabalhistas. Assim não fosse, poderia ocorrer de a Justiça do Trabalho executar os sócios pelas contribuições previdenciárias sem que pudesse fazer o mesmo em relação às verbas trabalhistas que constituem o crédito principal.[35]

Jurisprudência:

EMENTA: MANDADO DE SEGURANÇA PREVENTIVO. PENHORA. BEM PARTICULAR. SÓCIO QUOTISTA MINORITÁRIO. TEORIA DA DESCONSIDERAÇÃO DA PERSONALIDADE JURÍDICA. 1. Mandado de segurança visando evitar a consumação da penhora sobre bens particulares de sócio minoritário em execução de sentença proferida em desfavor de sociedade por quotas de responsabilidade limitada, cuja dissolução se deu sem encaminhamento do distrato à Junta Comercial.

---

[34] O art. 13 da Lei nº 8.620/93 foi revogado pela Medida Provisória nº 449/2008.
[35] LORENZETTI, Ari Pedro. *A responsabilidade pelos créditos trabalhistas*. São Paulo: LTr, 2003. p. 214-215.

2. Em casos de abuso de direito, excesso de poder, infração da lei, fato ou ato ilícito e violação aos estatutos sociais ou contrato social, o art. 28 da Lei nº 8.078/90 faculta ao Juiz responsabilizar, ilimitadamente, qualquer dos sócios pelo cumprimento da dívida, ante a insuficiência do patrimônio societário. Aplicação da teoria da desconsideração da personalidade jurídica. 3. Recurso ordinário não provido. (TST, ROMS 478.099/98, Ac SBDI-II, 04.04.2000, Red. Desig. Min. João Oreste Dalazen. DJU 23.06.2000).

EMENTA: EXECUÇÃO. RESPONSABILIDADE DO SÓCIO, AINDA QUE NÃO GERENTE. RECONHECIMENTO. Na execução trabalhista, o sócio, ainda que não seja gerente e tenha participação minoritária na sociedade, é responsável subsidiariamente pelas dívidas da sociedade. (TRT 18ª Região, AP 135/2000, Rel. Juíza Dora Maria da Costa. DJE 09.06.2000. p. 106).

EMENTA: PENHORA DE BENS DE SÓCIO MINORITÁRIO. CABIMENTO. Frustrada a execução contra a empresa, o sócio minoritário (ou não) responde pelos débitos da pessoa jurídica inadimplente. (TRT 3ª Região, AP 4.882/2000, Ac. 2ª T, Rel. Juiz José Maria Caldeira. DJE 08.11.2000).

EMENTA: NULIDADE DA PENHORA. SÓCIO-QUOTISTA. RESPONSABILIDADE. A responsabilidade do sócio, restrita ao valor de suas cotas de capital, é condicionada à integralização do capital social, o que, inocorrente, implica responsabilidade solidária de todos os sócios, notadamente quando inexistentes bens da empresa passíveis de garantir o adimplemento do crédito judicialmente reconhecido. À vista disso, irrelevante é se o agravante era sócio minoritário, com quotas de capital em percentual ínfimo com relação aos demais. Constrição judicial que se mantém. Provimento negado. (TRT 4ª Região, AP 00757-2003-023-04-00-6, Ac. 3ª T, Rel. Desembargadora Maria Helena Mallmann).

EMENTA: AGRAVO DE PETIÇÃO. REDIRECIONAMENTO DA EXECUÇÃO. Sendo infrutíferos os atos executórios contra a empresa reclamada, bem como o sócio majoritário, cabível o redirecionamento da execução para sócio minoritário, detentor de 10% das cotas sociais, mormente por se tratar de esposa do primeiro, que presume-se ter se beneficiado do trabalho do exequente. Agravo provido. (TRT 4ª Região, AP 01126-2001-402-04-00-4, Ac. 4ª T, Rel. Desembargadora Denise Maria de Barros).

9. É possível direcionar a execução contra diretor de sociedade anônima de capital *fechado*?[36]

Sim.

Fundamento legal: CC, art. 50;[37] CDC, art. 28, §5º, por analogia.[38]

Doutrina:

Ari Pedro Lorenzetti:

Conforme a lição de Rubens Requião, hoje 'não se tem mais constrangimento em afirmar que a sociedade anônima fechada é constituída nitidamente *cum intuitu personae*. Sua concepção não se prende exclusivamente à formação do capital desconsiderando a qualidade pessoal dos sócios'. Mais adiante, explica o festejado jurista que a 'faculdade de restringir a negociabilidade das ações da companhia fechada dá-lhe o nítido sabor de sociedade constituída *cum intuitu personae*, na qual os sócios escolhem os seus companheiros, impedindo o ingresso ao grupo formado, tendo em vista a confiança mútua ou os laços familiares que os prendem. A *affectio societatis* surge nessas sociedades com toda nitidez, como em qualquer outra das sociedades do tipo personalista. Seus interesses estão, pois, regulados pelo contrato, o que explica a pouca ingerência da fiscalização de órgãos públicos em seus negócios. Ao contrário, dando enfoque de instituição à companhia aberta, que recorre à subscrição pública, sente-se o Estado na obrigação de mantê-la sob severo sistema de fiscalização e publicidade [...]'. Assim, tal como nas sociedades de pessoas, nas companhias fechadas, a individualidade dos sócios é elemento essencial, sendo que eventuais alterações, de alguma forma, dependem do consentimento dos demais. Em tais circunstâncias, o fato de os sócios serem denominados 'acionistas', em vez de 'quotistas', não passa de diferença de nomenclatura, mero jogo

---

[36] Para o caso de sociedade anônima de capital *aberto*, ver a questão de número 32.
[37] CC: Art. 50. Em caso de abuso da personalidade jurídica, caracterizado pelo desvio de finalidade, ou pela confusão patrimonial, pode o juiz decidir, a requerimento da parte, ou do Ministério Público, quando lhe couber intervir no processo, que os efeitos de certas e determinadas relações de obrigações sejam estendidos aos bens particulares dos administradores ou dos sócios da pessoa jurídica.
[38] CDC: Art. 28. O juiz poderá desconsiderar a personalidade jurídica da sociedade quando, em detrimento do consumidor, houver abuso de direito, excesso de poder, infração da lei, fato ou ato ilícito ou violação dos estatutos ou do contrato social. A desconsideração também será efetivada quando houver falência, estado de insolvência, encerramento ou inatividade da pessoa jurídica provocados por má administração.
[...]
§5º. Também poderá ser desconsiderada a pessoa jurídica sempre que sua personalidade for, de alguma forma, obstáculo ao ressarcimento de prejuízos causados aos consumidores.

de palavras. A razão que os mantém unidos à sociedade é a mesma *affectio societatis* que leva alguém a associar-se a outras pessoas numa sociedade do tipo personalista. Segundo Amador Paes de Almeida, aliás, nem mesmo as sociedades limitadas constituem tipo societário personalista puro, uma vez que carregam traços das sociedades capitalistas, ao limitar a responsabilidade dos sócios ao total do capital social. De notar-se, a propósito, que o próprio Decreto nº 3.708/1919 determinava que fosse aplicada a tais sociedades, subsidiariamente, a lei das sociedades anônimas (art. 18), o que hoje continua possível, desde que haja previsão no contrato social (CC, art. 1.053, parágrafo único). A única forma de sociedade verdadeiramente capitalista é a companhia de capital aberto, a qual é irrelevante a pessoa do acionista, interessando à sociedade apenas que alguém, não importa quem, contribua para a formação do capital social. Nas companhias fechadas, o traço personalista assume maior destaque do que o capital, não havendo razão, portanto, para eximir seus sócios da responsabilidade pelos créditos trabalhistas. Assim, na esfera trabalhista, os sócios das companhias fechadas devem receber o mesmo tratamento deferido aos participantes da sociedades limitadas [...]. Assim, perante o Direito do Trabalho, da mesma forma que o sócio quotista responde pelos atos da sociedade, ainda que não tenha ocupado a posição de gerente, nas sociedades anônimas fechadas, os demais sócios também respondem pela condução dos destinos da empresa, ainda que não tenham atuado como diretores. Em qualquer caso, deve-se repartir o risco do empreendimento entre todos os sócios, independentemente de sua posição no contrato ou estatuto social. Se é isso o que ocorre hoje nas sociedades limitadas, o mesmo deve valer em relação às companhias fechadas. A diferença entre as duas formas societárias é apenas aparente (formal), sendo idêntica a realidade subjacente. Assim, a conferir-se tratamento privilegiado aos acionistas da companhia fechada, os mais espertos não hesitarão em adotar essa forma societária para eximir-se de qualquer responsabilidade. Com isso, continuarão desfrutando das mesmas vantagens, sem correr qualquer risco.[39]

Jurisprudência:

EMENTA: TEORIA DA DESCONSIDERAÇÃO DA PERSONALIDADE JURÍDICA. EMPRESA CONSTITUÍDA COMO SOCIEDADE ANÔNIMA. Aplica-se a teoria da desconsideração da personalidade jurídica em empresa constituída com sociedade anônima, devendo os bens dos sócios responder pelos débitos da sociedade, principalmente

---

[39] LORENZETTI, Ari Pedro. *A responsabilidade pelos créditos trabalhistas*. São Paulo: LTr, 2003. p. 220-222.

tratando-se de sócio majoritário e sendo uma companhia de capital fechado. (TRT 18ª Região, AP 1.425/2002, Rel. Juíza Kathia Maria Bomtempo de Albuquerque. DJE 29.10.2002. p. 108).

EMENTA: SOCIEDADE ANÔNIMA DE CAPITAL FECHADO. APLICAÇÃO DA DOUTRINA DA DESCONSIDERAÇÃO DA PESSOA JURÍDICA. Entender que os bens do sócio da sociedade anônima de capital fechado não estão sujeitos à execução por crédito trabalhista implicaria admitir-se, sem maiores questionamentos, a fraude por meio da personalidade jurídica, haja vista que a concepção dessa espécie de sociedade, diversamente do que ocorre com a companhia aberta, não se prende exclusivamente à formação de capital, e sim, leva em conta a qualidade pessoal dos sócios. Portanto, estando presentes os requisitos para a aplicação da teoria do superamento da personalidade societária, há de se reconhecer como válida a penhora de bem de sócio de sociedade anônima de capital fechado, na forma dos artigos 9º, da CLT, e 28, §5º, da Lei nº 8.078/90. (TRT 18ª Região, AP 1.698/2002, Rel. Juiz Marcelo Nogueira Pedra. DJE 08.11.2002. p. 78).

EMENTA: DA DESCONSIDERAÇÃO DE PESSOA JURÍDICA CONSTITUÍDA COMO SOCIEDADE ANÔNIMA. Hipótese que autoriza a aplicação da teoria da desconsideração da pessoa jurídica, mesmo em se tratando de sociedade anônima, porquanto evidenciado o desvio de finalidade social e a fraude à lei, além do mais, os gestores detêm o controle total do capital social, não se distinguindo, portanto, para fins de responsabilização pelos créditos trabalhistas, dos sócios das demais formas societárias. Agravo de petição provido para autorizar a execução contra os aludidos sócios. (TRT 4ª Região, AP 00028-1994-020-04-00-9, Ac. 6ª T, Rel. Desembargadora Carmen Gonzalez).

EMENTA: SOCIEDADE ANÔNIMA DE CAPITAL FECHADO. POSSIBILIDADE DE REDIRECIONAMENTO DA EXECUÇÃO CONTRA SEUS ADMINISTRADORES. Tendo a empresa executada encerrado irregularmente suas atividades, e sendo ela uma sociedade anônima de capital fechado, seus administradores respondem civilmente pelos prejuízos causados por procederem em violação à lei, conforme expressamente determina o art. 158, inciso II, da Lei nº 6.404/76. (TRT 4ª Região, AP 02106-1993-102-04-00-5, Ac. 2ª T, Rel. Desembargadora Denise Pacheco).

EMENTA: DIRECIONAMENTO DA EXECUÇÃO. RESPONSABILIDADE DO DIRETOR DE SOCIEDADE ANÔNIMA. A responsabilidade do diretor de Sociedade Anônima não decorre da condição de acionista, mas do fato de haver sido administrador da empresa. Ao administrador da empresa, ainda que seja S.A., é aplicável o disposto no art. 10 do Decreto nº 3.708/19, havendo presunção legal relativa ao excesso de mandato e abuso de direito. Inaplicável a limitação imposta no art. 1.088 do CCB. Agravo provido. (TRT 4ª Região, AP 01069-1995-021-04-00-0, Ac. 6ª T, Rel. Desembargadora Ana Rosa Pereira Zago Sagrilo).

10. É possível desconsiderar a personalidade jurídica da executada de ofício?

Sim.

Fundamento legal: CLT, art. 878, *caput*.[40]

Doutrina:

Ari Pedro Lorenzetti:

Havendo condenação da pessoa jurídica, o redirecionamento da execução contra a pessoa do sócio independe de provocação, expressa ou implícita, do credor trabalhista. Se o juiz do trabalho pode, inclusive, promover a execução *ex officio*, não há razão para restringir sua atuação quando se trata de impulsionar o procedimento iniciado. Assim, citada pessoa jurídica para pagar a dívida ou indicar bens à penhora, passado o prazo legal sem nenhuma providência de sua parte, o oficial de justiça retornará para realizar a penhora. Não encontrando bens no estabelecimento da executada, nem indicando esta onde possam ser encontrados, nada impede que o juiz, de imediato, faça incluir os sócios no pólo passivo da execução, citando-os para que efetuem o pagamento, sob pena de prosseguimento da execução em face deles.[41]

Amador Paes de Almeida:

Durante longo período de tempo, relutou a doutrina para aceitar a possibilidade de penhorar os bens particulares dos sócios, sob o argumento de que a pessoa jurídica de uma sociedade comercial tem existência distinta da pessoa física de seus membros. Toda a sociedade, seja civil ou comercial, é considerada uma pessoa, tem individualidade própria, e com ela jamais se confundem as pessoas que a compõem. Com o passar

---

[40] CLT: Art. 878. A execução poderá ser promovida por qualquer interessado, ou *ex officio* pelo próprio Juiz ou Presidente ou Tribunal competente, nos termos do artigo anterior.
[41] LORENZETTI, Ari Pedro. *A responsabilidade pelos créditos trabalhistas*. São Paulo: LTr, 2003. p. 244.

dos tempos, todavia, cuidou a história de mostrar que a resistência de parte da doutrina em aceitar a possibilidade de se alcançar os bens particulares dos sócios, não tinha razão de ser. Isso porque a ideia de personalidade jurídica não pode sobrepor-se à existência dos interesses da Justiça. Não podiam algumas empresas usar de uma *máscara*, para a ressalva de interesses próprios em detrimento de interesses sociais, devendo, por sua vez, ser *desmascarados*.[42]

Mauro Schiavi:

A desconsideração da personalidade jurídica no processo do trabalho, na fase executória, pode ser determinada de ofício pelo Juiz do Trabalho (art. 878 da CLT), independentemente de requerimento da parte, em sede de decisão interlocutória, devidamente fundamentada (art. 93, IX, da CF).[43]

Jurisprudência:

EMENTA: AGRAVO DE PETIÇÃO. EXECUÇÃO. RESPONSABILIDADE SUBSIDIÁRIA. Hipótese em que mantida a decisão de origem, no sentido de que a execução se processe contra a segunda demandada, responsável subsidiariamente, porquanto evidenciado, nos autos, que a primeira executada não satisfará o crédito do exequente. (TRT 4ª Região, AP 00820-1998-018-04-00-0, Ac. 2ª T, Rel. Desembargadora Maria Beatriz Condessa Ferreira).

11. Para desconsiderar a personalidade jurídica basta que a executada não tenha bens para responder pela execução?

Sim.

Fundamento legal: CC, art. 50,[44] interpretado sob inspiração da natureza indisponível dos direitos trabalhistas.

---

[42] ALMEIDA, Amador Paes de. *Execução de bens dos sócios*. 7. ed. São Paulo: Saraiva, 2004. p. 162-163.
[43] SCHIAVI, Mauro. *Execução no processo do trabalho*. 2. ed. São Paulo: LTr, 2010. p. 138.
[44] CC: Art. 50. Em caso de abuso da personalidade jurídica, caracterizado pelo desvio de finalidade, ou pela confusão patrimonial, pode o juiz decidir, a requerimento da parte, ou do Ministério Público, quando lhe couber intervir no processo, que os efeitos de certas e determinadas relações de obrigações sejam estendidas aos bens particulares dos administradores ou sócios da pessoa jurídica.

Doutrina:

Francisco Antônio de Oliveira:

Os bens do sócio poderão responder pelo crédito trabalhista, bastando para tanto que a pessoa jurídica tenha desaparecido com o fundo de comércio ou que o fundo existente seja insuficiente.[45]

Ari Pedro Lorenzetti:

Nota-se que, em geral, que os estudiosos do direito comercial têm dificuldades em aceitar hipóteses de desconsideração em razão da natureza indisponível de certos direitos. Além de Fábio Ulhoa Coelho, já referido, João Casillo também não se conforma que seja possível a desconsideração fora dos casos em que a pessoa jurídica se desvie de seus fins, isso a despeito de reconhecer que a hipótese prevista no art. 2º, §2º, da CLT consagra a aplicação da *disregard doctrine*. Ora, neste caso não há qualquer referência à prática abusiva ou à fraude. Não vemos, portanto, como fugir às conclusões de Justen Filho, segundo o qual sempre que a distinção patrimonial entre a pessoa jurídica e seus sócios implicar a frustração de direitos indisponíveis, o abuso encontra-se *in re ipsa*.[46]

Mauro Schiavi:

Atualmente, a moderna doutrina e a jurisprudência trabalhista encamparam a chamada teoria objetiva da desconsideração da personalidade jurídica que disciplina a possibilidade de execução dos bens do sócio, independentemente se os atos violaram ou não o contrato, ou se houve abuso de poder. Basta a pessoa jurídica não possuir bens, para ter início a execução dos bens do sócio. No Processo do Trabalho, o presente entendimento se justifica em razão da hipossuficiência do trabalhador, da dificuldade que apresenta o reclamante em demonstrar a má-fé do administrador e do caráter alimentar do crédito trabalhista.[47]

Ari Pedro Lorenzetti:

A despeito de não se poderem confundir as hipóteses de responsabilização dos sócios e dirigentes pela prática de ato ilícito dos casos em que o

---

[45] OLIVEIRA, Francisco Antônio de. *Consolidação das leis do trabalho comentada*. São Paulo: RT 1996. p. 66.
[46] LORENZETTI, Ari Pedro. *A responsabilidade pelos créditos trabalhistas*. São Paulo: LTr, 2003. p. 197-198.
[47] SCHIAVI, Mauro. *Manual de Direito Processual do Trabalho*. São Paulo: LTr, 2008. p. 709-710.

sócio responde pela aplicação da doutrina da desconsideração, na esfera trabalhista, tal distinção não tem despertado interesse. Compreende-se que assim seja, uma vez que, perante o Direito do Trabalho, os sócios e dirigentes respondem pelo simples fato de o patrimônio social não comportar a satisfação dos créditos dos trabalhadores. Destarte, não há interesse prático em verificar se houve, ou não, conduta ilícita, uma vez que, independentemente dela, os sócios e administradores sempre responderão.[48]

Marcos Neves Fava:

No que toca à oportunidade, cumpre registrar que a desconsideração da personalidade jurídica pode ocorrer tão logo torne-se desatendido o comando sentencial para cumprimento da condenação. Vale dizer, não há, segundo a ponderação de valores, nenhuma necessidade de esgotamento do patrimônio empresarial para avanço sobre o particular do sócio. Não se trata de atenção a uma fila cega, o que autorizaria a insistência na penhora, avaliação, praceamento e, com sorte, conversão em dinheiro das máquinas usadas, produtos acabados, matéria-prima ou um imóvel distante da jurisdição executória. Compelido o executado ao cumprimento da sentença, não o fazendo, e a primeira providência recomendável – penhora em dinheiro, pela via eletrônica – falhando, já se encontra autorizada a desconsideração da personalidade jurídica, para perseguição de valores depositados em banco, pelos titulares da empresa. Irrelevante, ainda, tratar-se de execução definitiva ou provisória, ante o princípio regente do processo do trabalho, segundo o qual, por inexistir efeito suspensivo à oposição de recursos, prevalecem os efeitos da sentença.[49]

Jurisprudência:

EMENTA: DO REDIRECIONAMENTO DA EXECUÇÃO. Ausentes bens da empresa executada bastantes ao cumprimento de suas obrigações, e considerando-se a impossibilidade de penhora via BACEN face à inexistência de saldo positivo, é admissível a desconsideração de sua personalidade jurídica para que se proceda o redirecionamento da execução contra os bens pessoais dos sócios, com vistas à satisfação do crédito. (TRT da 4ª Região, 0126700-80-1994.5.04.0103 AP, Relatora Desembargadora Ana Luiza Heineck Kruse, 1ª Turma, 04.11.2010).

---

[48] LORENZETTI, Ari Pedro. *A responsabilidade pelos créditos trabalhistas*. São Paulo: LTr, 2003. p. 210.
[49] FAVA, Marcos Neves. *Execução trabalhista efetiva*. São Paulo: LTr, 2009. p. 107-108.

EMENTA: EXECUÇÃO SOBRE OS BENS DO SÓCIO. POSSIBILIDADE. A execução pode ser processada contra os sócios, uma vez que respondem com os bens particulares, mesmo que não tenham participado do processo na fase cognitiva. Na Justiça do Trabalho, basta que a empresa não possua bens para a penhora para que incida a teoria da desconsideração da personalidade jurídica da sociedade. O crédito trabalhista é privilegiado, tendo como fundamento legal, de forma subsidiária, o art. 18 da Lei nº 8.884/94 e CTN, art. 135, *caput* e inciso III c/c o art. 889 da CLT. (TRT 3ª R, 2ª T, AP nº 433/2004.098.03.00-7, Rel. João Bosco P. Lara, DJMG 09.09.2004. p. 11).

EMENTA: EXECUÇÃO. REPONSABILIDADE DO SÓCIO. Em face da ausência de bens da sociedade para responder pela dívida trabalhista, respondem os sócios com o patrimônio pessoal, conforme preconizam os arts. 592 e 586 do CPC c/c o inciso V do art. 4º da Lei nº 6.830/80 e inciso III do art. 135 do Código Tributário Nacional, todos de aplicação subsidiária no processo do trabalho. (TRT 15ª R, 1ª T, AP nº 26632/2003, Rel. Eduardo B. De Zanella, DJSP 12.09.2003. p. 19).

EMENTA: REDIRECIONAMENTO DA EXECUÇÃO CONTRA OS SÓCIOS. O princípio da desconsideração da personalidade jurídica leva à comunicação dos patrimônios dos sócios e da sociedade por quotas de responsabilidade limitada, ficando o sócio responsável pelos débitos trabalhistas, independentemente de ter participado da fase processual de conhecimento. Aplicação do art. 50 do Código Civil. Agravo de petição da sócia executada desprovido. (TRT 4ª Região, AP 00694-2000-029-04-00-3, Ac. 2ª T, Rel. Desembargador Hugo Carlos Scheuermann).

EMENTA: DESCONSIDERAÇÃO DA PERSONALIDADE JURÍDICA DA EMPRESA. A aplicação da teoria da despersonalização da pessoa jurídica e o redirecionamento da execução aos bens dos sócios que compunham o quadro societário da sociedade executada visa garantir a efetiva prestação jurisdicional, porquanto não se pode deixar a descoberto do manto do direito, o empregado em detrimento do sócio da sociedade executada, o qual deve suportar os riscos do empreendimento econômico. Agravo de petição parcialmente provido. (TRT 4ª Região, AP 00074-2000-021-04-00-3, Ac. 7ª T, Rel. Desembargadora Flávia Lorena Pacheco).

12. A ausência de interessados no leilão pelos bens penhorados pode ser equiparada à inexistência de bens para efeito de desconsideração da personalidade jurídica da executada?

Sim.

Doutrina:
Ari Pedro Lorenzetti:

Para a inclusão dos sócios no polo passivo da execução, e a consequente expedição de mandado de citação, basta uma decisão incidente que reconheça a sua responsabilidade, em face da insuficiência do cabedal social para atender aos direitos do credor trabalhista. O déficit patrimonial da sociedade é o único requisito de fato para vincular os sócios ao passivo trabalhista da sociedade. À inexistência de bens, já o dissemos, equipara-se a ausência de interessados em arrematar os bens existentes.[50]

Jurisprudência:

EMENTA: EXECUÇÃO. BENS DE DIFÍCIL COMERCIALIZAÇÃO. PROSSEGUIMENTO EXECUTÓRIO. A existência de difícil comercialização, após infrutíferas tentativas de venda judicial e ausente a indicação de outros bens livres e desembaraçados da executada implica o prosseguimento da execução sobre os bens dos sócios da empresa. (TRT 12ª Região, AP 2.057/2001, Red. Desig. Juiz Convocado Godoy Ilha. DJE 03.08.2001).

EMENTA: REDIRECIONAMENTO DA EXECUÇÃO PARA OS SÓCIOS DA EMPRESA RECLAMADA. A execução contra a empresa reclamada foi tentada exaustivamente de forma infrutífera, razão pela qual a presente execução tramita há mais de nove anos sem que o reclamante tenha percebido seus créditos trabalhistas, o que justifica o redirecionamento para as pessoas dos sócios. Havendo a desconsideração da pessoa jurídica, os sócios tornam-se devedores solidários entre si, todos obrigados pela satisfação do débito, não havendo ordem de preferência pelo tempo de permanência na sociedade ou pelas cotas sociais, conforme pretendido pelo agravante. (TRT 4ª Região, AP 00069-1994-023-04-00-4, Ac. 3ª T, Rel. Juiz Convocado Francisco Rossal de Araújo).

---

[50] LORENZETTI, Ari Pedro. *A responsabilidade pelos créditos trabalhistas*. São Paulo: LTr, 2003. p. 237-238.

13. Pode se caracterizar fraude patrimonial antes mesmo da constituição do crédito trabalhista?

Sim.

Fundamento legal: CLT, art. 9º,[51] compreendido em profundidade.

Doutrina:

Wagner D. Giglio:

Na prática atual, comprovada a fraude na administração da empresa – transferência de bens e valores para os sócios, seus parentes ou terceiros ("laranjas"), mesmo antes da ação –, em qualquer tipo de sociedade, os administradores são responsabilizados pelo total da dívida, aplicando-se a doutrina da desconsideração da personalidade jurídica.[52]

Francisco Antônio de Oliveira:

Todavia, suponha-se que um empresário que durante alguns anos vai enxugando a pessoa jurídica, dilapidando o seu patrimônio e enriquecendo o patrimônio particular seu. Depois efetua a venda da empresa e alguns meses depois esta tem a sua falência decretada. É evidente a fraude e, nesse caso, o cedente será responsabilizado. A mesma hipótese pode ocorrer no caso de 'grupo econômico', em que o crédito do empregado está garantido pelo patrimônio do grupo (art. 2º, §2º, CLT). Determinada empresa do grupo tem o seu patrimônio dilapidado e em seguida é vendida, tendo sido a falência decretada meses depois. Os créditos dos empregados cedidos continuarão garantidos pelo patrimônio do grupo, em face da fraude.[53]

Ari Pedro Lorenzetti:

A fraude contra credores, entretanto, a despeito de caracterizar um desvio funcional, é tratada pela lei como vício estrutural. Há, porém, outras formas de fraude, além da fraude contra credores. Os atos fraudulentos praticados antes da constituição do débito, por exemplo, não caracterizam fraude contra credores, mas constituem abuso de direito,

---

[51] CLT: Art. 9º. Serão nulos de pleno direito os atos praticados com o objetivo de desvirtuar, impedir ou fraudar a aplicação dos preceitos contidos na presente Consolidação.
[52] GIGLIO, Wagner D. *Direito processual do trabalho*. 16. ed. São Paulo: Saraiva, 2007. p. 545.
[53] OLIVEIRA, Francisco Antônio de. *Execução na Justiça do Trabalho*. 6. ed. São Paulo: RT, 2007. p. 176.

passível de ser atacado mediante a incidência da teoria da penetração. Assim, quando afirmamos que o pressuposto da desconsideração é o abuso de direito, implicitamente, nele também incluímos a fraude.[54]

Jurisprudência:

EMENTA: EMBARGOS DE TERCEIRO. CISÃO DE EMPRESA. RESPONSABILIDADE PELOS DÉBITOS TRABALHISTAS. O conjunto probatório aponta para a hipótese de transformação da estrutura jurídica e transferência de patrimônio entre empresas, situação enquadrada pelas normas dos arts. 10 e 448 da CLT. Ainda que a Executada tenha continuado a existir, a situação de penúria patrimonial em que se encontra revela que a cisão, com transferência de bens para a nova empresa, se não teve por intuito a fraude à execução, já que a reclamação só foi ajuizada posteriormente, resultou em fraude aos direitos trabalhistas do Exequente (art. 9º/CLT). Agravo provido para declarar-se subsistente a penhora. (TRT 18ª Região, AP 1.448/99, Ac. 1.342/2000, Rel. Juiz Marcelo Nogueira Pedra, DJE 11.04.2000. p. 88).

EMENTA: AGRAVO DE PETIÇÃO DO TERCEIRO-EMBARGANTE. Prova colhida que demonstra terem o agravante e o ex-sócio da reclamada, seu pai, em conluio, promovido transferência patrimonial do segundo para o primeiro, não demonstrada sequer a onerosidade da transação, com o intuito único de, premeditadamente, inviabilizar o redirecionamento de execuções trabalhistas contra o patrimônio dos sócios, ante a manifesta insolvência da empresa. Incidência das disposições legais contidas nos arts. 158-59 do CC e 9º da CLT. Nulidade da alienação que se confirma, mantendo-se a decisão agravada. Provimento negado. (TRT 4ª Região, AP 00356-2007-102-04-00-7, Ac. 3ª T, Rel. Desembargadora Maria Helena Mallmann).

EMENTA: AGRAVO DE PETIÇÃO DA TERCEIRA EMBARGANTE CISÃO DE EMPRESAS. RESPONSABILIDADE DA EMPRESA ORIGINADA DA CISÃO. Cisão parcial da empresa responsável pelos créditos trabalhistas do reclamante, SEG – SERVIÇOS ESPECIAIS DE SEGURANÇA E TRANSPORTE DE VALORES S. A. (MASSA FALIDA), ocorrida após a contratação do empregado. PROFORTE S.A. TRANSPORTE DE VALORES: empresa ora agravante, que tem origem na cisão, mediante incorporação de parte do patrimônio da empresa cindida.

---

[54] LORENZETTI, Ari Pedro. *A responsabilidade pelos créditos trabalhistas*. São Paulo: LTr, 2003. p. 205.

Responsabilidade solidária da empresa que se originou da cisão, declarada em primeiro grau de jurisdição, que se mantém pelo fato de a agravante ter sido constituída mediante incorporação de substancial cota patrimonial da empresa cindida. Artigos 10 e 448 da CLT. Agravo de petição ao qual se nega provimento. (TRT 4ª Região, AP 00151-2004-122-04-00-3, Ac. 1ª T, Rel. Desembargadora Maria Helena Mallmann).

EMENTA: PROCESSO CIVIL E CIVIL. RECURSO ESPECIAL. FRAUDE PREORDENADA PARA PREJUDICAR FUTUROS CREDORES. ANTERIORIDADE DO CRÉDITO. ART. 106, PARÁGRAFO ÚNICO, CC/16 (ART. 158, §2º, CC/02). TEMPERAMENTO. 1. Da literalidade do art. 106, parágrafo único, do CC/16 extrai-se que a afirmação da ocorrência de fraude contra credores depende, para além da prova de *consilium fraudis* e de *eventuns damni*, da anterioridade do crédito em relação ao ato impugnado. 2. Contudo, a interpretação literal do referido dispositivo de lei não se mostra suficiente à frustração da fraude à execução. Não há como negar que a dinâmica da sociedade hodierna, em constante transformação, repercute diretamente no Direito e, por consequência, na vida de todos nós. O intelecto ardiloso, buscando adequar-se a uma sociedade em ebulição, também intenta – criativo como é – inovar nas práticas ilegais e manobras utilizadas com o intuito de escusar-se do pagamento ao credor. Um desses expedientes é o desfazimento antecipado de bens, já antevendo, num futuro próximo, o surgimento de dívidas, com vistas a afastar o requisito da anterioridade do crédito, como condição da ação pauliana. 3. Nesse contexto, deve-se aplicar com temperamento a regra do art. 106, parágrafo único, do CC/16. Embora a anterioridade do crédito seja, via de regra, pressuposto de procedência da ação pauliana, ela pode ser excepcionada quando for verificada fraude predeterminada em detrimento de credores futuros. 4. Dessa forma, tendo restado caracterizado nas instâncias ordinárias o conluio fraudatório e o prejuízo com a prática do ato – ao contrário do que querem fazer crer os recorrentes – e mais, tendo sido comprovado que os atos fraudulentos foram predeterminados para lesarem futuros credores, tenho que se deve reconhecer a fraude contra credores e declarar a ineficácia dos negócios jurídicos (transferência de bens imóveis para as empresas Vespa e Avejota). 5. Recurso especial não provido. (STJ, Resp nº 1.092.134-SP [2008/0220441-3], 3ª T, Rel. Min. Nancy Andrighi, 05.08.2010).

14. É viável liberar o depósito recursal para o reclamante no caso de falência superveniente da executada?

Sim.

Fundamento legal: CLT, art. 899, §1º;[55] Instrução Normativa nº 3 do TST (DJ 12.03.1993);[56] Consolidação dos Provimentos da Corregedoria Geral da Justiça do Trabalho – CPCGJT, art. 77.[57]

Doutrina:
Ari Pedro Lorenzetti:

Havendo nos autos da ação trabalhista depósitos recursais, naturalmente efetivados antes da decretação da falência (En. 86), tais valores devem ser utilizados, primeiro, para pagamento do credor trabalhista, só devendo ser transferido à massa eventual saldo.[58]

Jurisprudência:

EMENTA: AGRAVO DE PETIÇÃO. FALÊNCIA. LIBERAÇÃO DO DEPÓSITO RECURSAL AO AUTOR. Com o trânsito em julgado da decisão exequenda, o valor depositado para garantia do juízo passa a integrar o crédito do exequente, podendo ser liberado em seu favor. A posterior falência do executado não autoriza a remessa dessa quantia

---

[55] CLT: Art. 899 [...]
§1º. Sendo a condenação de valor até 10 vezes o valor de referência regional, nos dissídios individuais, só será admitido o recurso, inclusive o extraordinário, mediante prévio depósito da respectiva importância. Transitada em julgado a decisão recorrida, ordenar-se-á o levantamento imediato da importância do depósito, em favor da parte vencedora, por simples despacho do juiz.

[56] Instrução Normativa nº 3 do TST/1993: "O Tribunal Superior do Trabalho, em sua composição Plena, sob a Presidência do Excelentíssimo Senhor Ministro Orlando Teixeira da Costa, considerando o advento da Lei nº 8.542/1992, que em seu art. 8º deu nova redação ao art. 40 da Lei nº 8.177/1991, que altera o contido nos parágrafos dos art. 899 da CLT, baixa esta Instrução para definir a sua interpretação quanto ao depósito recursal a ser feito nos recursos interpostos perante a Justiça do Trabalho".
I - Os depósitos de que trata o art. 40, e seus parágrafos, da Lei nº 8.177/1991, com a redação dada pelo art. 8º da Lei nº 8.542/92, não tem natureza jurídica de taxa de recurso, mas de garantia do juízo recursal, que pressupõe decisão condenatória ou executória de obrigação de pagamento em pecúnia, com valor líquido ou arbitrado.
[...]
II – [...]
f) com o trânsito em julgado da decisão condenatória, os valores que tenham sido depositados e seus acréscimos serão considerados na execução.

[57] CPCGJT, Art. 77. Cabe ao Juiz na fase de execução:
I – ordenar a pronta liberação do depósito recursal, em favor do reclamante, de ofício ou a requerimento do interessado, após o trânsito em julgado da sentença condenatória, desde que o valor do crédito trabalhista seja inequivocamente superior ao do depósito recursal, prosseguindo a execução depois pela diferença.

[58] LORENZETTI, Ari Pedro. *A responsabilidade pelos créditos trabalhistas*. São Paulo: LTr, 2003. p. 410.

ao juízo universal falimentar. Agravo não provido. (TRT 4ª Região, AP. 01575.006/94, Ac. 5ª T, 04.05.2000, Rel. Juiz Juraci Galvão Júnior. DOE 24.01.2000).

EMENTA: MASSA FALIDA. LIBERAÇÃO DO DEPÓSITO RECURSAL. Hipótese em que é inviável a liberação do depósito recursal em favor da agravante, porquanto não mais integrava seu patrimônio quando da decretação da falência. Liberação em benefício dos credores, por aplicação do artigo 899, parágrafo 1º, da CLT. Provimento negado. (TRT 4ª Região, AP 00232-2003-008-04-00-8, Ac. 1ª T, Rel. Desembargador Pedro Luiz Serafini).

EMENTA: MASSA FALIDA. LIBERAÇÃO DO DEPÓSITO RECURSAL. O depósito recursal efetuado antes da decretação da falência não integra o patrimônio da massa falida razão pela qual não subsiste a decisão que determina sua arrecadação ao juízo universal da falência. Os valores recolhidos sob tal título devem ser liberados ao exequente, a teor do artigo 899, §1º, da CLT. Agravo provido. (TRT 4ª Região, AP 00132-2002-025-04-00-6, Ac. 8ª T, Rel. Desembargadora Maria Cristina Schaan Ferreira).

EMENTA: DECRETAÇÃO DA FALÊNCIA. LIBERAÇÃO DO DEPÓSITO RECURSAL. Mostra-se viável a liberação do depósito recursal ao exequente quando este for efetuado antes da decretação da falência da reclamada, porquanto não mais integrava seu patrimônio quando da quebra da empresa. (TRT 4ª Região, AP 01428-1999-005-04-00-3, Ac. 1ª T, Rel. Desembargador José Felipe Ledur).

15. É possível deferir arresto sem prova de dívida líquida e certa?

Sim. Quando o executado comete atos fraudulentos. Ou quando o débito trabalhista é incontroverso.

Doutrina:
Ovídio A. Baptista da Silva:

Nenhuma nação moderna, nem mesmo Portugal, de onde copiamos este injustificável pressuposto para o arresto, contém preceito semelhante, restringindo a concessão da medida cautelar apenas aos créditos representados documentalmente e, além disso, líquidos e certos. Em verdade, além da limitação imposta pelo art. 814, contém esse dispositivo um disparate lógico, dado que, no domínio da tutela de simples segurança, *liquidez* e *certeza* são categorias inimagináveis. O juiz do processo cautelar nunca poderia exigir e muito menos declarar que tal ou qual dívida seria ou não líquida e certa. Os *juízos de certeza* opõem-se ao conceito de *verossimilhança* com que o julgador haverá necessariamente de operar, quando esteja a tratar de tutela cautelar.[59]

Carlos Alberto Álvaro de Oliveira e Galeno Lacerda:

O arresto reclama exegese sistemática e integradora com o poder cautelar geral do juiz, poder que a tudo supera, na discrição de tutela emanada dos imperativos do caso concreto e da missão instrumental do processo para a realização da justiça. Nessas condições, ou se interpretam os dispositivos sobre o arresto com elasticidade, ou aplicar-se-ão à hipótese *sub judice* as regras relativas ao poder cautelar geral e ao procedimento, constantes estas dos arts. 801 e seguintes do Código. Fica assim a critério do juiz dispensar até a caução do art. 804, se as circunstâncias do caso o convencerem da necessidade de conceder o arresto liminar, sem preocupar-se com a discriminação casuística dos arts. 813 e 814, pois poderia fazê-lo, de qualquer modo, no uso do poder genérico de proteção e segurança, endossado expressamente pelo disposto no art. 812. Quanto ao nome que, neste caso, se der à medida, é o que menos importa.[60]

Jurisprudência:

EMENTA: EXECUÇÃO. ARRESTO. Tem lugar o arresto de bens, ainda que inexistente prova literal da dívida líquida e certa, quando devidamente justificado o cometimento de artifícios considerados fraudulentos, a fim de lesar credores. (TRT 2ª Região, RO 63.560/99, Ac. 3ª T, 10.02.2001, Rel. Juiz Décio Sebastião Daidone. *Revista Trimestral de Jurisprudência do TRT de São Paulo*, nº 25, jun. 2001. p. 147).

EMENTA: MANDADO DE SEGURANÇA. AÇÃO CAUTELAR DE ARRESTO RECEBIDA COMO CAUTELAR INOMINADA. DEFERIMENTO DE PEDIDO LIMINAR PARA CONSTRIÇÃO DE AUTOMÓVEIS. A alegação de que a requerente da ação cautelar não produziu prova literal de dívida líquida e certa, da insolvência da empresa ou, ainda, da tentativa de alienação de bens não autoriza a concessão da

---

[59] BAPTISTA DA SILVA, Ovídio A. *Curso de Processo Civil*. 4. ed. Rio de Janeiro: Forense, 2008. v. 2, p. 195.
[60] OLIVEIRA, Carlos Alberto Alvaro de; LACERDA, Galeno. *Comentários ao Código de Processo Civil*. 8. ed. Rio de Janeiro: Forense, 2007. v. 8, t. 2, p. 40-41.

segurança. Cabia à impetrante a juntada com a petição inicial de prova definitiva de que sua situação econômica não é aquela descrita na ação cautelar, ônus do qual não se desincumbiu. Segurança parcialmente concedida para confirmar decisão liminar que determinou liberação de veículo não objeto do pedido de arresto. (TRT 4ª Região, MS 00271-2006-000-04-00-7, Ac. 1ª T, Rel. Desembargador José Felipe Ledur).

EMENTA: ARRESTO. A demandada reconhece não ter pago as verbas rescisórias e o atraso no pagamento dos salários dos seus empregados, os quais "serão objeto de execução" no processo em que for efetuado acordo para o seu adimplemento. Reconhece, ainda, estar passando por "uma situação delicada" que lhe trouxe prejuízos. O sindicato dos empregados ajustou acordo coletivo com a cooperativa "em face da atual conjuntura econômica", autorizando a redução da jornada de trabalho ou o número de dias trabalhados. Ainda assim, a demandada está em débito com os salários dos seus empregados. Há necessidade da providência acautelatória, pois presente a probabilidade de que a demora na composição do litígio enseje o dano temido pelo requerente. Quanto à existência de dívida líquida e certa, há de se considerar a existência de débito incontroverso nos autos e o ajuizamento de inúmeras ações com a mesma pretensão. Necessidade de garantir o resultado útil do processo a justificar o arresto. (TRT 4ª Região, RO 00830-2005-541-04-00-4, Ac. 4ª T, Rel. Desembargador Fabiano de Castilhos Bertolucci).

JURISPRUDÊNCIA DO STJ: REsp. 909.478; REsp 753.788.

16. **É possível redirecionar a execução contra o tomador de serviços que não participou da fase de conhecimento da reclamatória trabalhista?**

Sim. Contudo, essa orientação não é pacífica.

Doutrina:
Ari Pedro Lorenzetti:

Não é demais repetir que o que confere a alguém responsabilidade pela satisfação do crédito não é o fato de ter seu nome inscrito no título, mas a circunstância de encontrar-se numa daquelas situações jurídicas que o vinculem ao cumprimento da obrigação reconhecida naquele instrumento. Assim, demonstrada a existência de um crédito exigível, o que é feito através da apresentação do título, e provado que o demandado responde pela sua satisfação, preenchidas estão as condições para que este suporte os efeitos da execução. A defesa da tomadora poderá ser oferecida normalmente nos embargos à execução, quando poderá discutir amplamente o título e a existência de responsabilidade de sua parte. Assim, para que se vincule ao débito, não é necessário que o tomador tenha participado do processo de conhecimento que gerou o título, uma vez que poderá valer-se dos embargos à execução para aduzir sua defesa e apresentar todas as provas que tiver, a fim de afastar de si a eficácia do reconhecimento judicial do crédito deferido ao trabalhador.[61]

Cláudio Armando Couce de Menezes:

Nada justifica que o credor deva ajuizar nova ação cognitiva para que seja certificada a responsabilidade passiva secundária do devedor solidário ou subsidiário, cujos nomes não constam do título executivo, se já possui título executivo lhe autorizando demandar em execução.[62]

17. É possível redirecionar a execução contra o empreiteiro principal que não figurou na fase de conhecimento da reclamatória trabalhista?

Sim. Contudo, essa orientação não é pacífica.

Fundamento legal: CLT, art. 455.[63]

Doutrina:
Ari Pedro Lorenzetti:

Todavia, ainda que ajuizada a ação tão somente em face do subempreiteiro, não há razão para exigir-se nova demanda, para que a responsabilidade possa incidir sobre os bens do empreiteiro principal. Por uma questão de coerência, entretanto, se o trabalhador escolheu seu empregador para propor a demanda, deve, primeiramente, tentar obter a satisfação de seu crédito com os bens deste. Da mesma forma,

---

[61] LORENZETTI, Ari Pedro. *A responsabilidade pelos créditos trabalhistas*. São Paulo: LTr, 2003. p. 309.
[62] MENEZES, Cláudio Armando Couce de. Legitimidade *ad causam* na Execução (sucessores, sociedades integrantes de grupo empresário, sócios, administradores e acionistas). *Revista Genesis*, v. 20, n. 117, p. 356, set. 2000.
[63] CLT: Art. 455. Nos contratos de subempreitada, responderá o subempreiteiro pelas obrigações derivadas do contrato de trabalho que celebrar, cabendo, todavia, aos empregados, o direito de reclamação contra o empreiteiro principal pelo inadimplemento daquelas obrigações por parte do primeiro.

se ajuizada a ação apenas em face do empreiteiro principal, por uma questão de lógica, deve-se primeiro tentar a execução em face deste, antes de voltar-se contra o principal devedor. A defesa do responsável, que não fez parte do processo de conhecimento, pode perfeitamente ser deduzida nos embargos à execução. Afinal de contas, não se pode presumir a existência de fraude, devendo-se considerar, ademais, que o subempreiteiro é parceiro de confiança do empreiteiro principal, escolhido por este também em razão de sua idoneidade moral, supõe-se. Se assim não foi, não pode o empreiteiro principal alegar prejuízo injusto, pois não adotou as cautelas devidas ao se associar à pessoa inidônea.[64]

18. É possível alienar de forma antecipada bens sujeitos à depreciação econômica (como computadores e veículos)?

Sim.

Fundamento legal: art. 852, I, do CPC.[65]

Doutrina:
José Antônio Ribeiro de Oliveira Silva:

Também deve o juiz proceder à alienação antecipada dos bens penhorados, *ex officio*, especialmente quando sujeitos à deterioração ou à depreciação, ao que está autorizado desde 1973 pelos arts. 670 e 1.113 do CPC (presentes os requisitos do art. 769 da CLT), *exempli gratia*: alimentos, roupas, computadores. Uns são perecíveis, outros são sujeitos à rápida depreciação, pela mudança da moda ou da estação do ano, ou pelo avanço da tecnologia. Não é possível que se espere a deterioração dos bens penhorados, ou mesmo sua depreciação, quando isso levará não somente à insatisfação do crédito trabalhista, mas também ao enorme prejuízo do próprio devedor. Se houver a rápida alienação, o valor correspondente será depositado à disposição do juízo, o que atende, inclusive, ao princípio da execução menos gravosa (art. 620 do CPC).[66]

---

[64] LORENZETTI, Ari Pedro. *A responsabilidade pelos créditos trabalhistas*. São Paulo: LTr, 2003. p. 333.
[65] CPC: Art. 852. O juiz determinará a alienação antecipada dos bens penhorados quando: I - se tratar de veículos automotores, de pedras e metais preciosos e de outros bens móveis sujeitos à depreciação ou à deterioração;
II - houver manifesta vantagem.
[66] SILVA, José Antônio Ribeiro de Oliveira. Execução trabalhista: medidas de efetividade. *Revista Juris Síntese*, n. 61, set./out. 2006.

Rodolfo da Costa Manso Real Amadeo:

Quanto aos veículos automotores, de fato, há sério risco de deterioração ou, ao menos, de sua depreciação ao longo do processo executivo, principalmente se continuarem 'depositados' em poder do executado (art. 840, §2º). Por exemplo, um automóvel modelo 2015, ainda que esteja em perfeito estado de conservação, tem seu valor sensivelmente diminuído se for alienado dois ou três anos depois.[67]

Guilherme Rizzo Amaral:

No que se refere à exemplificação contida no inc. I, cumpre notar que a alienação antecipada de veículo automotor já era comum na jurisprudência na vigência do Código revogado. A possibilidade de depreciação ou de deterioração deste bem é evidente, seja pelo uso, seja pela falta de manutenção, seja pelo próprio passar do tempo.[68]

19. É possível alienar de forma antecipada bens semoventes?

Sim.

Fundamento legal: art. 852, I, do CPC.[69]

Doutrina:
Manoel Antônio Teixeira Filho:

Pode acontecer, no entanto, de os bens penhorados: a) serem facilmente deterioráveis (frutas, cereais, etc.); b) estarem avariados; c) exigirem grandes despesas para sua guarda e conservação; d) consistirem em *semoventes*, de tal modo que se torne desaconselhável aguardar-se o momento processual ordinariamente destinado à expropriação. Revelando-se sensível a essa particularidade, permite a lei que o juiz determine, *de ofício* ou a requerimento do depositário, ou de qualquer

---

[67] WAMBIER, Teresa Arruda Alvim *et al*. *Breves comentários ao novo Código de Processo Civil*. São Paulo: RT, 2015. p. 1951.
[68] AMARAL, Guilherme Rizzo. *Comentários às alterações do novo CPC*. São Paulo: RT, 2015. p. 870.
[69] CPC: Art. 852. O juiz determinará a alienação antecipada dos bens penhorados quando: I - se tratar de veículos automotores, de pedras e metais preciosos e de outros bens móveis sujeitos à depreciação ou à deterioração; II - houver manifesta vantagem.

das partes, que sejam esses bens alienados em *leilão* (CPC, art. 1.113, *caput* e §1º), salvo se uma das partes se obrigar a satisfazer ou a garantir as despesas de conservação (*ibidem*).[70]

20. É possível alienar de forma antecipada bens de guarda dispendiosa?

Sim.

Fundamento legal: art. 852, I, do CPC.[71]

Doutrina:
Manoel Antônio Teixeira Filho:

Pode acontecer, no entanto, de os bens penhorados: a) serem facilmente deterioráveis (frutas, cereais, etc.); b) estarem avariados; c) exigirem grandes despesas para sua guarda e conservação; d) consistirem em *semoventes*, de tal modo que se torne desaconselhável aguardar-se o momento processual ordinariamente destinado à expropriação. Revelando-se sensível a essa particularidade, permite a lei que o juiz determine, *de ofício* ou a requerimento do depositário, ou de qualquer das partes, que sejam esses bens alienados em *leilão* (CPC, art. 1.113, *caput* e §1º), salvo se uma das partes se obrigar a satisfazer ou a garantir as despesas de conservação (*ibidem*).[72]

21. O crédito trabalhista tem preferência sobre o crédito com garantia real (penhor, hipoteca, cédula rural hipotecária) mesmo quando a penhora do credor com garantia real é *anterior*?

Sim.

Fundamento legal: Lei nº 6.830/80, art. 30.[73]

---

[70] TEIXEIRA FILHO, Manoel Antônio. *Curso de Direito Processual do Trabalho*. São Paulo: LTr, 2009. v. III, p. 1913. (Sem itálico no original).

[71] CPC: Art. 852. O juiz determinará a alienação antecipada dos bens penhorados quando: I - se tratar de veículos automotores, de pedras e metais preciosos e de outros bens móveis sujeitos à depreciação ou à deterioração; II - houver manifesta vantagem.

[72] TEIXEIRA FILHO, Manoel Antônio. *Curso de Direito Processual do Trabalho*. São Paulo: LTr, 2009. v. III, p. 1913. (Sem itálico no original).

[73] Lei nº 6.830/80: Art. 30. Sem prejuízo dos privilégios especiais sobre determinados bens, que sejam previstos em lei, responde pelo pagamento da Dívida Ativa da Fazenda

Jurisprudência:

TST-SDI-1-OJ 226: Diferentemente da cédula industrial garantida por alienação fiduciária, na cédula rural pignoratícia ou hipotecária, o bem permanece sob o domínio do devedor (executado), não constituindo óbice à penhora na esfera trabalhista. (Decreto-Lei nº 167/67, art. 69; Lei nº 6.830/80, arts. 10 e 30).

EMENTA: GARANTIA REAL CONSTITUÍDA EM CÉDULA DE CRÉDITO RURAL. PRIVILÉGIO DO CRÉDITO TRABALHISTA. O crédito trabalhista, por sua natureza alimentar, tem preferência sobre os demais e opõe-se, inclusive, contra os credores com garantia real, subsistindo a penhora trabalhista a despeito de garantia constituída antes da constrição judicial. Nesse sentido, dispõem os artigos 10 e 30 da Lei nº 6.830/80, aplicáveis *ex vi* do artigo 889 da CLT. (TRT 4ª Região, AP 06038.821/99-6, Ac. 4ª T, Rel. Desembargadora Maria Inês Cunha Dornelles).

EMENTA: PAGAMENTO PREFERENCIAL DO CRÉDITO TRABALHISTA. No processo de execução, que tem por fim satisfazer crédito trabalhista fundado em sentença condenatória, é inaplicável o disposto no artigo 1566, inciso I, do Código Civil Brasileiro, que se refere a privilégio especial em concurso de credores. Com o produto da alienação do bem penhorado, deve ser efetuado, em primeiro lugar, o pagamento do crédito do trabalhador exequente, utilizando-se o remanescente para satisfazer despesas processuais, como custas e honorários periciais. (TRT 4ª Região, AP 00231.301/97-9, Ac. 3ª T, Rel. Desembargadora Nires Maciel de Oliveira).

EMENTA: CRÉDITO TRABALHISTA. PREFERÊNCIA. A execução que se processa é de crédito privilegiado, não sujeito a rateio, sobrepondo-se a todos os créditos de outras naturezas. Arresto em juízo cível, para garantia pignoratícia, que não se sobrepõe ao crédito trabalhista, *ainda que anterior à penhora deste juízo*. (TRT 4ª Região, AP 00501.821/99-6, Ac. 8ª T, Rel. Desembargadora Ana Luiza Heineck Kruse).

Pública a totalidade dos bens e das rendas, de qualquer origem ou natureza, do sujeito passivo, seu espólio ou sua massa, inclusive os gravados por ônus real ou cláusula de inalienabilidade ou impenhorabilidade, *seja qual for a data da constituição do ônus ou da cláusula*, excetuados unicamente os bens e rendas que a lei declara absolutamente impenhoráveis.

22. O credor trabalhista pode penhorar o produto de arrematação – dinheiro – mesmo quando não tenha penhorado o bem do executado arrematado? Como é feita essa penhora?

Sim. Desde que o valor não tenha sido ainda disponibilizado para o outro credor. Essa penhora é feita nos rosto dos autos do processo da outra execução.

Fundamento legal: CTN, art. 186, *caput*;[74] Lei nº 6.830/80, art. 29, *caput*[75] (CLT, art. 889); CPC, art. 908.[76]

Doutrina:
Ari Pedro Lorenzetti:

> Todavia, mesmo após a arrematação, poderá o credor trabalhista fazer incidir seu direito de preferência sobre o produto daquela, desde que o faça antes que o dinheiro seja liberado ao credor que promoveu a execução. Com efeito, enquanto não disponibilizado o dinheiro ao credor exequente, o valor arrecadado com a expropriação dos bens continua a integrar o patrimônio do executado. Assim, mesmo após arrematados os bens, pode o credor trabalhista exercer seu direito de preferência sobre o valor em dinheiro auferido na alienação daqueles, *requerendo a penhora no rosto dos autos em que se processa a execução*. Somente a partir do instante em que tal valor é disponibilizado ao exequente é que deixa de pertencer ao executado. Não tendo havido penhora ou arresto até esse momento, o credor trabalhista não mais poderá vincular o valor arrecadado na expropriação à satisfação de seu direito. Mesmo que o credor exequente ainda não tenha levantado a importância que lhe cabe, se o dinheiro já foi colocado à sua disposição, já lhe pertence, não sendo dado ao credor trabalhista proceder à penhora ou ao arresto sobre tal

---

[74] CTN: Art. 186. *O crédito tributário prefere a qualquer outro*, seja qual for a natureza ou o tempo da sua constituição, *ressalvados os créditos decorrentes da legislação do trabalho ou do acidente do trabalho*.

[75] Lei nº 6.830/80: Art. 29. A cobrança judicial da Dívida Ativa da Fazenda Pública não é sujeita a concurso de credores ou A habilitação em falência, concordata, liquidação, inventário ou arrolamento. Preceito aplicável subsidiariamente à execução trabalhista (CLT, art. 889).

[76] CPC: Art. 908. Havendo pluralidade de credores ou exequentes, o dinheiro lhes será distribuído e entregue consoante a ordem das respectivas preferências.
§1º. No caso de adjudicação ou de alienação, os créditos que recaem sobre o bem, inclusive os de natureza *propter rem*, sub-rogam-se sobre o respectivo preço, observada a ordem de preferência.
§2º. *Não havendo título legal à preferência*, o dinheiro será distribuído entre os concorrentes, observando-se a anterioridade de cada penhora (grifei). No caso, há título legal à preferência. O título legal à preferência está previsto no art. 186 do CTN.

valor. Mesmo que o exequente não tenha sido intimado da liberação, se nos autos já existe despacho disponibilizando-lhe a importância de seu crédito, não poderá o credor trabalhista invocar a preferência sobre tais valores.[77]

Jurisprudência:

EMENTA: O art. 711 do CPC não exige que o credor preferencial efetue penhora sobre o bem objeto da execução. O crédito trabalhista prefere o hipotecário. (STJ, 3ª Turma, REsp 293.788/SP, Rel. Min. Humberto Gomes de Barros, DJU 14.03.2005. p. 318, ementa citada na obra *Código de Processo Civil e Legislação Processual em Vigor*, de Theotonio Negrão e José Roberto F. Gouvêa, 39ª edição, Editora Saraiva, São Paulo, 2007. p. 872, nota remissiva nº 4 ao art. 711 do CPC).[78]

Da fundamentação do acórdão consta: O produto da arrematação só deve ser distribuído com a observância da anterioridade das penhoras, se não houver preferências fundadas no direito material a serem respeitadas. Assim, independentemente da penhora, devem ser satisfeitos, em primeiro lugar, os que tiverem título legal de preferência e possuírem título executivo, o que é a hipótese destes autos. É que a lei não exige que o credor privilegiado tenha realizado, anteriormente, a penhora do bem. Acrescente-se que, se os créditos fiscais não estão sujeitos a concurso de credores, muito menos estão os créditos trabalhistas, que têm preferência sobre aqueles. (CTN, art. 186).

23. É possível declarar fraude contra credores nos embargos de terceiro opostos pelo adquirente do bem penhorado?

Sim. Porém, a matéria é controvertida.

Fundamento legal: CLT, art. 9º,[79] aplicado em profundidade.

O substrato jurídico: a fraude contra credores é causa de *ineficácia relativa* do negócio jurídico viciado (inoponibilidade em face do credor trabalhista prejudicado) e não causa de *anulabilidade*. Esta doutrina propõe a superação da diretriz da Súmula 195 do STJ no âmbito do

---

[77] LORENZETTI, Ari Pedro. *A responsabilidade pelos créditos trabalhistas*. São Paulo: LTr, 2003. p. 402. (Sem grifo no original).
[78] NEGRÃO, Theotonio; GOUVÊA, José Roberto F. *Código de Processo Civil e Legislação Processual em Vigor*. 39. ed. São Paulo: Saraiva, 2007. p. 872.
[79] CLT: Art. 9º. Serão nulos de pleno direito os atos praticados com o objetivo de desvirtuar, impedir ou fraudar a aplicação dos preceitos contidos na presente Consolidação.

processo do trabalho. Embora ousada, merece consideração e estudo, pois abre uma perspectiva de maior efetividade para a execução trabalhista. Há doutrina consistente.

Doutrina:

Francisco Antônio de Oliveira:

> Embora o comando legal seja no sentido de que a ação revocatória há de ser autônoma, vinham os nossos tribunais, liderados pela Suprema Corte, amenizando a drasticidade da norma, com supedâneo nos princípios de celeridade e de economia processual. Assim, vinha o STF decidindo que a fraude contra credores pode e deve ser declarada como incidente processual da execução nos embargos de terceiro. 'Pode o juiz recusar força operante, no processo de embargos de terceiro, à escritura de doação de sogro a genro, se reconhece, no ato, fraude contra credor. Desnecessidade de *actio pauliana* para a apuração da fraude, se os requisitos se manifestam em outro processo submetido à apreciação do juiz'. (STF, AI 12.875, Rel. Min. Osny Duarte Pereira, 05.01.1960, DJ 09.05.1962. p. 448).[80]

Ari Pedro Lorenzetti:

> Do mesmo modo, observou *Theodoro Júnior* que, se o que quis a lei civil com a sanção à fraude foi 'simplesmente resguardar os credores dos prejuízos que o ato do devedor insolvente poderia acarretar-lhes, o que fez foi cominar-lhe uma ineficácia relativa. Não criou uma anulabilidade, malgrado o emprego incorreto do *nomen iuris* utilizado'. E mais adiante concluiu: 'Daí por que, nada obstante o regime defeituoso traçado pelo novo Código, para disciplinar a ação pauliana e seus efeitos sobre os atos praticados em fraude contra credores, haverá de ser interpretado como sendo o de ineficácia relativa e não o da anulabilidade, pela total inadequação desta para operacionalizar a repressão da questionada patologia do negócio fraudulento'.[81]
>
> Em outra passagem, o mesmo autor traça a diferença entre as consequências da invalidade e da simples ineficácia: 'Tanto a nulidade absoluta como a relativa têm como consequência a invalidação tanto entre as partes, quanto perante terceiros. Anulado o ato ou conhecida a sua

---

[80] OLIVEIRA, Francisco Antônio de. *Execução na Justiça do Trabalho*. 6. ed. São Paulo: RT, 2007. p. 352-353.
[81] LORENZETTI, Ari Pedro. *As nulidades no Direito do Trabalho*. São Paulo: LTr, 2008. p. 309-314.

nulidade, as partes voltam ao estado anterior à sua prática e tudo se passa, daí em diante, como se o ato viciado não tivesse sido praticado. Não é isto, porém, que se passa com o ato fraudulento atacado pela ação pauliana, já que esta, em sua eficácia, se distingue de todas as ações de nulidade. Da pauliana decorre apenas a inoponibilidade do ato impugnado àqueles que foram prejudicados pela fraude, restando, todavia, subsistente e válido entre as partes que o realizaram'.

E, após analisar os efeitos do reconhecimento da fraude à execução ou do acolhimento da ação revocatória, conclui *Humberto Teodoro Júnior* que 'razão alguma justifica a teimosia em atrelar-se o Código Civil à superada tese da anulabilidade dos negócios praticados em fraude contra credores. Se o que se procura é simplesmente conservar a garantia dos credores e se a pseudo anulação apenas atua nos limites da restauração da referida garantia, porque não lhe dar o *nomen iuris* correto de inoponibilidade?'

No mesmo sentido se posicionaram *Gagliano* e *Pamplona Filho*, a despeito de, mais adiante, concluírem que não é essa a solução perante nosso Direito Positivo:

Entendemos que a decisão final da *ação pauliana* é simplesmente declaratória da ineficácia do ato praticado em fraude contra credores. Vale dizer, a ação visa declarar ineficaz o ato apenas em face dos credores prejudicados, e não propriamente anulá-lo ou desconstituí-lo. Os princípios gerais da *teoria das nulidades* não devem se aplicar aqui'.

[...]

A ineficácia dos atos praticados em fraude contra credores também se aplica em defesa dos direitos dos trabalhadores, principalmente em relação aos atos praticados pelos sócios das pessoas jurídicas, que intentam resguardar seus bens contra futuras execuções pelas dívidas das empresas. Como a garantia dos créditos trabalhistas incide sobre o patrimônio total dos devedores ou responsáveis, em caráter genérico, sem vínculo real com determinados bens, podem os trabalhadores sofrer os efeitos da redução patrimonial com intuito fraudulento. A posição dos sócios da pessoa jurídica, em relação aos débitos trabalhistas desta, equipara-se à dos fiadores nas obrigações civis. E quando é o fiador quem se despoja de seus bens, frustrando a garantia do crédito afiançado, não pairam dúvidas acerca da configuração da fraude contra credores. Dada a similitude de situações, o mesmo entendimento deve ser aplicado aos sócios que tentam salvar seu patrimônio da execução trabalhista que se avizinha.

[...]

Perante o Direito Civil, a fraude contra credores só será reconhecida por meio da ação pauliana. Tal entendimento, no entanto, decorre de uma interpretação literal do Código Civil anterior, equívoco que permanece no diploma vigente, tendo este insistido, injustificadamente, na tese da anulabilidade do ato viciado pela fraude. Não vemos razão para submeter a fraude contra o credor trabalhista à mesma exigência. Em primeiro lugar, porque, consoante o art. 9º da CLT, são nulos de pleno direito os atos cujo objetivo seja fraudar a aplicação das normas trabalhistas, e inviabilizar a satisfação dos créditos laborais, não há que se negar, é uma forma de frustrar a incidência das normas de proteção do trabalhador. Todavia, como, no caso, a 'nulidade' visa proteger os direitos trabalhistas, só atuando em relação aos titulares destes, o que temos, na verdade, é uma típica situação de ineficácia, uma vez que só esta pode ser relativa. Tanto a nulidade, quanto a anulabilidade, subjetivamente consideradas, são sempre absolutas. Por serem decorrentes de um defeito intrínseco ao ato, seus efeitos estendem-se igualmente a toda e qualquer pessoa. Diante disso, não há ato simultaneamente válido para uns e inválido para outros. O que pode haver é divisão objetiva do ato, sendo parte dele válida e parte inválida (CC, art. 177). Somente a ineficácia é que pode ser suscetível de relativização subjetiva, aplicando-se em relação a algumas pessoas, mas não a outras. De qualquer modo, mesmo que se considere a literalidade da norma legal (CLT, art. 9º), o reconhecimento da fraude, em relação aos créditos trabalhistas, terá efeito meramente declaratório, respeitada a boa-fé do terceiro adquirente.

Diante disso, deve o terceiro adquirente participar da relação processual em que a fraude é reconhecida, pois será ele o principal afetado por aquela declaração. O que não faz sentido é exigir o ajuizamento de ação especificamente com a finalidade de declarar a fraude. Assim, se por algum motivo já houve penhora do bem que fora alienado, interpondo o adquirente embargos de terceiro, não há razão jurídica que impeça ser acolhida a alegação de fraude na própria ação de embargos de terceiro.

Mesmo perante o Direito Civil, no qual a fraude contra credores sujeita-se à disciplina dos atos anuláveis, não há razão para ser diferente, conforme observa *Humberto Theodoro Júnior*, apoiado nas lições de *Zeno Veloso*:

O art. 177 exige que a anulabilidade seja julgada por sentença. Não obriga, porém, que seja deduzida apenas em ação ou reconvenção daquele que exerce o direito potestativo. Daí porque, 'se o negócio é anulável, a anulação pode ser requerida, também, por via de exceção, que, no caso, não é processual, porém exceção material – como a de prescrição –, podendo ser apresentada dentro da contestação'. Essa era a doutrina formada ao tempo do Código de 1916 e não há razão para modificá-la na vigência do novo Código, que nenhuma alteração introduziu no pertinente à matéria.

E arremata:

'Aliás, é bom lembrar que o próprio Código reconhece a possibilidade da exceção de anulabilidade, ao dispor, de maneira explícita, que a confirmação do ato passível de anulação 'importa a extinção de todas as *ações*, ou *exceções*, de que contra ele dispusesse o devedor (art. 175). Se se extingue a exceção, é claro que o contratante a podia exercer em face do ato anulável'.

Em relação ao credor trabalhista, o juiz poderá até mesmo reconhecer de ofício a fraude, uma vez que, conforme já referido, nos termos do art. 9º da CLT, serão nulos de pleno direito os atos praticados com o objetivo de desvirtuar, impedir ou fraudar a aplicação dos preceitos de tutela ao trabalhador. Assim, condicionar o reconhecimento da fraude contra credores ao ajuizamento da ação pauliana, quando já existe ação em curso, na qual se discute justamente a submissão do bem à execução, fazendo parte desta os reais interessados na questão, é formalismo que não se coaduna com o atual estágio de evolução do Direito.

Maria Helena Diniz, embora considere tratar-se de caso de anulabilidade e não de ineficácia relativa, sustenta que é viável declarar a ocorrência de fraude contra credores em embargos de terceiro. Contudo, a autora entende que o executado/alienante deve integrar a relação processual:[82] Entretanto, há a possibilidade de se alegar a fraude contra credores como defesa do exequente nos embargos de terceiro (CPC, art. 1.053), desde que da relação processual nessa via incidental tenha também participado o executado, haja vista que não se pode anular um ato jurídico bilateral sem que estejam presentes todas as partes nele envolvidas.

Pontes de Miranda, na vigência do Código Civil de 1916, admitia a matéria da fraude contra credores em embargos de terceiro:[83] "O terceiro pode, nos embargos de terceiro, opor a fraude contra credores (Código Civil, arts. 106-113), a simulação (Código Civil, arts. 102-105) e o dolo (Código Civil, arts. 92-97), tanto quanto se lhe permite no plano do direito material, a respeito dos negócios jurídicos de direito material. Essa é a jurisprudência e a boa doutrina. Para isso, duas verdades concorrem: a sentença entre o devedor e a outra parte, na fraude contra credores, ou o dolo das partes, ou qualquer outra atitude lesiva, não pode ter eficácia contra o terceiro, e esse tem o direito de ignorá-la; o negócio jurídico que esteve à base do processo, como *res in iudicium deducta*, não deixa de ser atacável porque sobreveio sentença. O terceiro pode defender-se da eficácia contra ele, que se pretende fazer prevalecer, com a *exceptio rei inter alios iudicatae*, porém, nem sempre essa exceção lhe basta, devido a não estar com ele o bem. Outros meios de ataque são a ação constitutiva negativa de invalidade e a ação de embargos de

---

[82] DINIZ, Maria Helena. *Código Civil anotado*. 8. ed. São Paulo: Saraiva, 2002. p. 158.
[83] MIRANDA, Francisco Cavalcanti Pontes de. *Comentários ao Código de Processo Civil*. Rio de Janeiro: Forense, 1997. t. XV, p. 42-43.

terceiro, ação de mandamento, que envolve aquela (A. Mendelssohn-Bartholdy, *Grezen der Rechtskraft*, 75, nota 2, e 145 s.). Para a discussão histórica na França, A. Tissier (*Théorie et Pratique de Tierce Opposition*, 27, 310 s.). Exemplo frequente é o dos embargos de terceiro na ação executiva contra o marido se a mulher alega a simulação da dívida (5ª Câmara Cível do Tribunal de Apelação do Distrito Federal, 19 de maio de 1949, J. do T. de A., 23, 10 s.). Erra a afirmação de que a matéria da *actio Pauliana* não cabe nos embargos de terceiro (e. g., D. da J. de 29 de junho de 1946, 4226).

[...]

A alegabilidade da simulação, nos embargos de terceiro, é tradição do direito brasileiro. A ação do Código Civil, art. 105, pode ser em processo livre, ou em processo acessório. Assim julgou (e fez jurisprudência) a Corte de Apelação do Distrito Federal, a 9 de outubro e 7 de dezembro de 1933 (A.J., 30, 233)".[84]

Jurisprudência:

A Súmula 195 do STJ orienta que: "Em embargos de terceiro não se anula ato jurídico, por fraude contra credores".

Todavia, há julgados em sentido contrário.

Entendendo cabível a arguição de fraude contra credores quando notória a insolvência do devedor: VI ENTA-concl. 12, maioria; STJ-4ª T., REsp 5.307-RS, Rel. Min. Athos Carneiro, j. 16.06.1992, negaram provimento, maioria, DJU 08.03.1993. p. 3119, RT 756/312.[85]

EMENTA: FRAUDE CONTRA CREDORES. EMBARGOS DE TERCEIRO. Cabe reconhecer a fraude contra credores em sede de Embargos de Terceiro. Ora, se se admite a discussão em torno da fraude contra credores em sede de embargos de terceiro no processo civil, com muito mais razão essa discussão não só é possível como indispensável no processo trabalhista. Isso porque aqui os princípios da celeridade e da economia processual ganham especial importância, devendo-se destacar, nesse contexto, o caráter alimentar dos créditos trabalhistas. Nesse sentido, aliás, estabelece o art. 9º da CLT: 'serão nulos de pleno direito os atos praticados com o objetivo de desvirtuar, impedir ou fraudar a aplicação dos preceitos contidos na presente Consolidação'. Ademais, não há dúvida de que o art. 114 da Constituição Federal de 1988, ao dispor que compete à Justiça do Trabalho conciliar e julgar 'os litígios

---

[84] MIRANDA, Francisco Cavalcanti Pontes de. *Comentários ao Código de Processo Civil*. Rio de Janeiro: Forense, 1997. t. XV, p. 52.
[85] NEGRÃO, Theotônio; GOUVÊA, José Roberto F. *Código de Processo Civil e Legislação Processual em vigor*. 39. ed. São Paulo: Saraiva, 2007. p. 1065. Nota remissiva número 3 ao art. 1053 do CPC.

que tenham origem no cumprimento de suas sentenças, inclusive coletiva', autoriza a apreciação da existência de fraude contra credores que venham a obstar a execução de sentença trabalhista. Agravo de petição provido para julgar improcedentes os embargos de terceiro aviados pela agravada com a consequente subsistência da penhora realizada. Nesse sentido, aliás, foi o entendimento dessa Segunda Turma no julgamento do processo TRT-AP-542/97, cujo acórdão foi publicado em 19.09.1997. (TRT 3ª Região, AP 4.638/99, Ac. 2ª T, Rel. Juíza Alice Monteiro de Barros. DJE 26.04.2000. p. 12).

24. É possível declarar a ocorrência de fraude à execução quando há desconsideração da personalidade jurídica da sociedade e o sócio aliena bem particular quando ainda não havia sido citado pessoalmente para a execução?

Sim. Contudo, a matéria é controvertida.

Fundamento legal: CPC, art. 792, IV.[86]

Jurisprudência:

EMENTA: TEORIA DA DESCONSIDERAÇÃO DA PERSONALIDADE JURÍDICA. FRAUDE À EXECUÇÃO. SÓCIO. A teoria da *disregard of legal entity*, ou da desconsideração da personalidade jurídica, aponta exatamente para a possibilidade de que o Juízo, desnudando a fictícia pessoa jurídica, revele sua composição societária como passível de suportar os ônus da execução, devendo arcar os sócios, portanto, com os efeitos executórios pendentes sobre a empresa, pouco importando que esse desvelamento tenha se dado apenas durante a fase executória do feito, pois a pessoa jurídica da executada, que constou exclusivamente do pólo passivo da demanda, era evidentemente composta por sócios desde o início da ação trabalhista, que, aliás, foram beneficiários da força de trabalho da ex-empregada, pelo que não se admite a tese de que o sócio seria estranho à lide, quando da alienação do bem, e que essa alienação teria ocorrido sem que fosse configurada a hipótese prevista pelo art. 593, II, do CPC. Agravo de Petição a que se nega provimento. (TRT/SP, 01017200500102002-AP, Ac. 5ª T, 20080235071, Relª Anelia Li Chum, DOE 11.04.2008).

---

[86] CPC: Art. 792. A alienação ou a oneração é considerada fraude à execução:
IV – quando, ao tempo da alienação ou da oneração, tramitava contra o devedor ação capaz de reduzi-lo à insolvência.

EMENTA: AGRAVO DE PETIÇÃO. FRAUDE À EXECUÇÃO. CONFIGURADA. Embora o redirecionamento da execução contra os sócios tenha ocorrido após a alienação do imóvel, trata-se de sócios que geriam a sociedade, que a conduziram à insolvência no exato momento em que alienaram o imóvel particular. Assim, e considerando-se não haver outros bens da sociedade passíveis de execução, nada mais obsta que a penhora recaia sobre o bem alienado em fraude à execução. Agravo interposto pela exequente ao qual se dá provimento. (TRT 4ª Região, AP 00216-2001-331-04-00-5, Ac. 3ª T, Rel. Desembargador Clóvis Fernando Schuch Santos).

Contudo: de acordo com a jurisprudência dominante, seria apenas caso de fraude contra credores, pois o sócio ainda não integrava a execução *como parte* quando da alienação, aspecto afastado pelos acórdãos citados.

25. Presume-se a propriedade do bem penhorado na posse do executado?

Sim.

Fundamento legal: CC, arts. 1.226 e 1.267.[87]

Jurisprudência:

EMENTA: PENHORA. BENS MÓVEIS. PROPRIEDADE. Presume-se pertencerem ao executado os bens penhorados no seu estabelecimento. Para elidir tal presunção legal é necessário que o terceiro comprove, inequivocamente, a propriedade dos bens penhorados, uma vez que esta, em relação a bens móveis, aperfeiçoa-se com a simples tradição, consoante os arts. 620 e 675 da norma civil vigente. (TRT 18ª Região, AP 817/2001, Rel. Juiz Octávio José Magalhães Drummond Maldonado. DJE 12.11.2001. p. 112). Obs.: publicado em 2001, o acórdão cita os arts. 620 e 675 do CC/1916, cujas normas foram acolhidas nos arts. 1.226 e 1.267 do CC/2002.

EMENTA: PENHORA. BEM ALEGADAMENTE DE TERCEIRO. Mantida a constrição judicial tendo em vista que a prova dos autos não demonstrou a alegada propriedade do agravado sobre o bem

---

[87] CC: Art. 1.226. Os direitos reais sobre coisas móveis, quando constituídos, ou transmitidos por atos entre vivos, só se adquirem com a tradição.
Art. 1.267. A propriedade das coisas não se transfere pelos negócios jurídicos antes da tradição.

penhorado, tampouco que a copiadora estava na posse do executado por empréstimo. (TRT 4ª Região, AP 00239-2007-812-04-00-8, Ac. 3ª T, Rel. Desembargador Ricardo Carvalho Fraga).

EMENTA: EMBARGOS DE TERCEIRO. PENHORA INCIDENTE SOBRE VEÍCULO ALEGADAMENTE DE PROPRIEDADE DO TERCEIRO EMBARGANTE. Propriedade do bem não comprovada, já que a transferência do veículo junto ao DETRAN e o pagamento do preço ocorreram após efetivada a penhora do bem que se encontrava na posse do executado. Decisão que se mantém. (TRT 4ª Região, AP 60755.521/98-6, Ac. 2ª T, Rel. Desembargadora Denise Maria de Barros).

EMENTA: PENHORA SOBRE BENS MÓVEIS. PROPRIEDADE. A inexistência de transferência junto ao DETRAN ou o fato de estar o veículo registrado em nome de terceiro não afasta a possibilidade de constrição, gerando a posse presunção mais forte que o próprio registro. (TRT 4ª Região, AP 02147.382/95-7, Ac. 6ª T, Rel. Desembargadora Rosane Serafini Casa Nova).

EMENTA: RECURSO ORDINÁRIO EM AÇÃO CAUTELAR DE ARRESTO. EXCLUSÃO DOS BENS ARROLADOS DO ROL DE INDISPONÍVEIS. Requerimento formulado sob a alegação de não pertencerem à empresa diversos dos bens móveis arrestados. Posse que gera a presunção da propriedade, à míngua de elementos capazes de demonstrar o contrário. Provimento negado. INDISPONIBILIDADE DE BENS DA REQUERIDA. Sentenças trabalhistas condenatórias que se equiparam à dívida líquida e certa, para efeitos de concessão de medida cautelar de arresto, conforme artigo 814, parágrafo único, do CPC. Comprovada, ainda, a existência de grande número de dívidas sem que haja qualquer garantia de que o patrimônio da requerida possa suportá-las, justifica-se a procedência da ação cautelar. Recurso não provido. (TRT 4ª Região, AP 00203-2005-005-04-00-9, Ac. 8ª T, Rel. Desembargadora Cleusa Regina Halfen).

26. O princípio da execução mais eficaz (CLT, art. 888, §1º) sobrepõe-se ao princípio da execução menos gravosa (CPC, art. 805)?[88]

Sim.

Fundamento legal: CLT, art. 888, §1º;[89] CPC, art. 797.[90]

Doutrina:
Antônio Álvares da Silva:

O art. 620 do CPC não pode ser uma porta aberta à fraude e à ineficácia do comando sentencial. A lei fala que, na hipótese de existência de 'vários modos' pelos quais o credor possa executar a sentença, o juiz escolherá o menos gravoso. Mas é necessário que existam estes 'vários modos' e que eles não importem na diminuição de nenhuma medida prevista em lei para a entrega da prestação jurisdicional. Por exemplo, se a penhora tem uma ordem preferencial, e o credor deseja a penhora em dinheiro cuja existência ficou comprovada, não se há de romper com a preferência legal, porque o executado alega prejuízo pessoal, comercial ou de qualquer espécie. Ao aplicar a regra do art. 620, há que se considerar o que dispõe a regra do art. 612, de que 'a execução se realiza no interesse do credor'. Este que é o verdadeiro norte da execução e vale como orientação geral dos atos que nela se devam praticar. Quem ganhou deve executar com êxito.[91]

Cândido Rangel Dinamarco:

[...] as generosidades em face do executado não devem mascarar um descaso em relação ao devedor de oferecer tutela jurisdicional a quem tiver um direito insatisfeito, sob pena de afrouxamento do sistema executivo. É preciso distinguir entre o *devedor infeliz e de boa-fé*, que vai

---

[88] CPC: Art. 805. Quando por vários meios o exequente puder promover a execução, o juiz mandará que se faça pelo modo menos gravoso para o executado.
Parágrafo único. Ao executado que alegar ser a medida executiva mais gravosa incumbe indicar outros meios mais eficazes e menos onerosos, sob pena de manutenção dos atos executivos já determinados.

[89] CLT: Art. 888 [...]
§1º. A arrematação far-se-á em dia, hora e lugar anunciados e os bens serão vendidos pelo maior lance, tendo o exequente preferência para a adjudicação.

[90] CPC: Art. 797. Ressalvado o caso de insolvência do devedor, em que tem lugar o concurso universal, *realiza-se a execução no interesse do exequente* que adquire, pela penhora, o direito de preferência sobre os bens penhorados.

[91] SILVA, Antônio Álvares da. *Execução provisória trabalhista depois da reforma do CPC*. São Paulo: LTr, 2007. p. 65-66.

ao desastre patrimonial em razão de involuntárias circunstâncias da vida ou dos negócios (Rubens Requião), e o caloteiro *chicanista*, que se vale das formas do processo executivo e da benevolência dos juízes como instrumento a serviço de suas falcatruas. Infelizmente, essas práticas são cada vez mais frequentes nos dias de hoje, quando raramente se vê uma execução civil chegar ao fim, com a satisfação do credor. Quando não houver meios mais amenos para o executado, capazes de conduzir à satisfação do credor, que se apliquem os mais severos. A regra do art. 620 não pode ser manipulada como um escudo a serviço dos maus pagadores nem como um modo de renunciar o Estado-juiz a cumprir seu dever de oferecer tutelas jurisdicionais adequadas e integrais sempre que possível. A triste realidade da execução burocrática e condescendente, que ao longo dos tempos se apresenta como um verdadeiro paraíso dos maus pagadores, impõe que o disposto no art. 620 do Código de Processo Civil seja interpretado à luz da garantia do acesso à justiça, sob pena de fadar o sistema à ineficiência e por em risco a efetividade dessa solene promessa constitucional (CF, art. 5º, inciso XXXV).[92]

Francisco Antônio de Oliveira:

De acordo com a doutrina de Francisco Antônio de Oliveira, é necessário compreender que a execução trabalhista deve ser realizada no interesse do credor e não no interesse do devedor. O jurista paulista explica: Menos gravoso não significa que, se houver duas possibilidades de cumprimento da obrigação que satisfaçam da mesma forma o credor, escolher-se-á aquela mais benéfica ao devedor. Se existirem duas formas de cumprimento, mas uma delas prejudica o credor, escolher-se-á aquela que beneficia o credor.[93]

Carlos Henrique Bezerra Leite:

[...] inverter a regra do art. 620 do CPC para construir uma nova base própria e específica do processo laboral: a execução deve ser processada de maneira menos gravosa ao credor.[94]

---

[92] DINAMARCO, Cândido Rangel. *Instituições de Direito Processual Civil*. 3. ed. São Paulo: Malheiros, 2009. v. IV, p. 63.
[93] OLIVEIRA, Francisco Antônio de. *Execução na Justiça do Trabalho*. 6. ed. São Paulo: RT, 2007. p. 93.
[94] LEITE, Carlos Henrique Bezerra. *Curso de Direito Processual do Trabalho*. 8. ed. São Paulo: LTr, 2010. p. 977.

Cláudio Armando Couce de Menezes:

[...] não cabe perquirir se a execução pode ser feita de forma menos onerosa ao empregador executado. Mas, sim, como fazê-lo de maneira a torná-la mais rápida, célere e efetiva, evitando manobras de devedor destinadas a impedir ou a protelar a satisfação do crédito obreiro.[95]

José Augusto Rodrigues Pinto:

Reflita-se imediatamente sobre o pressuposto da *compatiblidade*, fixado no art. 769 da CLT para autorizar a aplicação supletiva da norma de processo comum ao sistema processual trabalhista. O art. 620 do CPC é, evidentemente, *tutelar do interesse do devedor*, exposto à violência da constrição. A tutela é bastante compreensível dentro de um sistema processual que navega em águas de interesses processuais caracteristicamente privados, porque oriundos de relação de direito material subordinada à ideia da *igualdade jurídica e da autonomia da vontade*. O sistema processual trabalhista flutua num universo dominado pela prevalência da *tutela do hipossuficiente econômico*, que se apresenta como credor da execução trabalhista. Em face da evidente *oposição de pressupostos*, sustentamos que, *em princípio, o art. 620 do CPC não pode suprir a omissão legal trabalhista*, por ser incompatível com a filosofia tutelar do economicamente fraco, que lhe dá caráter. Sua aplicação coloca em confronto a proteção do interesse econômico do devedor (a empresa) e o direito alimentar do credor (o empregado), a cujo respeito não pode haver hesitação de posicionamento do juiz do trabalho ao lado do empregado.[96]

Jurisprudência:

EMENTA: EXECUÇÃO. MEIO MENOS GRAVOSO. ARTS. 620 E 655 DO CPC. A execução se faz em benefício do credor, e não do devedor, e objetiva tornar efetiva a sanção condenatória. Logo, o art. 620 do CPC deve ser interpretado no sentido de que a opção pelo meio menos gravoso há de ser feita entre aqueles igualmente eficazes. *No confronto entre o meio mais eficaz para a execução e o menos gravoso para o devedor, deve prevalecer o primeiro, sucumbindo o segundo.* Isso implica que a ordem de nomeação do art. 655 do Código de Processo Civil – *que se dirige ao devedor, e não ao Juízo ou ao credor* – deve ser obedecida de modo que seja indicado o bem de melhor aceitação entre os que estão disponíveis. (TRT 15ª R, 5ª T, AP nº 902/2002.101.15.00-9, Rel. Ricardo R. Laraia, DJSP 05.11.2004. p. 43).

---

[95] MENEZES, Cláudio Armando Couce de. *Teoria Geral do Processo e a Execução Trabalhista.* São Paulo: LTr, 2003. p. 171.
[96] PINTO, José Augusto Rodrigues. *Execução trabalhista.* 11. ed. São Paulo: LTr, 2006. p. 213.

27. A arrematação pelo maior lanço autoriza afastar a alegação de preço vil?

Sim.

Fundamento legal: CLT, art. 888, §1º[97] c/c art. 769[98] (não havendo *omissão* da CLT na matéria, não é viável a aplicação subsidiária do art. 891 do CPC. A *compatibilidade* do art. 891 do CPC com os princípios do processo do trabalho – celeridade e efetividade – também é questionável).

Jurisprudência:

EMENTA: EMBARGOS À ARREMATAÇÃO. PREÇO VIL. O artigo 888, §1º, da CLT possibilita a venda do bem pelo maior lanço desde o primeiro leilão, ainda que o valor dessa venda seja inferior ao valor da avaliação, motivo pelo qual o Processo do Trabalho, no aspecto, não se socorre de legislação subsidiária, no caso, a regra do art. 692 do CPC. Agravo de petição não provido. (TRT4, 2ª T, Agravo de Petição no processo número 20066-199-141-04-00-1, Rel. Maria Beatriz Condessa Ferreira, DOE/RS 15.12.2006). EMENTA: ARREMATAÇÃO. PREÇO VIL. Não existe preço vil no processo do trabalho, pois o parágrafo 1º do artigo 888 da CLT dispõe que a arrematação é feita pelo maior lance. Logo, não se aplicam a Lei nº 6.830/80 ou o CPC, em razão de existir determinação específica na CLT (art. 889). O valor obtido na hasta pública foi o maior lance. Assim, o bem deve ser vendido por esse valor e não pelo valor da avaliação. (AP nº 21009.2003. 902.02.00-0 (20030308652), 3ª Turma do TRT da 2ª Região, Rel. Sérgio Pinto Martins, j. 24.06.2003, DOE 08.07.2003).

EMENTA: AGRAVO DE PETIÇÃO DA EXECUTADA. AGRAVO DE PETIÇÃO. ARREMATAÇÃO. PREÇO VIL. Hipótese em que o valor obtido no praceamento do bem penhorado é menor do que o da avaliação. Inaplicabilidade subsidiária da norma processual civil, dada a previsão expressa na norma trabalhista. Os bens penhorados, no Processo do Trabalho, serão arrematados pelo maior lance, mesmo que inferior ao

---

[97] CLT: Art. 888 [...]
§1º. A arrematação far-se-á em dia, hora e lugar anunciados e os bens serão vendidos pelo maior lance, tendo o exequente preferência para a adjudicação.
[98] CLT: Art. 769. Nos casos omissos, o direito processual comum será fonte subsidiária do direito processual do trabalho, exceto naquilo em que for incompatível com as normas deste Título.

valor da avaliação. Artigo 888, parágrafo 1º, da CLT. Não caracterização de preço vil. Execução obediente aos preceitos legais incidentes, que não se atrita com o princípio de que deve ser procedida na forma menos onerosa ao exequente. Provimento negado. (TRT 4ª Região, AP 00734.002/98-0, Ac. 3ª T, Rel. Desembargador Pedro Luiz Serafini).

28. A impenhorabilidade dos bens necessários ao exercício de qualquer *profissão* (CPC, art. 833, V) abrange os bens necessários à *atividade econômica* do empregador executado?

Não.

Fundamento legal: CPC, art. 833, V.

Doutrina:
Ari Pedro Lorenzetti:

Obviamente que a exclusão protege apenas o devedor ou o responsável pessoa física, pois só esta é que pode exercer uma profissão. Se os mesmos bens pertencerem a uma pessoa jurídica, ainda que esta não tenha fins lucrativos, não estarão excluídos da penhora, já que a pessoa jurídica desenvolve uma *atividade*, não exerce uma *profissão*. Conforme consigna Teixeira Filho, 'o senso do substantivo *profissão*, no texto legal (CPC, art. 649, VI), é indissociável da ideia de pessoa física'.[99]

Francisco Antônio de Oliveira:

Os termos útil e necessário deverão ser interpretados com rigor de razoabilidade, não bastando a mera utilidade ou a mera necessidade. Deverá o devedor comprovar que a utilidade e a necessidade se apresentam de forma a impedir o exercício da profissão. A mera dificuldade que poderá trazer ao exercício da profissão não pode ser motivo para que se incentive a inadimplência do mal pagador.[100]

---

[99] LORENZETTI, Ari Pedro. *A responsabilidade pelos créditos trabalhistas*. São Paulo: LTr, 2003. p. 346-347.
[100] OLIVEIRA, Francisco Antônio de. *Execução na Justiça do Trabalho*. 6. ed. São Paulo: RT, 2007. p. 179.

Jurisprudência:

EMENTA: AGRAVO DE PETIÇÃO. IMPENHORABILIDADE. O art. 649, inciso VI, do Diploma Adjetivo Civil, destina-se a proteger os bens pessoais de pessoa física executada, não os de pessoa jurídica, visto que o termo profissão é pertinente a quem vive do seu próprio trabalho pessoal. Pessoa jurídica não tem profissão; mantém atividade. Agravo de petição a que se nega provimento. (TRT 4ª Região, AP 00550.030/99, Ac. 6ª T., 27.04.2000, Rel. Juiz João Alfredo Borges Antunes de Miranda. DOE 22.05.2000).

EMENTA: PENHORABILIDADE DE BENS. INSTRUMENTOS NECESSÁRIOS AO EXERCÍCIO DA ATIVIDADE EMPRESARIAL. A norma insculpida no art. 649, inciso VI, do CPC, visa proteger o exercício da profissão, sem o qual o devedor perde a condição de sustento próprio e de sua família. A pessoa jurídica mantém atividade e os seus bens fazem parte do patrimônio da empresa, não se inserindo no conceito contido no dispositivo legal ora em análise. Agravo desprovido. (TRT 4ª Região, AP 08053-2001-561- 04-00-7, Ac. 2ª T, Rel. Desembargador Juraci Galvão Júnior).

EMENTA: IMPENHORABILIDADE DO BEM CONSTRITO. A impenhorabilidade arguida com fulcro no artigo 649, inciso VI, do CPC, tem por escopo proteger o exercício da profissão, e não a atividade econômica. Agravo de petição desprovido. (TRT 4ª Região, AP 41674.333/99-4, Ac. 3ª T, Rel. Desembargadora Jane Alice de Azevedo Machado).

EMENTA: DA ALEGADA IMPENHORABILIDADE DE BENS. Recaindo a penhora sobre parte do patrimônio do devedor que, para o exercício de sua atividade econômica, dispõe de outros bens livres que cumprem a mesma função daqueles constritos, não há que se falar na impenhorabilidade, por força das disposições do artigo 649, inciso VI, do Código de Processo Civil. Agravo desprovido. (TRT 4ª Região, AP 00157-1988-841-04-00-5, Ac. 1ª T, Rel. Desembargadora Carmen Gonzalez).

29. O bem de família pode ser penhorado quando luxuoso?

Sim. Porém, a matéria é controvertida.

Fundamento legal: o vetado parágrafo único do art. 650 do CPC de 1973 permitia a penhora do bem imóvel com valor superior a 1.000 salários mínimos – após a hasta pública, essa importância (1.000 SMs) seria entregue ao devedor (para a compra de um imóvel residencial de padrão médio); o excedente de 1000 SMs seria utilizado para pagamento do credor. Abaixo transcreve-se o texto do vetado parágrafo único.[101]

Doutrina:

Ari Pedro Lorenzetti:

Em caso de imóvel residencial de elevado valor, em desproporção com um padrão médio de vida, não havendo outro meio de garantia à satisfação dos credores trabalhistas, propõe Marcos da Silva Porto a seguinte solução: 'Parece-nos admissível, pois, que nestas situações o dirigente do processo delibere pela sub-rogação do vínculo de impenhorabilidade daquele bem originário para imóvel de menor valor, de modo a preservar a dignidade do devedor trabalhista e de sua família e, ao mesmo tempo, apurar saldo excedente em favor da execução ou do concurso de credores. Tal operação há de ser feita com critério, mediante preservação de um padrão razoável de vida para o devedor, a quem deve ser facultado escolher uma nova moradia dentro de um valor limite prudentemente fixado pelo juiz e em certo lapso de tempo'.[102]

Jurisprudência:

EMENTA: BEM DE FAMÍLIA. Aplicação do princípio da proporcionalidade ou da razoabilidade que pauta a interpretação e a aplicação das normas em confronto, do qual emanam ideias de bom senso, justiça e moderação, a autorizar a manutenção da penhora de bem de família considerado suntuoso para garantia de dívida de natureza alimentar de pequeno valor. (TRT 4ª Região, AP 90225- 1995-202-04-00-7, Ac. 2ª T, Rel. Desembargador João Pedro Silvestrin).

EMENTA: AÇÃO RESCISÓRIA. VIOLAÇÃO À LITERAL DISPOSIÇÃO DE LEI. BEM DE FAMÍLIA. LEI nº 8.009/90. A violação literal de dispositivo de lei exige, para sua configuração, a ocorrência de contrariedade de forma direta a um determinado dispositivo legal, seja negando-lhe a vigência, seja deixando de aplicá-lo. A decisão rescindenda, ao determinar a execução de imóvel que reconhece ser de família, privando

---

[101] CPC: Art. 650 [...]
Parágrafo único. Também pode ser penhorado o imóvel considerado bem de família, se de valor superior a 1000 (mil) salários mínimos, caso em que, apurado o valor em dinheiro, a quantia até aquele limite será entregue ao executado, sob cláusula de impenhorabilidade. (VETADO). Esse parágrafo único foi vetado pelo Chefe do Poder Executivo e o Parlamento não derrubou o veto.
[102] LORENZETTI, Ari Pedro. *A responsabilidade pelos créditos trabalhistas*. São Paulo: LTr, 2003. p. 351.

os proprietários do direito à moradia, viola o disposto no art. 1º da Lei nº 8.009/90. *O ordenamento jurídico brasileiro assegura aos cidadãos o direito à moradia e à impenhorabilidade do bem de família. Por outro lado, não se apresenta razoável permitir que os devedores permaneçam residindo em imóvel suntuoso, enquanto se furtam ao pagamento de créditos alimentares. Aplicação dos princípios da Proteção e da Efetividade das Decisões Judiciais.* Ação rescisória procedente para desconstituir o acórdão rescindendo e, em juízo rescisório, julgar parcialmente procedente o agravo de petição dos executados *para determinar a reserva em seu favor de 50% do produto da alienação do imóvel; a fim de possibilitar a aquisição de nova residência.* (TRT 4ª Região, AR 0089100-18.2009.5.04.000, Ac. 2ª SDI, unânime, Rel. Desembargadora Ana Rosa Pereira Zago Sagrilo).

EMENTA: BEM DE FAMÍLIA. IMPENHORABILIDADE RELATIVA. A impenhorabilidade assegurada pela Lei nº 8.009/90 não pode conduzir ao absurdo de se permitir que o devedor mantenha o direito de residir em imóvel suntuoso, de elevado valor, *se com a alienação judicial desse bem resta numerário suficiente para a aquisição de outro que lhe proporcione digna e confortável moradia.* (TRT 2ª Região, Acórdão nº 20090624780, Processo nº 00164200004802004 AP, Rel. Desembargador Wilson Fernandes).

30. A impenhorabilidade do bem de família inclui o box respectivo (garagem)?

Não. Em princípio, o box pode ser penhorado.

Fundamento legal: Lei nº 8.009/90, art. 2º.[103]

Doutrina:
Ari Pedro Lorenzetti:

Não estão abrangidos pela impenhorabilidade os automóveis e a respectiva garagem, esta, quando destacável da unidade residencial do devedor. Em relação aos veículos, a lei é expressa (Lei nº 8.009/90, art. 2º). No tocante à garagem, trata-se de entendimento firmado pela jurisprudência, a partir da interpretação do art. 2º da Lei nº 4.591/64. Afinal, se os veículos podem ser penhorados, não há motivos para afastar da constrição as áreas em que são guardados.[104]

---

[103] Lei nº 8.009/90: Art. 2º. Excluem-se da impenhorabilidade os veículos de transporte, obras de arte e adornos suntuosos.
[104] LORENZETTI, Ari Pedro. *A responsabilidade pelos créditos trabalhistas.* São Paulo: LTr, 2003. p. 353.

Jurisprudência:

EMENTA: BEM PENHORADO. IMÓVEL. Hipótese em que comprovada a alegação acerca da destinação do bem penhorado, existindo prova de ser o apartamento o único imóvel utilizado pela entidade familiar para moradia, à época da constrição, nos termos da Lei nº 8.009/90. Em situação inversa, o "box" de estacionamento, por não se tratar de bem destinado à moradia direta está sujeito à penhora e à alienação pelo Judiciário. (TRT 4ª Região, AP 01889.007/87-0, Ac. 5ª T, Rel. Desembargador João Ghisleni Filho).

EMENTA: BEM DE FAMÍLIA. LEI Nº 8.009/90. IMPENHORABILIDADE. Conjunto probatório que demonstra que o bem penhorado serve de residência ao executado e sua família, nos moldes descritos na Lei nº 8.009/90, circunstância que o exclui da execução. Situação que não se verifica com relação a "box" de estacionamento, sobre o qual pode recair a apreensão judicial. Agravo de petição que merece provimento parcial. (TRT 4ª Região, AP 00201.301/98-9, Ac. 4ª T, Rel. Desembargador Darcy Carlos Mahle).

EMENTA: AGRAVO DE PETIÇÃO DO EXECUTADO, IMPENHORABILIDADE DO BEM DE FAMÍLIA. VAGA NA GARAGEM. Tratando-se o bem penhorado de vaga na garagem, identificada como unidade autônoma em relação ao imóvel residencial do executado, não se enquadra na hipótese prevista no art. 1º da Lei nº 8.009/90, sendo, portanto, penhorável. Recurso desprovido. (TRT 4ª Região, AP 00228-1999-017-04-00-3, Ac. 8ª T, Rel. Desembargadora Cleusa Regina Halfen).

31. Em se tratando de defesa da meação, incumbe ao cônjuge o ônus da prova quanto à alegação de que o trabalho prestado ao sócio executado não reverteu em favor da família?

Sim.

Fundamento legal: CLT, art. 818.[105]

Doutrina:

Francisco Antônio de Oliveira:

---

[105] CLT: Art. 818. A prova das alegações incumbe à parte que as fizer.

Segundo o melhor entendimento, para que o cônjuge possa ter sucesso, é mister demonstrar que a dívida contraída pela sociedade (executada) não reverteu em prol da manutenção do sustento familiar, demonstrando, *v. g.*, a existência de rendas outras que serviriam de suporte para a manutenção da família. A *contrario sensu* deverão responder pelos créditos trabalhistas os bens do casal sempre que o cônjuge meeiro não demonstrar que a renda usufruída da sociedade não foi destinada à manutenção da família.[106]

Ari Pedro Lorenzetti:

Ao contrário do que ocorre, por exemplo, na execução fiscal (STJ, Súm. 251), na esfera trabalhista, a presunção é de que o casal sempre se beneficia das atividades empresariais da entidade da qual um dos cônjuges é sócio. Tem-se, pois, como regra, que o trabalho prestado pelo credor trabalhista aproveitou a toda a família, e não apenas a um dos cônjuges, razão pela qual o patrimônio de ambos responde pelo pagamento da dívida. Destarte, toda vez que a execução for direcionada contra os sócios da empresa, o ônus da prova de quem não colheu os frutos da atividade empresarial é sempre do cônjuge que pretende excluir da execução sua meação.[107]

Jurisprudência:

EMENTA: Resulta da lei que a mulher não responderá pelas dívidas contraídas pelo marido, salvo se tiverem sido em benefício da família. Constitui-se o direito da mulher de excluir sua meação se presentes dois requisitos: a) dívida contraída pelo marido; b) ausência de benefício para a família. Ambos os fatos necessários para que se tenha por constituído o seu direito. Por isso mesmo, seu é o ônus de prova, um e outro. (STJ, 3ª T., REsp 38.800-7/RJ, Rel. Min. Eduardo Ribeiro, DJ 16.05.1994. *Adcoas* 144.537, 20.08.1994).

EMENTA: AGRAVO DE PETIÇÃO DA TERCEIRA EMBARGANTE. RESERVA DA MEAÇÃO. Cabe à agravante demonstrar que não se beneficiou dos ganhos auferidos pela empresa executada, ônus do qual não se desincumbe, presumindo-se que o produto da atividade empresarial reverteu em prol de ambos os cônjuges. Agravo desprovido.

---

[106] OLIVEIRA, Francisco Antônio de. *Execução na Justiça do Trabalho*. 5. ed. São Paulo: RT, 2006. p. 169.
[107] LORENZETTI, Ari Pedro. *A responsabilidade pelos créditos trabalhistas*. São Paulo: LTr, 2003. p. 361.

(AP, processo nº 00844-2003-122-04-00-5, 8ª Turma do TRT da 4ª Região/ RS, Rel. Cleusa Regina Halfen, j. 20.02.2005, unânime, publicado em 29.03.2005).

EMENTA: MEAÇÃO. Hipótese em que a agravante não demonstrou não ter se beneficiado dos ganhos auferidos por seu marido, ônus que lhe cabia. É de se presumir que o produto da atividade empresarial sempre é usufruído por ambos os cônjuges. (TRT 4ª Região, AP 00875-2002-121-04-00-9, Ac. 3ª T, Rel. Desembargador Ricardo Carvalho Fraga).

32. É possível desconsiderar a personalidade jurídica da sociedade anônima de capital *aberto*[108] e responsabilizar o(s) diretor(es) administrador(es)?

Sim.

Fundamento legal: Lei nº 6.404/76, art. 158, I e II, §§2º e 5º.[109]

Doutrina:
Ari Pedro Lorenzetti:

A despeito de não se poderem confundir as hipóteses de responsabilização dos sócios e dirigentes pela prática de ato ilícito dos casos em que o sócio responde pela aplicação da doutrina da desconsideração, na esfera trabalhista, tal distinção não tem despertado interesse. Compreende-se que assim seja, uma vez que, perante o Direito do Trabalho, os sócios e os dirigentes respondem pelo simples fato de o patrimônio social não comportar a satisfação dos créditos do trabalhadores. Destarte, não há interesse prático em verificar se houve, ou não, conduta ilícita,

---

[108] Para o caso de sociedade anônima de capital *fechado*, ver a questão de número 9.
[109] Lei nº 6.404/76: Art. 158. O administrador não é pessoalmente responsável pelas obrigações que contrair em nome da sociedade e em virtude de ato regular de gestão; responde, porém, civilmente, pelos prejuízos que causar, quando proceder:
I – dentro de suas atribuições ou poderes, com culpa ou dolo;
II – com violação da lei ou do estatuto.
[...]
§2º. Os administradores são solidariamente responsáveis pelos prejuízos causados em virtude do não cumprimento dos deveres impostos por lei para assegurar o funcionamento normal da companhia, ainda que, pelo estatuto, tais deveres não caibam a todos eles.
[...]
§5º. Responderá solidariamente com o administrador que, com o fim de obter vantagem para si ou para outrem, concorrer para a prática de ato com violação da lei ou do estatuto.

uma vez que, independentemente dela, os sócios e os administradores sempre responderão.[110]

Jurisprudência:

EMENTA: AGRAVO DE PETIÇÃO. REDIRECIONAMENTO DA EXECUÇÃO CONTRA DIRETOR DE SOCIEDADE ANÔNIMA. TEORIA DA DESPERSONALIZAÇÃO DA PESSOA JURÍDICA. Incidência do artigo 50 do novo Código Civil. Caso que autoriza a aplicação da teoria da desconsideração da personalidade jurídica da executada, bem como o redirecionamento da execução contra os diretores da empresa. Inviável, por ora, a aplicação do Convênio Bacen Jud. Agravo provido em parte. (TRT 4ª Região, AP 01030-1994-004-04-00-6, Ac. 2ª T, Rel. Desembargador João Pedro Silvestrin).

EMENTA: AGRAVO DE PETIÇÃO DO EXEQUENTE. RESPONSABILIDADE DO ACIONISTA DIRETOR DE SOCIEDADE ANÔNIMA. O acionista de sociedade anônima responde com seus bens particulares pelos débitos decorrentes do descumprimento da legislação trabalhista, quando participou da administração da empresa, oportunizando-se, entretanto, indicar bens da sociedade, contanto que livres e desembargados, o quanto bastem para pagar a dívida, em defesa de seu direito ao benefício de ordem. Recurso provido. (TRT 4ª Região, AP 00254-1997-403-04-00-0, Ac. 8ª T, Rel. Desembargador Carlos Alberto Robinson).

EMENTA: REDIRECIONAMENTO DA EXECUÇÃO. DIRETORES DA EXECUTADA. SOCIEDADE ANÔNIMA. A teoria da desconsideração da personalidade jurídica, positivada no artigo 50 do CC, alcança a todas as pessoas jurídicas de direito privado, inclusive as sociedades anônimas, resguardadas suas peculiaridades. Tal procedimento permite ao credor trabalhista buscar a satisfação de seu crédito por meio do redirecionamento da execução contra os bens particulares, tanto dos sócios, quanto dos administradores, na hipótese de a sociedade não possuir bens capazes de suportar a execução. Apelo provido. (TRT 4ª Região, AP 00022-1996-019-04-00-3, Ac. 3ª T, Rel. Desembargadora Maria Helena Mallmann).

EMENTA: DIRECIONAMENTO DA EXECUÇÃO. RESPONSABILIDADE DO DIRETOR DE SOCIEDADE ANÔNIMA. A responsabilidade do diretor de Sociedade Anônima não decorre da condição de acionista,

---

[110] LORENZETTI, Ari Pedro. *A responsabilidade pelos créditos trabalhistas*. São Paulo: LTr, 2003. p. 210.

mas do fato de haver sido administrador da empresa. Ao administrador da empresa, ainda que seja S.A., é aplicável o disposto no art. 10 do Decreto nº 3.708/19, havendo presunção legal relativa ao excesso de mandato e abuso de direito. Inaplicável a limitação imposta no art. 1.088 do CCB. Agravo provido. (TRT 4ª Região, AP 01069-1995-021-04-00-0, Ac. 6ª T, Rel. Desembargadora Ana Rosa Pereira Zago Sagrilo).

33. O bem hipotecado pode ser penhorado?

Sim.

Fundamento legal: Lei nº 6.830/80, art. 30.[111]

Jurisprudência:

TST-SDI-1-OJ 226: Diferentemente da cédula industrial garantida por alienação fiduciária, na cédula rural pignoratícia ou hipotecária, o bem permanece sob o domínio do devedor (executado), não constituindo óbice à penhora na esfera trabalhista (Decreto-Lei nº 167/67, art. 69; Lei nº 6.830/80, arts. 10 e 30).

EMENTA: AGRAVO DE PETIÇÃO DA TERCEIRA-EMBARGANTE. BEM HIPOTECADO. PRIVILÉGIO DO CRÉDITO TRABALHISTA. O crédito trabalhista goza de privilégio absoluto, na medida em que se destina à sobrevivência do trabalhador e de sua família. Considerando a preferência do crédito trabalhista sobre a garantia real, deve ser mantida a constrição do bem. Recurso ao qual se nega provimento. (TRT 4ª Região, AP 00549.601/00-7, Ac. 6ª T, Rel. Desembargadora Beatriz Zoratto Sanvicente).

EMENTA: DA EXISTÊNCIA DE HIPOTECA SOBRE BEM PENHORADO. A Lei de Execução Fiscal, com aplicação subsidiária na execução trabalhista, autoriza a penhora sobre bem hipotecado. Agravo desprovido. (TRT 4ª Região, AP 60440.801/01-0, Ac. 1ª T, Rel. Desembargadora Carmen Gonzalez).

---

[111] Lei nº 6.830/90: Art. 30. Sem prejuízo dos privilégios especiais sobre determinados bens, que sejam previstos em lei, responde pelo pagamento da Dívida Ativa da Fazenda Pública a totalidade dos bens e das rendas, de qualquer origem ou natureza, do sujeito passivo, seu espólio ou sua massa, inclusive os gravados por ônus real ou cláusula de inalienabilidade ou impenhorabilidade, seja qual for a data da constituição do ônus ou da cláusula, excetuados unicamente os bens e as rendas que a lei declara absolutamente impenhoráveis.

EMENTA: PENHORA SOBRE BEM HIPOTECADO. A existência de ônus real sobre imóvel, através de Cédula Rural Pignoratícia e Hipotecária, não é inibidora da constrição judicial e da alienação na ação executória trabalhista. (TRT 4ª Região, AP 00175.931/00-3, Ac. 6ª T, Rel. Desembargador João Alfredo Borges Antunes de Miranda).

EMENTA: PENHORA DE BEM HIPOTECADO. Hipótese em que se registra o entendimento da possibilidade de penhora de imóvel hipotecado para garantir o adimplemento de obrigações trabalhistas, justamente em vista da natureza alimentar desse crédito. Por outro lado, não procede o pedido de observação ao princípio da execução pelo modo menos gravoso, pelos motivos expostos. Agravo de petição a que se nega provimento. (TRT 4ª Região, AP 01005-2004-611-04-00-2, Ac. 3ª T, Rel. Desembargador Ricardo Carvalho Fraga).

34. O bem dado em penhor pode ser penhorado?

Sim.

Fundamento legal: Lei nº 6.830/80, art. 30.[112]

Jurisprudência:

TST-SDI-1-OJ 226: Diferentemente da cédula industrial garantida por alienação fiduciária, na cédula rural pignoratícia ou hipotecária, o bem permanece sob o domínio do devedor (executado), não constituindo óbice à penhora na esfera trabalhista (Decreto-Lei nº 167/67, art. 69; Lei nº 6.830/80, arts. 10 e 30).

EMENTA: DAS DIFERENÇAS SALARIAIS POR APLICAÇÃO DOS DISSÍDIOS. A alegação de extinção das normas coletivas deveria ser feita na fase de conhecimento. Na liquidação não pode ser modificada a sentença transitada em julgado. Aplicação do disposto no artigo 471 do CPC. CÉDULA RURAL PIGNORATÍCIA. Apenas os bens declarados

---

[112] Lei nº 6.830/90: Art. 30. Sem prejuízo dos privilégios especiais sobre determinados bens, que sejam previstos em lei, responde pelo pagamento da Dívida Ativa da Fazenda Pública a totalidade dos bens e das rendas, de qualquer origem ou natureza, do sujeito passivo, seu espólio ou sua massa, *inclusive os gravados por ônus real* ou cláusula de inalienabilidade ou impenhorabilidade, *seja qual for a data da constituição do ônus ou da cláusula*, excetuados unicamente os bens e as rendas que a lei declara absolutamente impenhoráveis.

no art. 649 do Código de Processo Civil, em seus incisos I a X, são absolutamente impenhoráveis. Nessa perspectiva, a ressalva na parte final do artigo 30 da Lei nº 6.830/80 refere-se a tais bens. Não é impenhorável bem gravado por cédula de crédito rural. O direito do credor pignoratício é de preferência e só pode ser oponível contra credor que não tenha um privilégio superior ao seu. Sequer tem o executado legitimidade para alegar tal preferência. BENS NECESSÁRIOS AO EXERCÍCIO DA PROFISSÃO. Não se incluem na exceção do artigo 649, VI, do CPC, colheitadeira e trator utilizados em empreendimento rural. A restrição à penhora atinge apenas os bens necessários para o trabalho da pessoa física, como um utensílio de sobrevivência. (TRT 4ª Região, AP 01562.801/96-1, Ac. 8ª T, Rel. Desembargadora Ana Luiza Heineck Kruse).

EMENTA: PRELIMINARMENTE. DOCUMENTOS JUNTADOS COM AS RAZÕES DE RECURSO. Não se conhece de documentos juntados com as razões de recurso, a destempo, sem justificativa, aplicando-se o art. 397 do CPC e entendimento consagrado no Enunciado nº 8 do TST. Documentos das fls. 260-299 não conhecidos. NO MÉRITO. ANÁLISE CONJUNTA DOS AGRAVOS DE PETIÇÃO DOS TERCEIROS-EMBARGANTES. PENDÊNCIA DE AÇÃO RESCISÓRIA. ALEGAÇÃO DE CONLUIO ENTRE AS PARTES LITIGANTES NA AÇÃO TRABALHISTA. Não configura conluio entre as partes o juízo subjetivo dos ora agravantes de que a reclamada não ofereceu defesa eficaz à reclamatória trabalhista, mormente quando o contrato de trabalho foi anotado na CTPS e não há indício de fraude na formalização. Matéria própria de ação rescisória, essa que não suspende a execução. Agravo de petição não provido no item. AVALIAÇÃO DA PENHORA. COMPETÊNCIA DO OFICIAL DE JUSTIÇA NO ÂMBITO DA JUSTIÇA DO TRABALHO. A avaliação procedida por Oficial de Justiça é o procedimento oficial no âmbito da Justiça do Trabalho, conforme dispõe o art. 721 da CLT. Nulidade da avaliação inexistente. IMPUGNAÇÃO DA AVALIAÇÃO. A impugnação da avaliação oficial não prescinde da prova de que o montante da mesma destoa do valor de mercado do bem. Prova não produzida. Agravo de petição não provido no tópico. PLURALIDADE DE PENHORAS EM JUÍZOS DIVERSOS. COMPETÊNCIA PARA PROCEDER O LEILÃO. O Código de Processo Civil, em seus artigos 711 e 712, prevê a alienação judicial de bens com pluralidade de credores com penhora sobre o mesmo bem, entretanto, não dispõe sobre a competência de foro, ou de juízo, para proceder o leilão, apenas restringe o direito de levantamento do produto do mesmo pelo credor que obteve a penhora da qual resultou o leilão, no caso de existir privilégio ou preferência instituídos anteriormente à penhora (CPC, art. 709, inc. II). Nulidade da arrematação por incompetência em razão de prevenção que é inexistente. EXISTÊNCIA DE MÚLTIPLAS PENHORAS SOBRE O MESMO BEM. VERIFICAÇÃO PRÉVIA DA

SITUAÇÃO, DE OFÍCIO. DESNECESSÁRIA. Não há exigência legal para que o juízo que patrocina o leilão verifique a existência de penhoras anteriores, tampouco que diligencie junto ao Registro Público ou Junta Comercial para promover o concurso singular de credores, porquanto cumpre aos credores zelarem por seus interesses, mormente considerando-se que o procedimento do leilão é público e amplamente divulgado. Não existência de nulidade. EDITAL DE LEILÃO. PUBLICAÇÃO EM JORNAL LOCAL. EXEQUENTE BENEFICIÁRIO DE GRATUIDADE JUDICIÁRIA. O processo do trabalho tem regramento próprio de divulgação de leilão, exigindo o art. 888 da CLT, apenas, a publicação do edital de leilão em jornal local, se houver. Inaplicável o artigo 687 do CPC no processo do trabalho, destacando-se que o disposto no §1º desse artigo de lei, mesmo no processo civil, é destinado a beneficiar o credor, no sentido de não o onerar com o adiantamento de despesas de publicação em jornal privado. O terceiro-embargante, ou o devedor, não tem legitimidade para invocar a nulidade pela publicação em jornal de grande circulação local, eis que a mesma dá mais publicidade ao ato. Inexistência da alegada nulidade na publicação do edital de leilão. NULIDADE DA INTIMAÇÃO PESSOAL DO EXECUTADO ACERCA DA REALIZAÇÃO DO LEILÃO. ILEGITIMIDADE DOS TERCEIROS-EMBARGANTES PARA ARGUI-LA. Os terceiros-embargantes são partes ilegítimas para arguir a nulidade da intimação do executado acerca da realização do leilão. Em se tratando de nulidade não cominada, cumpre somente ao interessado invocá-la, comprovando a existência de prejuízo à sua defesa. Arguição de nulidade do leilão que é rejeitada. AUSÊNCIA DA MENÇÃO DA EXISTÊNCIA DE ÔNUS NO EDITAL DE LEILÃO. Os requisitos do edital de leilão no processo de trabalho estão elencados no art. 888 da CLT, o que exclui a aplicação de idêntico regramento do CPC. Ademais, mesmo em se reconhecendo a existência de divisão doutrinária a respeito da aplicação do inciso V do art. 686 do CPC, tem-se que essa norma objetiva permitir que os licitantes tomem conhecimento da existência de ônus e/ou pendências sobre o bem que intencionam arrematar. A nulidade pela ausência da menção de ônus no edital de leilão somente pode ser alegada pelo titular de ônus real que comprovar prejuízo à sua defesa e pelo arrematante. Trata-se de nulidade não cominada, arguível nos moldes dos artigos 244 e 250 do CPC e 796 da CLT. Rejeição da arguição de nulidade do edital de leilão sob o enfoque em tela. PENHORA ANTERIOR SOBRE O BEM LEILOADO. DESNECESSÁRIA A INTIMAÇÃO PRÉVIA DO DETENTOR DE PENHORA ANTERIOR OU NOTIFICAÇÃO DO JUÍZO ONDE ESSA SE PROCESSOU. Pelos mesmos motivos de que não há nulidade do leilão pela ausência da menção à pendência ou ao ônus sobre o bem penhorado, também por ser da natureza do ato de leilão a ampla divulgação e existindo regramento próprio para dirimir controvérsias entre diversos credores com penhora sobre o mesmo bem, não se configura nulidade por ausência da cientificação do juízo onde se processou a penhora anterior, tampouco por inexistência de intimação pessoal prévia dos ora agravantes. BEM ARREMATADO POR LANÇO EQUIVALENTE A MAIS DE 60% DO VALOR DA AVALIAÇÃO. INOCORRÊNCIA DE PREÇO VIL. Tendo sido o bem arrematado por lanço equivalente a mais de 60% do valor da avaliação, não há que se falar na ocorrência de arrematação por preço vil. Agravo de petição não provido nesse ponto. ARREMATAÇÃO POR PREÇO INFERIOR AO VALOR DA AVALIAÇÃO. POSSIBILIDADE EM PRIMEIRA PRAÇA NA EXECUÇÃO TRABALHISTA. Na execução trabalhista é válida a arrematação por preço inferior ao valor da avaliação em primeira praça. Aplicação do art. 12 da Lei nº 5.584, de 26 de junho de 1970, que alterou a redação do §1º do art. 888 da CLT. Rejeição da arguição de invalidade da arrematação. ARREMATAÇÃO EM FRAUDE À EXECUÇÃO. A alienação judicial de bem penhorado anteriormente não configura fraude à execução, sequer se considera alienação ou oneração de bem sobre o qual pende ação fundada em direito real. Dizer que a penhora é direito real é erro grosseiro. O CPC admite e impõe procedimento para dirimir o conflito de credores em casos de múltiplas penhoras nos artigos 711 e 712. Agravo de petição não provido nesse tópico. ORDEM DE PRELAÇÃO DAS PENHORAS – PREFERÊNCIA. O artigo 711 do CPC, quando define que deve ser observada a ordem das prelações, ressalva expressamente os casos de existência de título legal à preferência, valendo a anterioridade da penhora somente entre credores de mesma classe. A ordem preferencial dos créditos, legalmente instituída, é de observância obrigatória em relação ao concurso particular de credores contra devedor solvente. Aplicação da preferência do crédito trabalhista inscrita no art. 186 do Código Tributário Nacional, mesmo em se tratando de concurso de credores contra devedor solvente. Entendimento majoritário na Justiça Comum e na Justiça do Trabalho. Agravo de petição a que se nega provimento. (TRT 4ª Região, AP 57113.521/99-1, Ac. 8ª T, Rel. Desembargadora Cleusa Regina Halfen).

35. O bem alienado fiduciariamente pode ser penhorado? O bem gravado com *leasing* pode ser penhorado?

Sim. Porém, a matéria é controvertida quanto ao *leasing*. Nesse caso, a penhora deve recair sobre os direitos e as ações que o executado tem sobre o bem que está adquirindo. É útil oficiar ao banco credor fiduciário, solicitando cópia do contrato de alienação fiduciária (ou de *leasing*) e informação quanto ao número de parcelas vencidas não pagas e vincendas, bem como quanto ao saldo devedor existente, para informar ao leiloeiro e aos futuros licitantes.

Doutrina – bem gravado com alienação fiduciária:
Francisco Antônio de Oliveira:

Em que pesem entendimentos contrários, todos de ordem civilista, o bem alienado fiduciariamente não se traduz em óbice para a penhora. O devedor fiduciário, à medida que vai pagando o seu débito, vai liberando o bem, que passa a fazer parte do seu patrimônio.

[...]

O arrematante ou o adjudicante receberá bem com o selo de gravação fiduciária e deverá continuar honrando o débito pelo que restar.[113]

Doutrina – bem gravado com *leasing*:
Francisco Antônio de Oliveira:

Todavia, existe uma nova espécie de *leasing*, muito usado atualmente sobre veículos, em que o valor residual, que haveria de ser pago no final, é pago mensalmente em parcelas que se somam ao aluguel mensal. Disso decorre que, ao final do contrato, o cliente será o proprietário do bem. Tem-se, pois, que a parte adquire mês a mês aquele patrimônio, não havendo por que não se aplicarem em tais casos as mesmas regras da alienação fiduciária. Em tais casos, o bem poderá ser objeto de penhora se outro bem não existir para garantir a execução de crédito trabalhista. O fato de não estar contabilizado no patrimônio da empresa não significa obstáculo, já que integra o patrimônio de fato.[114]

Jurisprudência – bem gravado com alienação fiduciária:

EMENTA: AGRAVO DE PETIÇÃO DA EXECUTADA. PENHORA. BEM ALIENADO FIDUCIARIAMENTE. O bem alienado fiduciariamente é passível de penhora. A constrição judicial recai sobre os direitos e as ações que tenha o fiduciante sobre o bem gravado, diante da expectativa de direito futuro à reversão da propriedade, por ocasião da quitação da dívida substrato da garantia. Recurso provido em parte. (TRT 4ª Região, AP 00049-1999-011-04-00-8, Ac. 8ª T, Rel. Desembargador Carlos Alberto Robinson).

EMENTA: AGRAVO DE PETIÇÃO. PENHORA DE BEM ALIENADO FIDUCIARIAMENTE. Possível a penhora sobre bem alienado fiduciariamente, porquanto incide sobre os direitos e as ações que tenha o

---

[113] OLIVEIRA, Francisco Antônio de. *Execução na Justiça do Trabalho*. 6. ed. São Paulo: RT, 2007. p. 167-168, respectivamente.
[114] OLIVEIRA, Francisco Antônio de. *Execução na Justiça do Trabalho*. 6. ed. São Paulo: RT, 2007. p. 198.

fiduciante sobre o bem gravado. Caso em que se autoriza a constrição judicial de direitos e ações do devedor sobre o bem indicado. Agravo provido. (TRT 4ª Região, AP 00282-2005-831-04-00-0, Ac. 2ª T, Rel. Desembargador Carmen Gonzalez).

EMENTA: PENHORA DE VEÍCULO. ALIENAÇÃO FIDUCIÁRIA. O bem alienado fiduciariamente não pode ser objeto de penhora em execução ajuizada contra o devedor fiduciário. No entanto, os direitos e as ações do bem alienado fiduciariamente são passíveis de penhora, considerando os direitos já incorporados ao patrimônio do devedor relativamente às parcelas quitadas e a expectativa de direito futuro à propriedade, quando da quitação da dívida. (TRT 4ª Região, AP 00025-2004-305-04-00-0, Ac. 6ª T, Rel. Desembargadora Ana Rosa Pereira Zago Sagrilo).

Jurisprudência - bem gravado com *leasing*:

Embargos do devedor. Penhora. Veículo objeto de contrato de arrendamento mercantil (*leasing*). O veículo registrado em nome da executada e encontrado em sua posse, quando da penhora, pode ser mantido na constrição, para garantia da execução, desde que a alegação do contrato de arrendamento mercantil ou *leasing* tenha ocorrido nos autos pela própria devedora e sem a comprovação respectiva, que permitisse o exame das condições de seu cumprimento até a ocasião da apreensão judicial. Eventual impugnação haveria de ser feita pela arrendante, via embargos de terceiro e, ainda assim, com a possibilidade de ser afastada ante a aquisição de parte considerável do veículo pela arrendatária. (TRT 3ª Região, AP 3453/02 (AI/389/00), Rel. Juiz Fernando Luiz Gonçalves Rios Neto, DJMG 27.07.2002. p. 9).

36. É possível relativizar a impenhorabilidade do salário do executado quando se tratar de credor trabalhista (CPC, art. 833, IV, §2º)?[115]

Sim.

---

[115] CPC: Art. 833. São impenhoráveis:
IV - os vencimentos, os subsídios, os soldos, os salários, as remunerações, os proventos de aposentadoria, as pensões, os pecúlios e os montepios, bem como as quantias recebidas por liberalidade de terceiro e destinadas ao sustento do devedor e de sua família, os ganhos do trabalhador autônomo e os honorários de profissional liberal, *ressalvado o §2º*.
§2º. O disposto nos incisos IV e X do *caput não se aplica à hipótese de penhora para pagamento de prestação alimentícia*, independentemente de sua origem, bem como às importâncias excedentes a 50 (cinquenta) salários-mínimos mensais, devendo a constrição observar o disposto no art. 528, §8º, e no art. 529, §3º.

Fundamento legal: CPC, art. 833, IV, §2º.

Doutrina:
Wolney de Macedo Cordeiro.

Nessa situação, o texto do NCPC foi mais abrangente do que o anterior, posto que a redação atual do §2º do art. 833 *permite a penhora de salário na execução de prestação alimentícia independentemente de sua natureza* [...]. A partir da vigência do NCPC, podemos considerar *plenamente possível a penhora da remuneração do devedor,* com a finalidade de garantir *crédito tipicamente trabalhista* e, portanto, dotado de caráter alimentar.[116]

Jurisprudência:

EMENTA: COLISÃO DE DIREITOS FUNDAMENTAIS. PROVENTOS. BENS PENHORÁVEIS. BENEFÍCIOS PREVIDENCIÁRIOS. É valida a penhora de proventos de benefícios previdenciários, comprovada a inexistência de outros bens que garantam o crédito trabalhista, vez que este goza do *status* de alimentar, não sendo razoável suprimir um direito fundamental em favor de outro. Esta é a decorrência da aplicação dos princípios da unidade da Constituição, da concordância prática, da proporcionalidade e da razoabilidade para o caso de colisão de direitos fundamentais. (TRT 22ª Região, AP 2.444/2001, Ac. TP, 29.01.2002, Rel. Juiz Francisco Meton Marques de Lima. *Revista Trabalhista,* nº 2. Rio de Janeiro: Forense, abr./jun. 2002. p. 307).

EMENTA: AGRAVO DE PETIÇÃO. PENHORA DE CRÉDITO ALIMENTAR. Para que haja ampla efetividade ao princípio da irredutibilidade salarial, que garante ao empregado a impenhorabilidade do seu salário, e do princípio que dispõe acerca da natureza alimentar do crédito trabalhista, cabe ao Juízo aplicar a técnica da ponderação entre os dois valores, assegurando grande parte do salário ao devedor, para sua sobrevivência e de sua família, e, ao mesmo tempo, determinando a constrição de uma parte do montante para assegurar o direito do credor trabalhista. Tendência doutrinária que se adota. Recurso provido. (TRT 4ª Região, AP 00877-2003-020-04-00-4, Ac. 5ª T, Rel. Juiza Convocada Rejane Souza Pedra).

---

[116] CORDEIRO, Wolney de Macedo. Causas de impenhorabilidade perante a execução trabalhista e o novo Código de Processo Civil. *In*: DALLEGRAVE NETO, José Affonso; GOULART, Rodrigo Fortunato (Coord.). *Novo CPC e o processo do trabalho.* São Paulo: LTr, 2016. p. 298.

EMENTA: AGRAVO DE PETIÇÃO. PENHORA SOBRE CRÉDITOS ORIUNDOS DE AÇÃO PERANTE A JUSTIÇA FEDERAL. APLICAÇÃO DO PRINCÍPIO DA PROPORCIONALIDADE. Malgrado a impenhorabilidade prevista no art. 649, IV, do CPC, os créditos penhorados (decorrentes de diferenças salariais reconhecidas ao devedor, judicialmente) devem cobrir a dívida do credor na presente ação por possuírem os respectivos créditos natureza nitidamente alimentar. Assim como os salários do devedor são dignos de proteção, os do credor também o são, mormente quando os créditos devidos a este último são largamente inferiores aos daquele. (TRT 4ª Região, AP 01283-2005-305-04-00-4, Ac. 2ª T, Rel. Desembargador João Pedro Silvestrin).

EMENTA: MANDADO DE SEGURANÇA. PENHORA DE SALÁRIOS VULTOSOS. POSSIBILIDADE. Segundo a regra do artigo 649, inciso VI, do Código de Processo Civil, de aplicação subsidiária ao processo do trabalho, os salários são absolutamente impenhoráveis. Todavia, em se tratando de salário vultoso, é possível relativizar a aplicação desse comando legal, atentando-se para os princípios informadores do Direito do Trabalho, bem como aos princípios constitucionais da razoabilidade e da proporcionalidade. (TRT 4ª Região, Ac. 0013005-10.2010.5.04.0000 MS, SDI-1, Rel. Des. Denise Pacheco, j. 17.06.2011).

37. O art. 28, §5º, do CDC pode ser aplicado subsidiariamente ao processo do trabalho?

Sim.

Fundamento legal: CLT, art. 769[117] e 889[118] da CLT; Lei nº 6.830/80, art. 4º, V, §3º.[119]

---

[117] CLT: Art. 769. Nos casos omissos, o direito processual comum será fonte subsidiária do direito processual do trabalho, exceto naquilo em que for incompatível com as normas deste Título.

[118] CLT: Art. 889. Aos trâmites e incidentes do processo de execução são aplicáveis, naquilo que não contravierem ao presente Título, os preceitos que regem o processo dos executivos fiscais para a cobrança judicial da dívida ativa da Fazenda Pública Federal.

[119] Lei nº 6.830/80: Art. 4º. A execução fiscal poderá ser promovida contra:
V – o responsável, nos termos da lei, por dívida tributária ou não, de pessoas físicas ou pessoas jurídicas de direito privado.
§3º. Os responsáveis, inclusive as pessoas indicadas no §1º deste artigo, poderão nomear bens livres e desembaraçados do devedor, tantos quantos bastem para pagar a dívida. Os bens dos responsáveis ficarão, porém, sujeitos à execução, se os do devedor forem insuficientes à satisfação da dívida.

Doutrina:
Karl Engisch:

Toda a regra jurídica é susceptível de aplicação analógica – não só a lei em sentido estrito, mas também qualquer espécie de estatuto e ainda a norma de Direito Consuetudinário. As conclusões por analogia não têm apenas cabimento dentro do mesmo ramo do Direito, nem tampouco dentro de cada Código, mas verificam-se também de um para outro Código e de um ramo do Direito para outro.[120]

João de Lima Teixeira Filho:

A lacuna da legislação do trabalho a respeito do tema autoriza o intérprete a socorrer-se, especialmente do Código do Consumidor, por analogia, com base no art. 8º da CLT. Cabe ressaltar que, se a responsabilidade do sócio for cogitada somente na fase de execução, o procedimento encontra fundamento na conjugação dos arts. 889 da CLT e 4º, V, da Lei nº 6.830/80.[121]

Amador Paes de Almeida:

No direito do trabalho, a teoria da desconsideração da pessoa jurídica tem sido aplicada pelo juízes de forma ampla, tanto nas hipóteses de abuso de direito, excesso de poder, quanto em casos de violação da lei ou do contrato, ou, ainda, na ocorrência de meios fraudulentos, inclusive, na hipótese, não rara, de insuficiência de bens da empresa, adotando, por via de consequência, a regra disposta no art. 28 do Código de Proteção ao Consumidor.[122]

Jurisprudência:

EMENTA: EXECUÇÃO. BENS DO EX-SÓCIO. DESCONSIDERAÇÃO DA PERSONALIDADE JURÍDICA DA EMPRESA. Em regra, os bens particulares do sócio não podem ser objeto de constrição, a teor do art. 596 do CPC. O Decreto nº 3.708/1919, que regulamenta o funcionamento das sociedades de responsabilidade limitada, dispõe que o sócio

---

[120] ENGISCH, Karl. *Introdução ao pensamento jurídico.* 10. ed. Lisboa: Fundação Calouste Gulbenkian, 2008. p. 293.
[121] TEIXEIRA FILHO, João de Lima et al. *Instituições de Direito do Trabalho.* 22. ed. São Paulo: LTr, 2005. v. 2, p. 1514.
[122] ALMEIDA, Amador Paes de. *Execução de bens dos sócios.* 7. ed. São Paulo: Saraiva, 2004. p. 195.

somente responderá pelas dívidas da sociedade, em caso de falência, quando não integralizado o capital, diante do excesso de mandato do sócio-gerente ou quando os sócios praticarem atos contrários à lei ou ao contrato. A jurisprudência trabalhista acresce a dissolução irregular da sociedade, sem o pagamento dos créditos trabalhistas. O Juízo de primeiro grau confirma que a empresa não vem honrando seus compromissos trabalhistas, dificultando o andamento de inúmeros feitos, pois não tem sido possível localizar bens disponíveis. Vale invocar a teoria do superamento da personalidade jurídica (*disregard of legal entity*), a qual permite seja desconsiderada a personalidade jurídica das sociedades de capitais, para atingir a responsabilidade dos sócios, visando impedir a consumação de fraudes e abusos de direito cometidos através da sociedade. Aliás, aplicável, por analogia, a disposição contida no art. 28, §5º, do Código de Defesa do Consumidor, que autoriza a desconsideração da personalidade jurídica sempre que esta constituir obstáculo ao ressarcimento de prejuízos. (TRT 3ª Região, 2ª Turma, AP nº 2875/97, Rel. Alice Monteiro de Barros, DJMG 24.04.1998. p. 5).

EMENTA: DESCONSIDERAÇÃO DA PERSONALIDADE JURÍDICA. RESPONSABILIDADE DOS SÓCIOS. Em princípio, os sócios das sociedades de responsabilidade limitada não respondem pelas obrigações contraídas em nome da sociedade, a não ser nos estritos limites de sua participação societária, conforme art. 2º do Decreto-Lei nº 3.708/19. Entretanto, o mesmo diploma legal estabelece a exceção contida no art. 10, pela qual, inexistindo bens da sociedade passíveis de garantir os débitos por ela assumidos, responderão seus sócios pelas obrigações societárias, de forma ampla (solidária). Outrossim, restou abraçada pela doutrina e pela jurisprudência trabalhista a teoria da desconcentração da pessoa jurídica ('disregard of legal entity'), através da qual se desconsidera a personalidade jurídica da empresa, se esta for, por algum motivo, óbice à percepção, pelos empregados, dos direitos devidos e pelos prejuízos a eles causados. Logo, seja pela teoria da desconsideração da pessoa jurídica, seja pela previsão expressa do Decreto-Lei nº 3.708/19, é possível atribuir a responsabilidade solidária ao sócio da sociedade por responsabilidade. Assim, o juiz pode desconsiderar a personalidade jurídica da sociedade quando, em detrimento do consumidor, e também do empregado, ocorrer falência ou o estado de insolvência, ainda que não decorrente de má administração. Nenhuma dúvida a respeito deixa o disposto no §5º do art. 28 da Lei nº 8.078/90 ao estabelecer que 'também poderá ser desconsiderada a pessoa jurídica sempre que sua personalidade for, de alguma forma, obstáculo ao ressarcimento de prejuízos causados aos consumidores'. O empregado, economicamente fraco, como o consumidor, recebe a proteção da lei para garantir o equilíbrio necessário em suas relações com a parte economicamente forte no contrato celebrado. Daí porque o Código de Proteção ao Consumidor aplica-se subsidiariamente ao Direito do

Trabalho. No caso vertente, tenho que restou claramente configurada a precariedade econômica das Reclamadas para quitar os débitos trabalhistas, já que restou inconteste nos autos o fechamento das duas lojas das Rés. Destarte, deverão ser mantidos na lide os 3º, 4º e 5º Reclamados, os quais responderão pelos créditos devidos ao Reclamante, caso a 1ª e a 2ª Reclamadas não possuam bens suficientes para quitarem o débito exequendo. (TRT 3ª Região, 00505-2007-107.03-00-5, Rel. Luiz Otávio Linhares Renault, DJMG 16.02.2008).

38. É possível realizar a execução definitiva na pendência de RE (ou de AI em RE)?

Sim.

Fundamento legal: CLT, art. 893, §2º.[123]

Doutrina:
Valentin Carrion:

A execução de sentença, pendente o recurso extraordinário, é definitiva no processo do trabalho. Deve continuar prevalecendo o entendimento da velha Súmula 228 do STF, específica exegese da CLT, art. 893, §2º [...]. O entendimento de que a execução não se interrompe pela interposição do recurso extraordinário ou de agravo de instrumento permite o prosseguimento da longa caminhada, inclusive com o julgamento dos embargos e de seus recursos, e a alienação de bens, até o efetivo depósito [...].[124]

Antônio Álvares da Silva:

Se a interposição de RE não prejudica a execução, este comando só pode significar que ela segue sem qualquer restrição ou interrupção, fazendo-se a prestação jurisdicional plena, inclusive com levantamento de dinheiro, se for o caso, já que a caução é incompatível com o processo do trabalho e não está prevista no art. 893, §2º [da CLT] [...]. Já no caso de agravo de instrumento, em execução provisória, dirigido ao STF para

---
[123] CLT: Art. 893 [...].
§2º. A interposição de recurso para o Supremo Tribunal Federal não prejudicará a execução do julgado.
[124] CARRION, Valentin. *Comentários à consolidação das leis do trabalho*. 34. ed. São Paulo: Saraiva, 2009. p. 775.

destrancar RE a que se negou seguimento no TST, não há dúvida de que se aplica o citado item II do §2º do art. 475-O. Basta que a parte requeira a respectiva carta. Enquanto os autos seguem ao STF, o interessado promoverá na Vara de origem a execução com prestação definitiva. E note-se que, para o item II, não existe a limitação de 60 salários mínimos prevista no item I. Logo, poderá levantar toda a quantia depositada e promover a execução normal para o restante, se for caso.[125][126]

Jurisprudência:
Súmula 228 do STF: "Não é provisória a execução na pendência de recurso extraordinário, ou de agravo destinado a fazê-lo admitir".

39. É possível realizar a execução provisória de ofício na pendência de AI em RR, com prestação jurisdicional definitiva (pagamento integral ao credor)?

Sim.

Fundamento legal: CLT, art. 878, *caput*;[127] CPC arts. 520, IV e 521, I;[128]

---

[125] SILVA, Antônio Álvares da. *Execução provisória trabalhista depois da reforma do CPC*. São Paulo: LTr, 2007. p. 39.
[126] SILVA, Antônio Álvares da. *Execução provisória trabalhista depois da reforma do CPC*. São Paulo: LTr, 2007. p. 102.
[127] CLT: Art. 878. A execução poderá ser promovida por qualquer interessado, ou *ex officio* pelo próprio Juiz ou Presidente ou Tribunal competente, nos termos do artigo anterior.
[128] CPC: Art. 520. O cumprimento provisório da sentença impugnada por recurso desprovido de efeito suspensivo será realizado da mesma forma que o cumprimento definitivo, sujeitando-se ao seguinte regime:
IV - o levantamento de depósito em dinheiro e a prática de atos que importem transferência de posse ou alienação de propriedade ou de outro direito real, ou dos quais possa resultar grave dano ao executado, dependem de caução suficiente e idônea, arbitrada de plano pelo juiz e prestada nos próprios autos.
Art. 521. A caução prevista no inciso IV do art. 520 poderá ser dispensada nos casos em que:
I - o crédito for de natureza alimentar, independentemente de sua origem;
CPC: Art. 475-O. A execução provisória da sentença far-se-á, no que couber, do mesmo modo que a definitiva, observadas as seguintes normas:
[...]
III – o levantamento de depósito em dinheiro e a prática de atos que importem alienação de propriedade ou dos quais possa resultar grave dano ao executado dependem de caução suficiente e idônea, arbitrada de plano pelo juiz e prestada nos próprios autos.
[...]
§2º. A caução a que se refere o inciso III do *caput* deste artigo poderá ser dispensada:
[...]

Doutrina:
Antônio Álvares da Silva:

Como o recurso ordinário (e todos os demais recursos) tem efeito devolutivo, o juiz iniciará a execução provisória e poderá de pronto autorizar o levantamento da quantia de sessenta salários mínimos do depósito judicial. Se este for menor, o juiz autorizará o levantamento do valor existente e prosseguirá na execução provisória, para obter o restante. O excesso, caso haja, permanecerá nos autos.[129]

40. É possível realizar a execução provisória de ofício na pendência de Recurso Ordinário?

Sim.

Fundamento legal: CLT, art. 878;[130] CPC arts. 520, IV e 521, I.[131]

Doutrina:
Antônio Álvares da Silva:

Logo, a execução provisória em RO é útil e traz concretamente efeitos benéficos. Para que se evitem retardos no julgamento do RO, a execução se faz por carta de sentença em primeiro grau, enquanto o processo sobe para o segundo.[132]

II – nos casos de execução provisória em que penda agravo de instrumento junto ao Supremo Tribunal Federal ou ao Superior Tribunal de Justiça (art. 544), salvo quando da dispensa possa manifestamente resultar risco de grave dano, de difícil ou incerta reparação.

[129] SILVA, Antônio Álvares da. *Execução provisória trabalhista depois da reforma do CPC*. São Paulo: LTr, 2007. p. 78-79.

[130] CLT: Art. 878. A execução poderá ser promovida por qualquer interessado, ou *ex officio* pelo próprio Juiz ou Presidente ou Tribunal competente, nos termos do artigo anterior.

[131] CPC: Art. 520. O cumprimento provisório da sentença impugnada por recurso desprovido de efeito suspensivo será realizado da mesma forma que o cumprimento definitivo, sujeitando-se ao seguinte regime:
IV – o levantamento de depósito em dinheiro e a prática de atos que importem transferência de posse ou alienação de propriedade ou de outro direito real, ou dos quais possa resultar grave dano ao executado, dependem de caução suficiente e idônea, arbitrada de plano pelo juiz e prestada nos próprios autos.
Art. 521. A caução prevista no inciso IV do art. 520 poderá ser dispensada nos casos em que:
I - o crédito for de natureza alimentar, independentemente de sua origem;

[132] SILVA, Antônio Álvares da. *Execução provisória trabalhista depois da reforma do CPC*. São Paulo: LTr, 2007. p. 37-38.

41. É possível realizar a execução provisória de ofício na pendência de Agravo de Petição?

Sim.

Fundamento legal: CLT, art. 878, *caput*;[133] CPC, art. 521, I.

Doutrina:
Antônio Álvares da Silva:

Porém, agora, com a nova redação do art. 475-O do CPC, a questão tem outra dimensão jurídica. O juiz do trabalho pode aplicar *ex officio* o §2º, I, e permitir o levantamento do valor depositado até o limite de 60 salários mínimos. Então teremos a execução definitiva de uma parte e a execução provisória com prestação jurisdicional definitiva de outra, ou seja, ambas favorecendo o recebimento imediato, se não de tudo, pelo menos de parte da execução.[134]

42. É possível determinar de ofício o registro de hipoteca judiciária na matrícula de imóvel da reclamada em razão da sentença trabalhista condenatória proferida?

Sim.

Fundamento legal: CPC, art. 495, *caput*;[135] CLT, art. 878, *caput*.[136]

Doutrina:
Antônio Álvares da Silva:

A hipoteca judiciária é automática e será ordenada pelo juiz, como determina o art. 466 do CPC. Portanto, independe de requerimento da parte. É uma consequência da sentença. Estas duas providências –

---

[133] CLT: Art. 878. A execução poderá ser promovida por qualquer interessado, ou *ex officio* pelo próprio Juiz ou Presidente ou Tribunal competente, nos termos do artigo anterior.

[134] SILVA, Antônio Álvares da. *Execução provisória trabalhista depois da reforma do CPC*. São Paulo: LTr, 2007. p. 106.

[135] CPC: Art. 495. A decisão que condenar o réu ao pagamento de prestação consistente em dinheiro e a que determinar a conversão de prestação de fazer, de não fazer ou de dar coisa em prestação pecuniária valerão como título constitutivo de hipoteca judiciária.

[136] CLT: Art. 878. A execução poderá ser promovida por qualquer interessado, ou *ex officio*, pelo próprio juiz ou presidente ou tribunal competente, nos termos do artigo anterior.

depósito [recursal] e hipoteca judiciária – nada têm a ver com a penhora proveniente de execução provisória, pois cada uma das três medidas tem uma proveniência jurídica diversa e se superpõe sem nenhum *'bis in idem'*.[137]

Francisco Antônio de Oliveira:

É a inscrição e a especialização que o vencedor da demanda faz no Cartório de Registro de Imóveis da sentença condenatória, com o fim de poder opô-la a terceiros e sujeitar à execução, com direito de sequela, os bens do devedor que restarem vinculados ao julgado [...]. Decidiu o Conselho Superior da Magistratura: 'Dizer-se – como faz a lei – que a sentença condenatória produz hipoteca judiciária, embora a condenação seja genérica, significa precisamente dizer-se que o registro da hipoteca judiciária será dispensado do requisito da especialização do valor da dívida garantida'. (Ap. Cív. 10.625-0/3/SP, Rel. Milton Evaristo dos Santos, J. 11.12.1989, v.u.).[138]

Jurisprudência:

EMENTA: AGRAVO DE INSTRUMENTO. HIPOTECA JUDICIÁRIA. APLICABILIDADE. JULGAMENTO *ULTRA* E *EXTRA PETITA*. PRINCÍPIO DO *NON REFORMATIO IN PEJUS*. A hipoteca judiciária é instituto asseguratório estabelecido pela lei em favor da parte vencedora, na medida em que representa garantia de satisfação do crédito na futura execução do título judicial. Significa dizer que a decisão constitui título suficiente para que o vencedor da demanda venha a ter, contra o vencido, e sobre seus bens imóveis e certos móveis, direito real de garantia, desde que realizada a inscrição da hipoteca judiciária no cartório de registro de imóveis, que deve ser ordenada pelo juiz por meio de expedição de mandado em atenção a requerimento de especialização dos bens feito pela parte favorecida mediante decisão condenatória. Não se exige, para a sua decretação, que a parte a requeira, nem tampouco que o órgão jurisdicional sobre ela decida. Institui-se a hipoteca judiciária e, consequentemente, nasce para o vencedor a faculdade de fazê-la inscrever *ex vi legis*, pelo só fato da publicação da decisão do magistrado ou do Tribunal. Violações de lei e da Constituição e divergência jurisprudencial não configuradas. (TST-AIRR-955/2004-103-03-40.4, 1ª Turma, Rel. Min. Lélio Bentes Corrêa, DJ 24.02.2006).

---

[137] SILVA, Antônio Álvares da. *Execução provisória trabalhista depois da reforma do CPC.* São Paulo: LTr, 2007. p. 104.
[138] OLIVEIRA, Francisco Antônio de. *Execução na Justiça do Trabalho.* 6. ed. São Paulo: RT, 2007. p. 161.

Há outros julgados mais recentes: TST-RR-874/2006-099-03-00, 7ª Turma, Rel. Min. Ives Gandra Martins Filho, DJ 27-03-2008, (maioria); TST-E-RR-874/2006-099-03-00, SDI-1, Rel. Min. Aloysio Corrêa da Veiga, DJ 29.08.2008 (unânime); TST-RR-571/2006-092-03-00, 6ª Turma, Rel. Min. Aloysio Corrêa da Veiga, DEJT 26.06.2009 (unânime).

43. A penhora de bens do sócio, realizada após a desconsideração da personalidade jurídica da sociedade executada, configura nulidade se feita sem a prévia citação do sócio?

Não.

Fundamento legal: CLT, art. 794.[139] Nada obstante o art. 79 da Consolidação dos Provimentos da Corregedoria-Geral da Justiça do Trabalho recomende a citação do sócio quando se aplica a teoria da desconsideração da personalidade jurídica, a ausência de prévia citação não acarreta prejuízo manifesto para o sócio, o qual será intimado da penhora e poderá deduzir sua defesa em embargos à execução (ou em embargos de terceiro, de acordo com parte da doutrina). Tal providência – a citação prévia – poderá tornar ineficaz o ato de penhora, o que tem justificado a realização da penhora desde logo em determinados casos, mediante aplicação do §2º do art. 300 do CPC.

Jurisprudência:

EMENTA: MANDADO DE SEGURANÇA. BLOQUEIO DE VALORES. AUSÊNCIA DE CITAÇÃO. O Juiz tem a faculdade/dever de adotar todos os meios para viabilizar a execução, inclusive cautelares, até sem a ciência prévia do executado, se assim for necessário. Nesse contexto, entende-se que o executado somente tem direito líquido e certo ao levantamento do bloqueio quando apresenta outro bem que garanta execução, o que no presente caso não ocorreu. Segurança denegada. (TRT 4ª Região, 02871-2008-000-04-00-1, Rel. Luiz Alberto de Vargas, DJE 11.12.2008).

EMENTA: EXECUÇÃO DE BENS DE SÓCIO. Demonstrada a insuficiência de bens da empresa capazes de fazer frente aos débitos de natureza trabalhista, cabe ao sócio de empresa constituída por

---

[139] CLT: Art. 794. Nos processos sujeitos à apreciação da Justiça do Trabalho só haverá nulidade quando resultar dos atos inquinados manifesto prejuízo às partes litigantes.

cotas de responsabilidade limitada, comparecer com seus próprios bens em garantia da execução, independentemente de citação, tendo em vista a natureza do crédito trabalhista e por concorrência da teoria da desconsideração da personalidade jurídica da empresa. (TRT 3ª Região, 00763-2002-053-03-00-0, Rel. Cleube de Freitas Pereira, DJMG 30.11.2002).

EMENTA: DESCONSIDERAÇÃO DA PERSONALIDADE JURÍDICA. SÓCIO. CITAÇÃO. A teoria da desconsideração da personalidade jurídica deve ser aplicada sempre que se constate que a personalidade jurídica da sociedade serve de empecilho à satisfação de créditos trabalhistas. Não se exige prova de atuação dolosa ou abusiva dos sócios. Há que se considerar que, como o sócio se beneficiou dos resultados positivos alcançados com a contribuição da mão de obra do empregado, deve responder pela satisfação dos créditos trabalhistas. O entendimento majoritário desta Sessão Especializada, em sua atual composição, é de que a falta de citação prévia do sócio incluído na execução, isoladamente, não torna irregular o andamento executório quando não demonstrado efetivo prejuízo. Entende-se que a determinação de ciência da penhora realizada supre a ausência de citação, porque suficiente para oportunizar a apresentação de defesa, garantindo, desse modo, o contraditório e a ampla defesa. Agravo de petição a que se nega provimento. (TRT 9ª Região, 00267-1995-053-09-00-3, Rel. Marlente Fuverki Suguimatsu, DJPR 14.10.2008).

44. O credor precisa executar *antes* os sócios da devedora principal, se há condenação subsidiária da tomadora dos serviços?

Não.

Fundamento legal: Lei nº 6.830/80, art. 4º, V;[140] Súmula 331 do TST, item IV.[141]

---

[140] Lei nº 6.830/80: Art. 4º. A execução fiscal poderá ser promovida contra:
[...]
V – o responsável, nos termos da lei, por dívida tributária ou não, de pessoas físicas ou pessoas jurídicas de direito privado;

[141] Súmula 331 do TST, item IV: "O inadimplemento das obrigações trabalhistas por parte do empregador implica a responsabilidade subsidiária do tomador dos serviços quanto àquelas obrigações, inclusive quanto aos órgãos da administração direta, das autarquias, das fundações públicas, das empresas públicas e das sociedades de economia mista, desde que este tenha participado da relação processual e conste também do título executivo judicial".

Jurisprudência:

OJ nº 6 da Seção Especializada em Execução do TRT4: REDIRECIONAMENTO DA EXECUÇÃO CONTRA DEVEDOR SUBSIDIÁRIO. É cabível o redirecionamento da execução contra o devedor subsidiário, inclusive ente público, quando insuficientes os bens do devedor principal, não sendo exigível prévia desconsideração da personalidade jurídica, com o consequente redirecionamento da execução contra os sócios.

EMENTA: AGRAVO DE INSTRUMENTO. RECURSO DE REVISTA. NECESSIDADE DE ESGOTAMENTO DOS BENS DO SÓCIO. BENEFÍCIO DE ORDEM. DESNECESSIDADE. DECISÃO DENEGATÓRIA. MANUTENÇÃO. Para que o cumprimento da condenação recaia sobre o devedor subsidiário, mister, apenas, que tenha ele participado da relação processual e que seu nome conste do título executivo judicial, somado ao fato de não se mostrarem frutíferas as tentativas de cobrança de devedor principal. Não há, portanto, que se falar em benefício de ordem ou instituto a ele assemelhado. Sendo assim, não há como assegurar o processamento do recurso de revista quando o agravo de instrumento interposto não desconstitui os fundamentos da decisão denegatória, que ora subsiste por seus próprios fundamentos. Agravo de instrumento desprovido. (TST-AIRR-122900-22. 1996.5.04.0702, 6ª Turma, Rel. Min. Maurício Godinho Delgado. Data de Publicação: 20.05.2011).

EMENTA: AGRAVO DE PETIÇÃO. SUBSIDIARIEDADE. Havendo condenação subsidiária de duas empresas, a execução direciona-se primeiramente contra o patrimônio da devedora principal. Esgotadas as possibilidades desta, dirige-se contra o responsável subsidiário. Apenas após esgotado todo o redirecionamento em relação a esta, caberia a responsabilidade das pessoas físicas dos sócios da devedora, ao contrário do pretendido pela agravante. Agravo não provido. (TRT 4ª Região, 00130-2005-261-04-00-0, Rel. Dênis Marcelo de Lima Molarinho, DJE 12.01.2009).

EMENTA: AGRAVO DE PETIÇÃO DA UNIÃO – 2ª EXECUTADA. REDIRECIONAMENTO DA EXECUÇÃO CONTRA A RESPONSÁVEL SUBSIDIÁRIA, ORA AGRAVANTE. O insucesso da execução em face da empresa prestadora, com a condenação subsidiária da tomadora, faculta o redirecionamento da execução contra esta, sem a necessidade de primeiro ser promovida a execução contra os sócios daquela, notadamente quando a agravante, principal interessada, não aponta bens livres da prestadora, hábeis a garantir a execução. Havendo devedora subsidiária, não há razão para se proceder à desconsideração da pessoa jurídica do devedor principal, até por questão de celeridade processual.

Agravo de petição não provido. (TRT 4ª Região, AP 01009-1996-018-04-00-5, Ac. 2ª T, Rel. Juíza Denise Pacheco).

EMENTA: RESPONSABILIDADE SUBSIDIÁRIA. DESCONSIDERAÇÃO DA PERSONALIDADE JURÍDICA DO DEVEDOR PRINCIPAL. MOMENTO APROPRIADO. Não se cogita de direcionar a execução aos sócios de devedor principal enquanto o exequente possui um título judicial que condena o agravante a responder subsidiariamente pela execução. O inadimplemento por parte da devedora principal, pessoa jurídica, é suficiente para que se exija o cumprimento do título pela devedora subsidiária, sem que se imponha ao exequente a necessidade de trilhar os meandros da desconsideração da pessoa jurídica da devedora principal. Agravo de petição a que se nega provimento para manter a decisão que determinou o direcionamento da execução ao responsável subsidiário. (TRT 9ª Região, 03677-2003-019-00-6, Rel. Marlene Fuverki Suguimatsu, DJPR 26.08.2008).

EMENTA: AGRAVO DE PETIÇÃO. MOMENTO DE EXECUTAR O DEVEDOR SUBSIDIÁRIO. Não há que se falar em benefício de ordem do devedor subsidiário em relação aos administradores da devedora principal, em razão da desconsideração da personalidade jurídica da segunda. Com efeito, para atribuição da responsabilidade subsidiária pelos débitos da empregadora condenada é necessária a integração à lide do responsável subsidiário desde a fase de conhecimento, nos termos da Súmula 331, IV, do TST, como de fato ocorreu nos autos. Como se depreende do entendimento consagrado pela Súmula 331, item IV, do TST, basta o inadimplemento da obrigação trabalhista pelo prestador de serviços, devedor principal, para se configurar a responsabilidade subsidiária do tomador dos serviços, exigindo-se, para deflagrar a execução contra ele, apenas que haja participado da relação processual e conste do título executivo judicial. Nesse diapasão, a finalidade básica da responsabilidade subsidiária é reforçar a garantia do pagamento do crédito trabalhista, de natureza alimentar, razão pela qual não pode o trabalhador aguardar todas as possibilidades de recebimento do devedor principal ou de seus sócios, para atender a interesse do tomador dos serviços, que já se beneficiou da atividade despendida pelo trabalhador, sendo certo que o princípio tuitivo do Direito Trabalhista é voltado para o trabalhador e não para o beneficiário de seus serviços. Assim, restando insolvente a devedora principal, a execução deve ser dirigida ao responsável subsidiário, ao qual é garantido o direito regressivo na esfera cível, não havendo que se falar em execução, em primeiro lugar, dos administradores da empregadora. (TRT 3ª Região, 00532-2006-101-03-00-9, Rel. Maria Cecília Alves Pinto, DJMG 30.01.2008).

45. É possível levar a sentença trabalhista condenatória a protesto extrajudicial no Cartório de Títulos e Documentos?

Sim. É medida prevista para a execução definitiva.

Fundamento legal: Lei nº 9.492/97, art. 1º;[142] CPC, art. 517;[143] Ofício Circular SECOR nº 0644/2009/TRT4.[144]

Doutrina:
Maria Inês Corrêa de Cerqueira César Targa:

O protesto extrajudicial previsto pela Lei nº 9.492/97 compreende quaisquer títulos e documentos que representem dívidas certas, líquidas e exigíveis, destacando-se as sentenças judiciais. Determinar o protesto extrajudicial de sentenças transitadas em julgado não se mostra um contrassenso, mas atitude que pode acarretar grande repercussão quanto ao pagamento mais célere dos valores executados nas Varas do Trabalho.[145]

Guilherme Rizzo Amaral:

Sem discriminar as espécies de títulos sujeitos ao protesto, a definição foi ampla o suficiente para se passar a admitir o protesto de títulos *judiciais*, o que passou a ser contemplado em decisões de diversos tribunais e, inclusive, em normativas internas. O atual CPC passa a prever expressamente o protexto de decisão judicial transitada em julgado, estabelecendo seu procedimento. A referência aos *termos da lei* diz justamente com a legislação especial sobre protesto de títulos (Lei nº 9.492/1997).[146]

---

[142] Lei nº 9.492/97: Art. 1º. Protesto é o ato formal e solene pelo qual se prova a inadimplência e o descumprimento de obrigação originária *em títulos e outros documentos da dívida*.

[143] CPC: Art. 517. A decisão judicial transitada em julgado poderá ser levada a protesto, nos termos da lei, depois de transcorrido o prazo para pagamento voluntário previsto no art. 523.

[144] A Corregedoria Regional do TRT da 4ª Região, no Ofício Circular SECOR nº 0644/2009, orienta os juízes quanto ao preenchimento de certidão de crédito trabalhista, destinada a instruir protesto extrajudicial de sentença trabalhista e o faz "considerando a possibilidade de realização de protesto de sentença trabalhista perante os Tabelionatos de Protestos de Títulos, nos termos da Lei nº 9.492/1997, por falta de pagamento ou para fins falimentares". Consideração que adota com base no estudo realizado no Expediente nº 002989/2009 da DGCJ (Direção Geral de Coordenação Judiciária), órgão de assessoria do TRT4.

[145] TARGA, Maria Inês Corrêa de Cerqueira César. O protesto extrajudicial de sentença trabalhista determinado pelo magistrado ex officio: um contrassenso? *RDT*, v. 15, n. 1, 2009. p. 21-24.

[146] AMARAL, Guilherme Rizzo. *Comentários às alterações do novo CPC*. São Paulo: RT, 2015. p. 624.

Jurisprudência do TRT4:

EMENTA: AGRAVO DE PETIÇÃO. EXPEDIÇÃO DE CERTIDÃO DE CRÉDITO E DE OFÍCIOS AOS CARTÓRIOS PARA QUE SEJA EFETUADO O PROTESTO DA SENTENÇA. Direito do credor-exequente à certidão de crédito. Cabível o protesto do título judicial nos termos da Lei nº 9.492/97. Parte beneficiária da assistência judiciária gratuita. Dispensa do pagamento de emolumentos. Aplicação do Provimento nº 14/08 da CGJ. (TRT 4ª Região, Proc. 00222-1999-023-04-00-8, Rel. Des. Maria Inês Cunha Dornelles, 18.06.2008).

EMENTA: PROTESTO DE TÍTULO EXECUTIVO JUDICIAL. Não havendo óbice legal, conforme art. 1º da Lei nº 9.492/97, cabível o protesto notarial de título executivo judicial. (TRT 4ª Região, Proc. 01873-2007-702-04-00-2, Rel. Des. Denise Maria de Barros, 06.11.2008).

Jurisprudência cível:

EMENTA: PROTESTO DE TÍTULO. A sentença judicial advinda da justiça do trabalho, ainda que em execução – pode ser alvo de protesto. O ato notarial de protesto não se restringe aos títulos cambiais, aludindo a lei a "outros documentos". Os efeitos do ato de protesto são, entre outros, o de publicidade, o que a execução judicial não gera, cuidando-se de exercício regular de direito do credor. Voto vencido. Desprovimento do recurso, por maioria. (TJRS, Apelação Cível 598165728, 6ª Câmara Cível, Rel. Décio Antônio Erpen, julgado em 25.11.1998).

EMENTA: AÇÃO CAUTELAR DE SUSTAÇÃO DE PROTESTO. AÇÃO ANULATÓRIA. TÍTULO JUDICIAL. Mostra-se possível o protesto de sentença, título judicial, eis que a hipótese está prevista na legislação atinente. É improcedente ação que visa a anulação da sentença judicial trânsita em julgado. Sentença mantida. Apelo improvido. (TJRS, Apelação Cível 70001135185, 16ª Câmara Cível, Rel. Ana Beatriz Iser, julgado em 09.05.2001).

EMENTA: AGRAVO DE INSTRUMENTO. AÇÃO CAUTELAR DE SUSTAÇÃO DE PROTESTO. PROTESTO DE TÍTULO JUDICIAL. POSSIBILIDADE. (TJRS, Agravo de Instrumento nº 70004535365, 13ª Câmara Cível, Rel. Marco Aurélio de Oliveira Canosa, julgado em 12.09.2002).

46. O credor hipotecário pode adjudicar o bem penhorado pelo credor trabalhista?

Não.

Fundamento legal: CTN, art. 186.[147]

Doutrina:
Francisco Antônio de Oliveira:

Em se cuidando de crédito trabalhista, não poderá o credor hipotecário usar do favor legal contido nos arts. 1.483, parágrafo único, do CC e 714, §1º, do CPC (revogado pela Lei nº 11.382/2006), e pedir a adjudicação do bem, posto que a tanto se opõe a preferência do crédito trabalhista (art. 186, CTN). A permissão legal (art. 1.483, parágrafo único) somente terá lugar em se cuidando de execução que não envolva créditos preferenciais (acidentário – art. 83, I, Lei nº 11.101/2005 (LF) –, trabalhista e executivos fiscais), pena de frustrar-se a execução.[148]

47. É possível redirecionar a execução contra outra(s) empresa(s) do grupo econômico quando a empresa empregadora não tem bens? Mesmo quando essa outra empresa do grupo não participou da fase de cognição?

Sim.

Fundamento legal: CLT, art. 2º, §2º.[149]

Doutrina:
Francisco Antônio de Oliveira:

---

[147] CTN: Art. 186. *O crédito tributário prefere a qualquer outro*, seja qual for a natureza ou o tempo da sua constituição, *ressalvados os créditos decorrentes da legislação do trabalho ou do acidente do trabalho.*
[148] OLIVEIRA, Francisco Antônio de. *Execução na Justiça do Trabalho.* 6. ed. São Paulo: RT, 2007. p. 163.
[149] CLT: Art. 2º [...].
§2º. Sempre que uma ou mais empresa, tendo, embora, cada uma delas, personalidade jurídica própria, estiverem sob a direção, o controle ou a administração de outra, constituindo grupo industrial, comercial ou de qualquer outra atividade econômica, serão, para os efeitos da relação de emprego, solidariamente responsáveis a empresa principal e cada uma das subordinadas.

Segundo a lei, empregador é a empresa (art. 2º), do que resulta que o crédito trabalhista está garantido pelo patrimônio ou pelo complexo patrimonial que adorna a empresa. Em se mostrando inidônea econômica e financeiramente a empresa contratante, participante de grupo econômico, a penhora poderá recair sobre bens de outra empresa do grupo, posto que a garantia prevista no §2º do art. 2º da CLT é econômica, e não processual. Em boa hora, a Súmula 205 foi cassada pela Res. TST 121/2003. A jurisprudência ali cristalizada pela maior Corte trabalhista exigia, para a execução de outras empresas do grupo, que fossem colocadas no pólo passivo e participassem dos limites subjetivos da coisa julgada. A exigência causava maus-tratos ao art. 2º, §2º, da CLT, e durante mais de duas décadas esteve a viger com reflexos deletérios para a execução trabalhista.[150]

Jurisprudência:

EMENTA: PENHORA. GRUPO ECONÔMICO. Válida a penhora realizada sobre bem de integrante do grupo econômico ao qual pertence a reclamada, ainda que não tenha participado da relação processual na fase cognitiva, em face da norma do art. 2º, §2º, da CLT e do art. 4º da Lei nº 6.830/80 (Lei dos Executivos Fiscais). (TRT 4ª Região, AP 50017.921/98, Ac. 1ª Turma, 22.3.2000, Rel. Juíza Maria Helena Malmann Sulzbach, DOE 10.04.2000).

EMENTA: EXECUÇÃO. GRUPO DE EMPRESAS. SOLIDARIEDADE. As integrantes de grupo econômico estão ligadas, em face dos créditos trabalhistas dos empregados de qualquer das empresas, por um vínculo de solidariedade, conforme expressamente previsto no §2º do art. 2º da CLT. Essa solidariedade, de acordo com o entendimento da melhor doutrina e jurisprudência, não é de natureza eminentemente formal--processual, mas material-econômica, e se assenta na constatação de que a prestação de serviços a uma empresa aproveita, ainda que indiretamente, a todo o conglomerado. O argumento de que não compôs o pólo passivo da demanda, em sua fase de conhecimento, não pode ser proveitosamente invocado pela integrante do grupo econômico compelida a responder pela execução. Como responsável solidária, sua condição em face do reclamante é a de co-devedora, encontrando-se geneticamente vinculada à obrigação reconhecida pelo título executivo judicial. Nesse contexto, detém legitimação primária para a execução, o que significa que responde com seu patrimônio pela satisfação do débito, independentemente de não ter sido citada para contestar a

---

[150] OLIVEIRA, Francisco Antônio de. *Execução na Justiça do Trabalho*. 6. ed. São Paulo: RT, 2007. p. 187.

reclamação e participar dos demais trâmites da fase cognitiva. (TRT 2ª Região, RO 9.936/2000, Ac. 8ª Turma, 22.05.2000, Rel. Juíza Wilma Nogueira de Araújo Vaz da Silva, DOE 13.06.2000).

48. A existência de grupo econômico é provada apenas por meio de prova documental?

Não.

É possível provar a existência de grupo econômico por outros meios de prova?

Sim.

Fundamento legal: CPC, arts. 369 e 375.[151]

Doutrina:
Maurício Godinho Delgado:

> No que diz respeito à dinâmica probatória do grupo econômico (ao menos no tocante à fase de conhecimento), não há prova preconstituída imposta pela lei à evidência dessa figura justrabalhista. Quaisquer meios lícitos de prova são hábeis a alcançar o objetivo de demonstrar a configuração real do grupo (arts. 332 e 335, CPC). Negada, contudo, a existência do grupo, mantém-se com o autor da ação o ônus de evidenciar o fato constitutivo de seu direito (arts. 818, CLT; art. 333, I, CPC).[152]

---

[151] CPC: Art. 369. As partes têm o direito de empregar todos os meios legais, bem como os moralmente legítimos, ainda que não especificados neste Código, para provar a verdade dos fatos em que se funda o pedido ou a defesa e influir eficazmente na convicção do juiz. Art. 375. O juiz aplicará as regras da experiência comum subministradas pela observação do que ordinariamente acontece e, ainda, as regras de experiência técnica, ressalvado, quanto a estas, o exame pericial.

[152] DELGADO, Maurício Godinho. *Curso de Direito do Trabalho.* 10. ed. São Paulo: LTr, 2011. p. 405.

49. Quando se caracteriza a sucessão trabalhista?

Fundamento legal: CLT, arts. 10[153] e 448.[154]

Doutrina:
Maurício Godinho Delgado:

Conforme já exposto, a generalidade e a imprecisão dos arts. 10 e 448 da CLT têm permitido à jurisprudência proceder a uma adequação do tipo legal sucessório a situações fático-jurídicas novas surgidas no mercado empresarial dos últimos anos no país. Essas situações novas, que se tornaram comuns no final do século XX, em decorrência da profunda reestruturação do mercado empresarial brasileiro (em especial mercado financeiro, de privatizações e outros segmentos), conduziram a jurisprudência a reler os dois preceitos celetistas, encontrando neles *um tipo legal mais amplo do que o originalmente concebido pela doutrina e pela jurisprudência dominantes*. Para essa nova interpretação, o sentido e os objetivos do instituto sucessório trabalhista residem na garantia de que *qualquer mudança* intra ou interempresarial *não poderá afetar* os contratos de trabalho (arts. 10 e 448 da CLT). *O ponto central do instituto passa a ser qualquer mudança intra ou interempresarial significativa que possa afetar os contratos empregatícios. Verificada tal mudança, operar-se-ia a sucessão trabalhista* – independentemente da continuidade efetiva da prestação laborativa. (itálicos no original).[155]

50. A subsistência de empresa sucedida descaracteriza a sucessão trabalhista?

Não.

Fundamento legal: CLT, arts. 10[156] e 448.[157]

---

[153] CLT: Art. 10. Qualquer alteração na estrutura jurídica da empresa não afetará os direitos adquiridos por seus empregados.
[154] CLT: Art. 448. A mudança na propriedade ou na estrutura jurídica da empresa não afetará os contratos de trabalho dos respectivos empregados.
[155] DELGADO, Maurício Godinho. *Curso de Direito do Trabalho*. 10 ed. São Paulo: LTr, 2011. p. 408-409.
[156] CLT: Art. 10. Qualquer alteração na estrutura jurídica da empresa não afetará os direitos adquiridos por seus empregados.
[157] CLT: Art. 448. A mudança na propriedade ou na estrutura jurídica da empresa não afetará os contratos de trabalho dos respectivos empregados.

Doutrina:
Alice Monteiro de Barros:

A sucessão pode ser total, abrangendo a empresa como organização de trabalho alheio, ou parcial, restringindo-se apenas a um de seus estabelecimentos. Logo, para que haja sucessão, não é necessário que a empresa sucedida desapareça.[158]

51. A sucessão trabalhista caracteriza-se mesmo quando apenas um segmento produtivo é transferido para o novo empreendedor?

Sim.

Fundamento legal: CLT, arts. 10[159] e 448.[160]

Doutrina:
Paulo Emílio Ribeiro de Vilhena:

Partindo-se do suposto de que a *sucessão* trabalhista configura-se com a continuidade da prestação de serviço dos trabalhadores ou com a sua passagem para a empresa *sucessora*, pouco importa se tenha consumado a transferência de toda uma empresa ou de apenas parte dela: a sucessão pode ser total ou no estabelecimento ou *até em uma linha, ou um fio de atividade de uma empresa para outra*. Não se desconceitua por isso. (italizei).[161]

52. A sucessão trabalhista caracteriza-se mesmo quando os empregados da empresa sucedida não tenham trabalhado para a empresa sucessora?

Sim.

---

[158] BARROS, Alice Monteiro de. *Curso de Direito do Trabalho*. 7. ed. São Paulo: LTr, 2011. p. 310.
[159] CLT: Art. 10. Qualquer alteração na estrutura jurídica da empresa não afetará os direitos adquiridos por seus empregados.
[160] CLT: Art. 448. A mudança na propriedade ou na estrutura jurídica da empresa não afetará os contratos de trabalho dos respectivos empregados.
[161] VILHENA, Paulo Emílio Ribeiro de. *Relação de emprego*: estrutura legal e supostos. 3. ed. São Paulo: LTr, 2005. p. 330.

Fundamento legal: CLT, arts. 10[162] e 448.[163]

Doutrina:

Alice Monteiro de Barros:

Este último requisito não é imprescindível para que haja sucessão, pois poderá ocorrer que o empregador dispense seus empregados antes da transferência da empresa ou estabelecimento, sem lhes pagar os direitos sociais. Nesse caso, a continuidade do contrato de trabalho foi obstada pelo sucedido, podendo o empregado reivindicar seus direitos do sucessor, pois, ao celebrar o ajuste, não se vinculou à pessoa física do titular da empresa, mas a esta última, que é o organismo duradouro.[164]

Maurício Godinho Delgado:

Conforme já exposto, a generalidade e a imprecisão dos arts. 10 e 448 da CLT têm permitido à jurisprudência proceder a uma adequação do tipo legal sucessório a situações fático-jurídicas novas surgidas no mercado empresarial dos últimos anos no país. Essas situações novas, que se tornaram comuns no final do século XX, em decorrência da profunda reestruturação do mercado empresarial brasileiro (em especial mercado financeiro, de privatizações e outros segmentos), conduziram a jurisprudência a reler os dois preceitos celetistas, encontrando neles *um tipo legal mais amplo do que o originalmente concebido pela doutrina e pela jurisprudência dominantes*. Para essa nova interpretação, o sentido e os objetivos do instituto sucessório trabalhista residem na garantia de que *qualquer mudança* intra ou interempresarial *não poderá afetar* os contratos de trabalho (arts. 10 e 448 da CLT). *O ponto central do instituto passa a ser qualquer mudança intra ou interempresarial significativa que possa afetar os contratos empregatícios. Verificada tal mudança, operar-se-ia a sucessão trabalhista* – independentemente da continuidade efetiva da prestação laborativa (itálicos no original).[165]

---

[162] CLT: Art. 10. Qualquer alteração na estrutura jurídica da empresa não afetará os direitos adquiridos por seus empregados.

[163] CLT: Art. 448. A mudança na propriedade ou na estrutura jurídica da empresa não afetará os contratos de trabalho dos respectivos empregados.

[164] BARROS, Alice Monteiro de. *Curso de Direito do Trabalho*. 7. ed. São Paulo: LTr, 2011. p. 308.

[165] DELGADO, Maurício Godinho. *Curso de Direito do Trabalho*. 10. ed. São Paulo: LTr, 2011. p. 408-409.

53. É possível sustentar a existência de responsabilidade solidária entre empresa sucessora e empresa sucedida?

Sim. Para créditos constituídos *antes* do trespasse do estabelecimento.

Fundamento legal: Lei nº 6.830/80, art. 4º, V e VI[166] c/c CC, art. 1.146;[167] aplicação subsidiária do direito comum ao direito do trabalho (CLT, art. 8º, parágrafo único).

Com o advento do Código Civil de 2002, o instituto jurídico do *estabelecimento* recebeu novo tratamento legal (arts. 1.142/1.149). Sob inspiração dos princípios da socialidade e da eticidade, o Código Civil de 2002 dispôs acerca do *estabelecimento* e, ao tratar do denominado trespasse do estabelecimento, fixou responsabilidade solidária entre o sucessor e o sucedido pelos débitos anteriores à transferência:

> Art. 1.146. O adquirente do estabelecimento responde pelo pagamento dos débitos anteriores à transferência, desde que regularmente contabilizados, continuando o devedor primitivo solidariamente obrigado pelo prazo de 1 (um) ano, a partir, quanto aos créditos vencidos, da publicação, e, quanto aos outros, da data do vencimento.

Inspirado pelos princípios da socialidade e da eticidade, o citado dispositivo do Código Civil dá concretude à função social da propriedade, ao impedir que o negócio privado de trespasse do estabelecimento prejudique terceiros.

Pergunta-se: o art. 1.146 do CC é aplicável subsidiariamente ao Direito do Trabalho?

Uma vez que os arts. 10 e 448 da CLT não excluem a responsabilidade do empregador sucedido, a pergunta formulada remete à norma do parágrafo único do art. 8º da CLT:

---

[166] Lei nº 6.830/80: Art. 4º. A execução fiscal poderá ser promovida contra:
[...]
V – o responsável, nos termos da lei, por dívida tributária ou não, de pessoas físicas ou pessoas jurídicas de direito privado;
VI – os sucessores a qualquer título.

[167] CC: Art. 1.146. O adquirente do estabelecimento responde pelo pagamento dos débitos anteriores à transferência, desde que regularmente contabilizados, continuando o devedor primitivo solidariamente obrigado pelo prazo de 1 (um) ano, a partir, quanto aos créditos vencidos, da publicação, e, quanto aos outros, da data do vencimento.

Art. 8º. [...]
Parágrafo único. O direito comum será fonte subsidiária do direito do trabalho, naquilo em que não for incompatível com os princípios fundamentais deste.

A resposta há de ser positiva, pois o art. 1.146 do Código Civil encerra saneadora norma para o dinâmico mundo dos negócios privados, norma essa compatível com os princípios fundamentais do Direito do Trabalho.

O princípio da proteção é o princípio reitor do Direito do Trabalho (Américo Plá Rodriguez), e a solidariedade prevista na norma do art. 1.146 do Código Civil confere maior proteção ao crédito trabalhista, entendimento que está em harmonia com o fundamento constitucional da valorização social do trabalho (CF, art. 1º, IV).[168]

Por derradeiro: não se pode imaginar que simples créditos quirografários estejam protegidos pela solidariedade passiva no caso de trespasse do estabelecimento, enquanto que o privilegiado crédito trabalhista (CTN, art. 186)[169] ficasse privado dessa tutela assegurada aos credores em geral (CC, art. 1.146).

54. É possível redirecionar a execução contra o sucessor que não participou da fase de conhecimento do processo?

Sim.

Fundamento legal: CLT, arts. 10[170] e 448[171] c/c Lei nº 6.830/80, art. 4º, V e VI[172] (CLT, art. 889).[173]

---

[168] CF: Art. 1º. A República Federativa do Brasil, formada pela união indissolúvel dos Estados e Municípios e do Distrito Federal, constitui-se em Estado Democrático de Direito e tem como fundamentos:
[...]
IV – os valores sociais do trabalho e da livre iniciativa;
[169] CTN: Art. 186. O crédito tributário prefere a qualquer outro, seja qual for a natureza ou o tempo da sua constituição, ressalvados os créditos decorrentes da legislação do trabalho ou do acidente do trabalho.
[170] CLT: Art. 10. Qualquer alteração na estrutura jurídica da empresa não afetará os direitos adquiridos por seus empregados.
[171] CLT: Art. 448. A mudança na propriedade ou na estrutura jurídica da empresa não afetará os contratos de trabalho dos respectivos empregados.
[172] Lei nº 6.830/80: Art. 4º. A execução fiscal poderá ser promovida contra:
[...]

Tal redirecionamento não viola o devido processo legal?

Não.

Doutrina:

Manoel Antônio Teixeira Filho:

Estando a sucessão cabalmente comprovada nos autos, a execução será promovida contra a sucessora (ou contra ela prosseguirá, conforme seja a época em que o fato sucessório ocorreu), pouco importando que esta não tenha participado do processo de conhecimento. O direito constitucional de resposta (CF, art. 5º, LV) – que se revela no âmbito processual sob a forma da garantia de ampla defesa – foi nessa hipótese respeitado, pois no processo cognitivo se ofereceu à ré (empregadora primitiva), oportunidade para defender-se amplamente (assim se está a pressupor em decorrência do preceito constitucional há pouco citado), de modo que, transitada em julgado a sentença condenatória, o adimplemento da obrigação, nela contida, será exigido à sucessora; esta deverá satisfazê-la ou sujeitar-se ao comando sancionatório da sentença, que poderá acarretar a expropriação, total ou parcial, de seus bens patrimoniais.[174]

Valentin Carrion:

O sucessor é responsável pelos contratos já rescindidos, não quitados, ainda que o anterior o dispense da responsabilidade, mesmo que a ação judicial tenha atingido a fase de execução.[175]

Jurisprudência:

EMENTA: Sucessão. Responsabilidade da sucessora. Ocorrendo sucessão de empresas, assume a sucessora os direitos e os encargos da sucedida. Assim, é responsável pela satisfação dos haveres dos empregados

---

V – o responsável, nos termos da lei, por dívidas, tributárias ou não, de pessoas físicas ou pessoas jurídicas de direito privado; e
VI – os sucessores a qualquer título.

[173] CLT: Art. 889. Aos trâmites e incidentes do processo de execução são aplicáveis naquilo em que não contravierem ao presente Título, os preceitos que regem o processo dos executivos fiscais para a cobrança judicial da dívida ativa da Fazenda Pública Federal.

[174] TEIXEIRA FILHO, Manoel Antônio. *Curso de Direito Processual do Trabalho*. São Paulo: LTr, 2009. v. III, p. 1925.

[175] CARRION, Valentin. *Comentários à consolidação das leis do trabalho*. 34. ed. São Paulo: Saraiva, 2009. p. 72.

a sucessora, mesmo que não tenha participado como parte do pólo passivo da reclamação trabalhista. A responsabilidade da sucedida, que participou do processo em sua fase de conhecimento, pode ser apurada pela via da ação regressiva. (TRT da 9ª Região, 1ª Turma, Agravo de Petição 675/89, Rel. Juiz Silvonei Sérgio Piovesan, DJ/PR 18.05.1990. p. 79, pesquisado na obra *Dicionário de Decisões Trabalhistas*, de Calheiros Bomfim e Silvério dos Santos, 23ª edição, Edições Trabalhistas, Rio de Janeiro, 1989. p. 703, Ementa 4.919).

EMENTA: O sucessor, a qualquer tempo que suceda, no campo do direito do trabalho, responde pelos encargos trabalhistas ainda que resultantes de relação de trabalho extinta antes da sucessão. Assim o sucessor não é terceiro, mas a continuidade do próprio empregador com que se estabeleceu a relação de emprego. Destarte, não se pode dizer que não participou do devido processo legal. (TST, E-RR 475.621/1998-2, Rel. Min. José Luiz Vasconcelos, DJU 26.11.1999. p. 41, pesquisado na obra *Sucessão Trabalhista*, de Cleber Lúcio de Almeida. Belo Horizonte: Editora Inédita, 2000. p. 83).

Tal redirecionamento não contraria a Súmula 205 do TST?

Não. A súmula não se aplicava à sucessão de empregadores; aplicava-se ao grupo econômico, e contra boa parte da doutrina.[176] E acabou sendo cancelada em 2003.[177]

Doutrina:
Arion Sayão Romita:

[...] essa regra não se aplica à hipótese de sucessão. É certo que o sucessor pode não ter participado da relação processual como reclamado e, em consequência, não constará no título executivo judicial. Responderá ele, de qualquer forma, na execução, em face do fato objetivo da sucessão, não constituindo óbice à legitimidade passiva do sucessor o fato processual cogitado (não constar o sucessor no título executivo judicial).[178]

---

[176] OLIVEIRA, Francisco Antônio de. *Comentários às Súmulas do TST*. 9. ed. São Paulo: RT, 2008. p. 420: "Desde sua edição, criticamos a Súmula pelo retrocesso. Neutralizava expressamente o art. 2º, §2º, da CLT. Pior: dava tratamento civilista a tema trabalhista, dificultando a execução. A cassação desta Súmula deve ser comemorada".

[177] A Resolução Administrativa nº 123/2003 do TST, DJ 21.11.2003 cancelou a Súmula 205 do TST.

[178] ROMITA, Arion Sayão. Sucessão de empresa: assunção pelo sucessor da responsabilidade trabalhista e previdenciária do sucedido. *Revista Gênesis*, n. 37, p. 470, jan. 1996.

Jurisprudência:

EMENTA: EXECUÇÃO. SUCESSOR. GRUPO ECONÔMICO. O sucessor é parte legítima *ad causam* passiva na execução, ainda que não tenha sido parte na ação. O Enunciado 205 desta Corte refere-se à hipótese de grupo econômico e não à sucessão. (TST, RR 180.560/95.8, Rel. Min. Vantuil Abdala, DJU 09.05.1997. p. 18560).

Oportunidade de defesa: citada, a sucessora terá oportunidade de defesa por ocasião dos embargos à execução (CLT, art. 884, *caput*),[179] após a garantia do juízo pela penhora. Poderá negar a existência de sucessão trabalhista, matéria que então será objeto de exame em sentença (CLT, art. 884, §4º).[180] A necessidade de produção de prova oral em audiência será deliberada pelo juiz, considerada a (in)suficiência da prova documental produzida para a instrução da controvérsia. Admite-se a utilização de embargos de terceiro, quando é negada a existência de sucessão trabalhista.

55. É possível redirecionar a execução contra o sucedido que não participou da fase de conhecimento do processo?

Sim. Quanto à dívida do período contratual *anterior* à sucessão.

Fundamento legal: Lei nº 6.830/80, art. 4º, V[181] c/c CC, art. 1.146.[182]

Doutrina:
Cleber Lúcio de Almeida:

Por outro lado, ajuizada a ação contra o sucessor e verificada, na execução, que o patrimônio da empresa permaneceu em poder do

---

[179] CLT: Art. 884. Garantida a execução ou penhorados os bens, terá o executado 5 (cinco) dias para apresentar embargos, cabendo igual prazo ao exequente para a impugnação.
[180] CLT: Art. 884 [...]
§4º. Julgar-se-ão na mesma sentença os embargos e as impugnações à liquidação apresentadas pelos credores trabalhista e previdenciário.
[181] Lei nº 6.830/80: Art. 4º. A execução fiscal poderá ser promovida contra:
[...]
V – o responsável, nos termos da lei, por dívidas, tributárias ou não, de pessoas físicas ou pessoas jurídicas de direito privado;
[182] CC: Art. 1.146. O adquirente do estabelecimento responde pelo pagamento dos débitos anteriores à transferência, desde que regularmente contabilizados, continuando o devedor primitivo solidariamente obrigado pelo prazo de 1 (um) ano, a partir, quanto aos créditos vencidos, da publicação, e, quanto aos outros, da data do vencimento.

sucedido, podem os bens deste ser penhorados. Responde o sucedido, nesta situação, como detentor da garantia da satisfação dos créditos trabalhistas da empresa da qual era proprietário, qual seja, seu patrimônio. Dir-se-á que quem não é parte e não figura no título executivo, não pode sofrer os efeitos da execução. Ocorre que a penhora recai sobre o patrimônio da empresa (CPC, art. 591). É o patrimônio da empresa, então, que sofre os efeitos da execução.[183]

Maurício Godinho Delgado:

[...] a jurisprudência também tem inferido do texto genérico e impreciso dos arts. 10 e 448 da CLT a existência de *responsabilidade subsidiária* do antigo empregador pelos valores resultantes dos respectivos contratos de trabalho, desde que a modificação ou a transferência empresariais tenham sido aptas a *afetar* (arts. 10 e 448) os contratos de trabalho. Ou seja, *as situações de sucessão trabalhista propiciadoras de um comprometimento das garantias empresariais deferidas aos contratos de trabalho seriam, sim, aptas a provocar a incidência da responsabilidade subsidiária da empresa sucedida* (grifos no original).

Como é evidente, deverá ser assegurado ao sucedido o contraditório, através de embargos à execução (ou de terceiro).[184]

56. O que fazer quando caracterizada a figura do depositário infiel?

1. caso se entenda pela *viabilidade* da prisão civil do depositário infiel apesar da decisão adotada pelo STF no *Habeas Corpus*-92566 e da Súmula Vinculante nº 25, de 16.12.2009:
   - expedir mandado de intimação para a apresentação do bem penhorado ou depósito do valor equivalente, sob pena de prisão civil do depositário infiel. Nada obstante a decisão adotada pelo STF no *Habeas Corpus*-92566, pela inviabilidade de prisão civil de depositário judicial infiel, o TRT de Minas Gerais recentemente negou *habeas corpus* a depositário infiel, argumentando que a obrigação trabalhista pode ser considerada "obrigação alimentícia" na medida em que o texto constitucional (art. 5º, LXVII) não limitou o sentido daquela expressão: "Vale lembrar que,

---

[183] ALMEIDA, Cleber Lúcio de. *Execução trabalhista*. Belo Horizonte: Inédita, 2000. p. 84.
[184] DELGADO, Maurício Godinho. *Curso de Direito do Trabalho*. 10. ed. São Paulo: LTr, 2011. p. 419.

se permanece inconteste a possibilidade de prisão civil do devedor de pensão alimentícia, com muito mais razão esta se faz imperiosa, no caso dos créditos trabalhistas, por força da natureza transindividual do direito que, nestes casos, a medida coercitiva, geralmente, visa assegurar. Afinal, o salário do trabalhador é, não raro, a única fonte de recursos que garantem a sobrevivência de famílias inteiras – de forma que, aqui, a atuação jurisdicional, firme e impositiva, faz-se urgente, em razão da maior amplitude das implicações sociais e econômicas do inadimplemento do devedor de prestação alimentícia. (TRT-MG, HC-Proc nº 01079-2009-000-03-00-6, 13.10.2009); a Súmula Vinculante 25 do STF, de 16.12.2009, ratificou a orientação adotada pelo Supremo no *Habeas Corpus*-92566;

2. caso se entenda pela *inviabilidade* da prisão civil do depositário infiel em razão da orientação adotada na Súmula Vinculante 25 do STF:

a) expedir mandado de busca e apreensão do bem penhorado e/ou de arresto e remoção de bens suficientes do depositário para cobrir o valor do bem desaparecido, para alienação judicial, com prisão de quem resistir à ordem judicial (CP, art. 329);[185]

b) oficiar ao Ministério Público Federal, solicitando o enquadramento do depositário no crime de desobediência (CP, art. 330).[186]

Doutrina:
Francisco Antônio de Oliveira:

Tem-se, assim, no caso concreto, [que] se a parte se negar a restituir o bem, cabe ao juiz determinar imediatamente a busca e a apreensão, com a prisão de quem resistir. Esta ordem de prisão nada tem a ver com a infidelidade do depositário, mas com a resistência em entregar o bem (art. 329, CP). Se o bem desapareceu em poder do depositário

---

[185] CP, Art. 329. Opor-se à execução de ato legal, mediante violência ou ameaça a funcionário competente para executá-lo ou a quem lhe esteja prestando auxílio: Pena – detenção, de 2 (dois meses) a 2 (dois) anos.

[186] CP, Art. 330. Desobedecer a ordem legal de funcionário público: Pena – detenção, de 15 (quinze) dias a 6 (seis) meses, e multa.

(proprietário do bem ou terceiro), deve o juiz determinar o arresto e a remoção de tantos bens quantos bastem para cobrir o valor do bem desaparecido, os quais serão posteriormente levados à hasta pública. Todas essas providências serão tomadas sem prejuízo de o procedimento do depositário infiel ser enquadrado no crime de desobediência, a critério do Ministério Público (art. 330, CP).[187]

57. É legal a imediata remoção dos bens móveis penhorados?

Sim.

Fundamento legal: Lei nº 6.830/80, art. 11, §3º;[188] CPC, art. 840;[189] Lei nº 8.212/91, art. 98, §10.[190]

Doutrina:
Wagner D. Giglio: "Penhora significa *apreensão judicial* de determinados bens do executado, para que, [...], seja satisfeita a condenação".[191]

Araken de Assis:

Como é ato executivo por excelência, a penhora se materializa pelo *desapossamento da res pignorata*, vale dizer, 'mediante a apreensão e o depósito dos bens' (art. 664, *caput*), e a *sumária destituição do executado da posse*.[192]

---

[187] OLIVEIRA, Francisco Antônio de. O depositário infiel na nova visão do STF: outros temas especiais em sede executória. *Revista LTr*, ano 73, n. 9, p. 1031, set. 2009.
[188] Lei nº 6.830/80: Art. 11, §3º: O Juiz *ordenará a remoção do bem penhorado* para depósito judicial, particular ou da Fazenda Pública exequente, sempre que esta o requerer, em qualquer fase do processo.
[189] CPC: Art. 840. Serão preferencialmente depositados:
II - os móveis, os semoventes, os imóveis urbanos e os direitos aquisitivos sobre imóveis urbanos, em poder do depositário judicial;
[190] Lei nº 8.212/91: Art. 98.
§10: O leiloeiro oficial, a pedido do credor, poderá ficar como fiel depositário dos bens e *realizar a respectiva remoção*.
[191] GIGLIO, Wagner D. *Direito Processual do Trabalho*. 16. ed. São Paulo: Saraiva, 2007. p. 550.
[192] ASSIS, Araken de. *Manual da execução*. 11. ed. São Paulo: RT, 2007. p. 621.

Jurisprudência:

EMENTA: PENHORA. REMOÇÃO. ART. 620 DO CPC. A redação dada ao art. 666 do CPC, pela Lei nº 11.332, de 6 de dezembro de 2006, autoriza concluir que *a remoção do bem penhorado tornou-se regra geral*. A ordem de remoção, portanto, não importa em violação ao art. 620 do CPC. (TRT 3ª Região/MG, nº 00797-2005-056-03-00-6 AP, 6ª Turma, Rel. Juiz Antônio Fernando Guimarães, publicado em 19.12.2007).

EMENTA: MANDADO DE SEGURANÇA. PENHORA DE BENS MÓVEIS CORPÓREOS. DETERMINAÇÃO DE RECOLHIMENTO IMEDIATO PELO LEILOEIRO. AUSÊNCIA DE ABUSIVIDADE NO ATO JUDICIAL ATACADO. Não há abusividade no ato judicial por meio do qual são recolhidos de imediato pelo leiloeiro os bens penhorados. Ato em consonância com o disposto nos arts. 664 e 666, II, do CPC. Exceção à regra, de manutenção dos bens na posse do executado (CPC, art. 666, §1º), que não se perfectibiliza quando não são imprescindíveis à manutenção da atividade empresarial, ainda mais quando recalcitrante a postura do devedor no cumprimento das determinações judiciais. (TRT da 4ª Região/RS, nº 0000021-57.2011.5.04.0000 MS, 1ª SDI, Rel. Des. Milton Varela Dutra, 15.04.2011).

58. O sócio que se retira da sociedade continua responsável por mais dois anos?

Sim. Pelas dívidas do período em que era sócio.

Fundamento legal: CC, art. 1.003[193] e art. 1.032.[194]

Doutrina:
Maria Helena Diniz:

---

[193] CC: Art. 1003. A cessão total ou parcial de quota, sem a correspondente modificação do contrato social com o consentimento dos demais sócios, não terá eficácia quanto a estes e à sociedade.
Parágrafo único. Até dois anos depois de averbada a modificação do contrato, responde o cedente solidariamente com o cessionário, perante a sociedade e terceiros, pelas obrigações que tinha como sócio.
[194] CC: Art. 1032. A retirada, a exclusão ou a morte do sócio não o exime, ou a seus herdeiros, da responsabilidade pelas obrigações sociais anteriores até dois anos após averbada a resolução da sociedade, nem nos dois primeiros casos, pelas posteriores e em igual prazo, enquanto não se requerer a averbação.

O sócio retirante da sociedade, ou excluído, ou o herdeiro de sócio falecido, apesar de ter ocorrido a dissolução parcial da sociedade, e o rompimento do vínculo que o prendia à sociedade, não terá a sua exclusão imediata da comunhão social, que subsistirá entre ele e os demais sócios em tudo que for alusivo às obrigações sociais anteriores até dois anos após a averbação da resolução da sociedade. Continuará ativo e passivamente ligado à sociedade até que, nesses dois anos, se liquidem os interesses e as responsabilidades que tiver nos negócios sociais pendentes. Mas, se não providenciou aquela averbação, não estará, durante um biênio, desvinculado das responsabilidades pelas novas operações sociais, posteriores à sua retirada ou exclusão ou à morte do autor da herança.[195]

Ari Pedro Lorenzetti:

Assim, a responsabilidade dos sócios retirantes, atualmente deve observar dois requisitos: a) que a prestação dos serviços tenha ocorrido antes da saída do sócio; b) que o ajuizamento da ação ocorra dentro de dois anos após o desligamento, considerada a data da averbação, mesmo que proposta aquela apenas em face da sociedade. O que deve ser levado em conta, pois, para a aferição da responsabilidade dos sócios retirantes, é a composição societária ao tempo em que se originou o crédito, não o tempo em que este foi reconhecido pela justiça. Por outro lado, desde que a ação tenha sido proposta dentro de dois anos da averbação da retirada, ainda que o sócio não conste do pólo passivo, poderá ser ele responsabilizado pelos créditos pendentes ao tempo de sua saída da sociedade, caso esta, ao tempo da cobrança, não disponha de bens suficientes para a satisfação dos créditos reconhecidos aos trabalhadores. Como o prazo acima mencionado foi estabelecido para o exercício de uma pretensão em face dos ex-sócios, sua natureza é prescricional, e não decadencial. E embora a responsabilidade dos sócios seja apenas subsidiária, a interrupção da prescrição em face da sociedade também os alcança, conforme prevê o art. 204, §1º, do Código Civil. Não afasta tal conclusão o fato de o dispositivo legal citado referir-se aos *devedores solidários*, uma vez que a subsidiariedade é também uma forma de solidariedade (solidariedade imprópria). Por outro lado, prova de que a regra acima deve aplicar-se igualmente aos responsáveis subsidiários é a previsão do §3º do mesmo diploma legal. Não se poderia pretender aplicar a previsão do art. 1.032 do Código Civil de forma diversa, até porque o trabalhador não pode acionar o sócio retirante sem antes tentar receber seu crédito junto à sociedade ou aos sócios atuais. Logo, se a responsabilidade do sócio retirante ficasse condicionada ao ajuizamento da ação diretamente em face dele, dentro de dois anos de seu

---

[195] DINIZ, Maria Helena. *Código Civil anotado*. 8. ed. São Paulo: Saraiva, 2002. p. 614-615.

desligamento da sociedade, o dispositivo legal em questão facilmente se transformaria em letra morta, uma vez que, na quase generalidade dos casos, até que ficasse evidenciada a incapacidade patrimonial da sociedade ou dos sócios atuais, o prazo em questão já teria escoado, em razão de demora processual.[196]

Pedro Paulo Teixeira Manus:

Podemos afirmar que, abstratamente, o ex-sócio, após dois anos da averbação da alteração contratual por sua retirada da sociedade, não mais responde pelas obrigações sociais. Todavia, no caso concreto, pode vir alguém a ser responsabilizado após tal lapso, se se constatar que a dívida com o empregado existia à época em que este ex-sócio pertencia à sociedade. Constatada a impossibilidade de satisfação do débito pela sociedade e pelos atuais sócios, pode este vir a ser chamado à responsabilidade.[197]

Mauro Schiavi:

No nosso sentir, o art. 1003 do Código Civil se aplica ao processo do trabalho, por conter um critério objetivo e razoável de delimitação da responsabilidade do sócio retirante. Não obstante, em casos de fraude ou de notória insolvência da empresa ao tempo da retirada, a responsabilidade do sócio retirante deve persistir por prazo superior a dois anos.[198]

Jurisprudência:

EMENTA: SÓCIO RETIRANTE. RESPONSABILIDADE. A responsabilidade do sócio perdura por dois anos depois de sua retirada do quadro societário. Já decorrido o prazo em questão, não há como atender o pleito do agravante. Agravo parcialmente conhecido e não provido. (TRT 10ª Região, 1ª Turma, AP nº 735/2005.001.10.00-8, Rel. Cilene Ferreira A. Santos, DJ 06.07.2007. p. 2, RDT nº 8, agosto de 2007).

EMENTA: EXECUÇÃO. INEXISTÊNCIA DE BENS DA EMPRESA EXECUTADA. RESPONSABILIDADE DO EX-SÓCIO. LIMITES.

---

[196] LORENZETTI, Ari Pedro. *A responsabilidade pelos créditos trabalhistas*. São Paulo: LTr, 2003. p. 228-229.

[197] MANUS, Pedro Paulo Teixeira. *Execução de sentença no processo do trabalho*. 2. ed. São Paulo: Atlas, 2005. p. 102.

[198] SCHIAVI, Mauro. *Execução no processo do trabalho*. 2. ed. São Paulo: LTr, 2010. p. 142.

Conforme se depreende do preceito contido no art. 1.032 do CCB, aplicável ao Direito do Trabalho por força do art. 8º da CLT, a responsabilidade do ex-sócio limita-se às obrigações sociais anteriores à averbação da alteração contratual referente à sua retirada do quadro societário da empresa, não podendo ser responsabilizado por obrigação posteriormente contraída pela sociedade. (TRT 3ª Região, 2ª Turma, AP nº 1.331/1999.109.03.00-0, Rel. João Bosco P. Lara, DJ 24.01.2007. p. 15, RDT nº 03, março de 2007).

59. O sócio que se retirou da sociedade há mais de dois anos pode ser responsabilizado em caso de fraude ou de insolvência da empresa ao tempo da retirada do sócio?

Sim.

Fundamento legal: CLT, art. 9º.[199]

Doutrina:
Pedro Paulo Teixeira Manus:

Podemos afirmar que, abstratamente, o ex-sócio, após dois anos da averbação da alteração contratual por sua retirada da sociedade não mais responde pelas obrigações sociais. Todavia, no caso concreto, pode vir alguém a ser responsabilizado após tal lapso, se se constatar que a dívida com o empregado existia à época em que este ex-sócio pertencia à sociedade. Constatada a impossibilidade de satisfação do débito pela sociedade e pelos atuais sócios, pode este vir a ser chamado à responsabilidade.[200]

Mauro Schiavi:

No nosso sentir, o art. 1003 do Código Civil se aplica ao processo do trabalho, por conter um critério objetivo e razoável de delimitação da responsabilidade do sócio retirante. Não obstante, em casos de fraude ou de notória insolvência da empresa ao tempo da retirada, a responsabilidade do sócio retirante deve persistir por prazo superior a dois anos.[201]

---

[199] CLT: Art. 9º. Serão nulos de pleno direito os atos praticados com o objetivo de desvirtuar, impedir ou fraudar a aplicação dos preceitos contidos na presente Consolidação.
[200] MANUS, Pedro Paulo Teixeira. *Execução de Sentença no Processo do Trabalho*. 2. ed. São Paulo: Atlas, 2005. p. 102.
[201] SCHIAVI, Mauro. *Execução no processo do trabalho*. 2. ed. São Paulo: LTr, 2010. p. 142.

Jurisprudência:

EMENTA: RESPONSABILIDADE DE EX-SÓCIO – LIMITAÇÃO TEMPORAL. O ex-sócio é parte legítima para responder à execução trabalhista a partir da desconsideração da personalidade jurídica da sociedade. Inexistindo bens da executada para garantir a execução, tem-se por correto o procedimento do julgador de origem quando determinou o redirecionamento da execução contra os sócios que se beneficiaram da força de trabalho do empregado. Hipótese em que não se aplica a limitação temporal contida nos arts. 1.003, parágrafo único, e 1.032, do Código Civil, porque a ação foi ajuizada no período em que subsistia a responsabilidade do sócio retirante. (TRT 4ª R, AP 00330-2006-007-04-00-1, Rel. José Felipe Ledur, J. 19.06.2008).

EMENTA: EXAURIMENTO PATRIMONIAL DA EMPRESA – SÓCIOS RETIRANTES – RESPONSABILIDADE – APROVEITAMENTO DO TRABALHO – BENEFÍCIO DE ORDEM – INAPLICABILIDADE DOS ARTS. 1.003, PARÁGRAFO ÚNICO E 1.032 DO CÓDIGO CIVIL. A responsabilidade trabalhista é estabelecida através da constatação de que houve aproveitamento do trabalho de outrem, sendo esse o motivo jurídico necessário para a configuração da responsabilidade legal, tudo na forma dos arts. 1º, incisos III e IV, e 170, *caput*, da Constituição Federal, e art. 2º, *caput*, da CLT. Verificado o aproveitamento do trabalho e o exaurimento patrimonial da empresa e dos sócios atuais, a execução do patrimônio pessoal dos ex-sócios é medida que se impõe, competindo aos mesmos exercerem o direito de benefício de ordem, na forma como insculpido em lei, pelo art. 596, §1º, do CPC. De corolário, inaplicáveis as disposições contidas nos arts. 1.003, parágrafo único, e 1.032, do Código Civil, incompatíveis com os princípios fundamentais do Direito do Trabalho, como determina o art. 8º, parágrafo único, da CLT. (TRT/SP, 4ª Turma, Agravo de petição, Processo nº 01161-2003-073-02-00-0, Rel. Paulo Augusto Câmara, Acórdão nº 20090306249. Data de julgamento: 28.04.2009, Publicação: 08.05.2009).

EMENTA: AGRAVO DE PETIÇÃO. RESPONSABILIDADE DO EX-SÓCIO. Hipótese em que verificada a participação do ex-sócio na empresa executada, durante a vigência do contrato de trabalho mantido entre a executada e o exequente, em observância aos arts. 10 e 448 da CLT, deve a execução prosseguir contra o mesmo, sob pena de restar prejudicada a quitação do crédito do exequente. Provimento negado. (TRT 4ª Região, nº 0323500-85.1998.5.04.0008 AP, Rel. Des. Luiz Alberto de Vargas, 3ª Turma, 23.06.2010).

EMENTA: EXECUÇÃO. AUSÊNCIA DE BENS DA PESSOA JURÍDICA EXECUTADA. REDIRECIONAMENTO DA EXECUÇÃO CONTRA

OS SÓCIOS. CABIMENTO. É lícito o redirecionamento da execução aos sócios da executada, mesmo daquele que não mais participa da sociedade, se, à época de vigência do contato de trabalho e/ou do ajuizamento da demanda, ainda a integrava, quando a executada, esgotadas todas as tentativas de prosseguimento da execução, não possui ou não indica bens idôneos e suficientes à garantia da dívida. Aplicação da regra escrita no art. 50 do Código Civil. (TRT da 4ª Região, nº 0003800-51.2001.5.04.0103 AP, Rel. Des. Milton Varela Dutra, 10ª Turma, 27.01.2011).

EMENTA: AGRAVO DE PETIÇÃO. REDIRECIONAMENTO DA EXECUÇÃO. EX-SÓCIA. Cabível o redirecionamento da execução contra ex-sócia à míngua de outros bens passíveis de execução. O fato de integrar a sociedade executada à época do período contratual, ainda que detentora de 20% do capital social, é suficiente para presumir que se beneficiou do trabalho do empregado. Responsabilidade da ex-sócia limitada, contudo, aos créditos devidos ao exequente até 01.03.2002. (TRT da 4ª Região, nº 0124300-8. 2003.5.04.0026 AP, Rel. Des. João Ghisleni Filho, 3ª Turma, 27.04.2011).

EMENTA: RESPONSABILIDADE DO SÓCIO RETIRANTE. Na hipótese de desconsideração da personalidade jurídica, o sócio integrante da sociedade à época da prestação do trabalho responde solidariamente com os demais sócios pelos créditos trabalhistas. (TRT da 4ª Região, nº 0000839-56.2010.5. 04. 0028 AP, Relatora Desembargadora Carmen Gonzáles, 9ª Turma, 28.04.2011).

60. **O sócio que ingressa na sociedade após a constituição do crédito trabalhista é responsável?**

Sim.

Fundamento legal: CC, art. 1.025.[202]

Doutrina:
Rubens Requião:

O novo sócio, ao ingressar na sociedade já constituída, deve ponderar sobre todas as vantagens e riscos do ato que vai realizar. Há de perquirir

---
[202] CC: Art. 1025. O sócio, admitido em sociedade já constituída, não se exime das dívidas sociais anteriores à admissão.

sobre o ativo e o passivo da sociedade, pesar os riscos que irá assumir com o seu ingresso, gozará dos benefícios e reflexos financeiros dos negócios realizados anteriormente; é justo, pois, que se sujeite também aos respectivos riscos.[203]

Maria Helena Diniz:

Se após a constituição da sociedade for admitido um novo sócio, este não estará isento de colaborar para a satisfação e a extinção das dívidas sociais assumidas anteriormente à sua admissão.[204]

Ari Pedro Lorenzetti:

Se os sócios, retirantes ou não, ingressaram na sociedade posteriormente à prestação dos serviços por determinado empregado, nem por isso deixam de ter responsabilidade em relação aos créditos deste. O sócio retirante tem responsabilidade porque colheu os frutos de um esforço que não foi devidamente remunerado. Já os novos sócios respondem porque, ao ingressarem na sociedade, já encontraram nela parcela do esforço do trabalhador incorporada ao patrimônio social. E se, quando da exigência do crédito, a sociedade não mais comportava sua satisfação, é porque o patrimônio se dissipou. Se isso ocorreu antes do ingresso, o novo sócio não avaliou bem o que pagou pelas cotas adquiridas. Além disso, ingressou numa sociedade que tinha dívidas trabalhistas. Por consequência, qualquer benefício ou lucro auferido após a constituição do crédito (prestação de trabalho) deu-se em detrimento da satisfação do trabalhador. E não se poderia presumir que o sócio ingressou na sociedade para ter prejuízo. Se lucros não houve, a responsabilidade não pode ser transferida ao trabalhador. Caberá aos sócios, posteriormente, resolver ente si quem deverá, em última análise, suportar as consequências da obrigação trabalhista que todos foram chamados a adimplir.[205]

Jurisprudência:

EMENTA: EXECUÇÃO. PENHORA. BENS DOS SÓCIOS. SUCESSÃO DE EMPRESA E DE SÓCIOS. DESCONSIDERAÇÃO DA PERSONALIDADE JURÍDICA. Possibilidade de penhora de bens dos sócios de empresa. Art. 50, CC. Fechamento da empresa e falta de bens para a garantia de suas obrigações. Alteração do quadro e razão sociais.

---

[203] REQUIÃO, Rubens. *Curso de Direito Comercial*. 29. ed. São Paulo: Saraiva, 2009. v. 1, p. 501-502.
[204] DINIZ, Maria Helena. *Código Civil anotado*. 8. ed. São Paulo: Saraiva, 2002. p. 610.
[205] LORENZETTI, Ari Pedro. *A responsabilidade pelos créditos trabalhistas*. São Paulo: LTr, 2003. p. 230.

Responsabilidade patrimonial dos sócios sucessores. Art. 1.025 do CC. Negaram provimento ao apelo. (Apelação Cível Nº 70032853319, Décima Nona Câmara Cível, Tribunal de Justiça do RS, Relator: Carlos Rafael dos Santos Júnior, Julgado em 24.11.2009).

61. O fato de ocorrer nova penhora reabre o prazo para embargos à execução?

Não.

Fundamento legal: CLT, art. 884, *caput*.[206]

Doutrina:
Francisco Antônio de Oliveira:

O fato de se levar a efeito nova penhora não abre o prazo para o ajuizamento de novos embargos à execução. A tanto se opõe a sistemática do Código de Processo Civil, aplicável em sede trabalhista *ex vi* art. 769 da CLT. Qualquer queixa no que concerne à segunda penhora deverá ser formulada pela parte por simples pedido. De resto, o excesso de penhora não desafia embargos nem na primeira penhora, posto que poderá ser apreciado por simples pedido. [...] Não se descarta, todavia, a possibilidade de discussão pela via dos embargos quando se tratar de bem impenhorável ou de quando pertencente a terceiro.[207]

Jurisprudência:

EMENTA: A efetivação da segunda penhora não tem o condão de reabrir o prazo para interposição dos embargos. Isto significa que o executado não pode ajuizar embargos do devedor tantas vezes quantas penhoras houver. Pela sistemática do Código de Processo Civil é inviável a apresentação de embargos do devedor quando ocorrer nova penhora ou ampliação dela. São, pois, incabíveis novos embargos à execução, sob fundamento de que outra penhora se fez. Se o executado tem alguma queixa quanto ao novo ato de constrição judicial, deve apresentá-la ao juízo da execução, por simples petição. (TAPR, 4ª Câm. Cív., Ap. 38.414, rel. Juiz Ulisses Lopes, j. 20.02.1991, v. u., Coad Inf. Sem. 45/91. p. 718, Ementa 56.229).

---

[206] CLT: Art. 884. Garantida a execução ou penhorados os bens, terá o executado cinco dias para apresentar embargos, cabendo igual prazo ao exequente para impugnação.

[207] OLIVEIRA, Francisco Antônio de. *Execução na Justiça do Trabalho*. 6. ed. São Paulo: RT, 2007. p. 219.

EMENTA: AGRAVO DE PETIÇÃO. EMBARGOS À PENHORA. TEMPESTIVIDADE. PRECLUSÃO. Não tendo a executada apresentado tempestivamente embargos à execução ou penhora contra a decisão que determina a constrição dos créditos junto a outras empresas, não pode pretender a reabertura de prazo para oposição de embargos à execução a cada disponibilização de valores ao Juízo, pois operada a preclusão acerca da penhora efetivada. Agravo de petição desprovido. (TRT da 4ª Região, nº 0166600-40.2005.5.04.0732 AP, Rel. Des. Denis Marcelo de Lima Molarinho, 8ª Turma, 28.10.2010).

62. O credor trabalhista pode dirigir a execução contra qualquer sócio da empresa?

Sim. Quando desconsiderada a personalidade jurídica da sociedade.

Fundamento legal: CC, arts. 50[208] e 259, *caput*;[209] CDC, art. 28, §5º.[210]

Doutrina:
Francisco Antônio de Oliveira:

O crédito trabalhista é indivisível (art. 891, CC, correspondendo ao art. 259, CC de 2002), do que resulta que o trabalhador poderá dirigir a execução contra qualquer sócio.[211]

---

[208] CC: Art. 50. Em caso de abuso da personalidade jurídica, caracterizado pelo desvio de finalidade, ou pela confusão patrimonial, pode o juiz decidir, a requerimento da parte, ou do Ministério Público quando lhe couber intervir no processo, que os efeitos de certas e determinadas relações de obrigações sejam estendidos aos bens particulares dos administradores ou sócios da pessoa jurídica.

[209] CC: Art. 259. Se, havendo dois ou mais devedores, a prestação não for divisível, cada um será obrigado pela dívida toda.

[210] CDC: Art. 28. O juiz poderá desconsiderar a personalidade jurídica da sociedade quando, em detrimento do consumidor, houver abuso de direito, excesso de poder, infração da lei, fato ou ato ilícito ou violação dos estatutos ou do contrato social. A desconsideração também será efetivada quando houver falência, estado de insolvência, encerramento ou inatividade da pessoa jurídica provocados por má administração.
[...]
§5º. Também poderá ser desconsiderada a pessoa jurídica sempre que sua personalidade for, de alguma forma, obstáculo ao ressarcimento de prejuízos causados aos consumidores.

[211] OLIVEIRA, Francisco Antônio de. *Execução na Justiça do Trabalho.* 6. ed. São Paulo: RT, 2007. p. 267.

Jurisprudência:

EMENTA: AGRAVO DE PETIÇÃO. REDIRECIONAMENTO DA EXECUÇÃO CONTRA SÓCIOS MINORITÁRIOS. Frustrada a execução trabalhista contra a empresa executada, é autorizado o redirecionamento contra os sócios, nos termos do art. 50 do Código Civil, tornando-os solidariamente responsáveis pelo pagamento do passivo trabalhista. Agravo provido. (TRT da 4ª Região, nº 0014400-42.2009.5.04.0333 AP, Rel. Juiz Convocado André Reverbel Fernandes, 1ª Turma, 07.07.2010).

EMENTA: RESPONSABILIDADE DO SÓCIO RETIRANTE. Na hipótese de desconsideração da personalidade jurídica, o sócio integrante da sociedade à época da prestação do trabalho responde solidariamente com os demais sócios pelos créditos trabalhistas. (TRT da 4ª Região, nº 0000839-56.2010. 5.04.0028 AP, Relatora Desembargadora Carmen Gonzáles, 9ª Turma, 28.04.2011).

63. Tratando-se de executado proprietário de fração ideal em condomínio, é possível penhorar e realizar a alienação *de todo o imóvel*, ainda que apenas o condômino executado seja devedor?

Sim. Negar a alienação de todo o imóvel paralisa a execução e estimula a blindagem artificiosa da propriedade de devedor condômino, frustrando o princípio da responsabilidade patrimonial (Lei nº 6.830/80, arts. 10 e 30; CPC, art. 789). Mesmo que o imóvel não seja indivisível, a alienação de todo o imóvel é necessária para o êxito da execução, pois a alienação de apenas fração ideal não atrai licitantes. Penhora-se todo o imóvel. Os demais condôminos poderão adjudicar a fração ideal do executado. Têm preferência para fazê-lo e devem ser intimados para fazê-lo (CC, art. 1.322). Mas, se não adjudicarem a fração ideal do executado para preservar a propriedade, receberão suas cotas-parte em dinheiro, após a alienação judicial do imóvel, de modo a ver-se contemplado tanto o crédito trabalhista, quanto o direito de propriedade dos condôminos, que então se resolve pelo pagamento das respectivas quotas-partes.

Fundamento legal: CC, art. 1.322;[212] CPC, art. 843.[213]

Doutrina:

Maria Helena Diniz:

Venda da coisa comum. Se a coisa for indivisível ou se os consortes não a quiserem adjudicar a um só (*Adcoas*, nº 74.468, 1980), indenizando os demais, ou, ainda, se a divisão for imprópria à destinação do bem, poder-se-á vender a coisa comum, amigável ou *juridicamente* (CPC, arts. 1.113 a 1.119), repartindo-se o preço entre os condôminos proporcionalmente ao valor de seus quinhões, observando-se na venda as preferências gradativas: o condômino em iguais condições prefere ao estranho; entre consortes, o que tiver na coisa benfeitorias de maior valor, e, não as havendo, o de maior quinhão.[214]

Jurisprudência:

EMENTA: ALIENAÇÃO JUDICIAL. BEM IMÓVEL INDIVISÍVEL. POSSIBILIDADE. Recaindo a penhora sobre fração ideal recebida pela executada em razão de sucessão hereditária, poderão os demais herdeiros, quando da alienação do bem, exercer o seu direito de preferência, na forma do artigo 1322 do Código Civil. E, caso não desejem adquirir o bem, em sua integralidade, receberão as respectivas quotas sobre o produto da arrematação, não se verificando, assim, qualquer ofensa ao seu direito de propriedade. O que não se pode admitir é que, em função desse direito, fique o reclamante sem receber o seu crédito, de natureza sabidamente alimentar, não se vislumbrando qualquer óbice legal a que seja a penhora assim realizada. (TRT 3ª Região/MG, nº 00341-2005-008-03-00-2 AP, 5ª Turma, Rel. Des. José Roberto Freire Pimenta, publicado em 11.03.2007).

EMENTA: AGRAVO INTERNO. EXECUÇÃO. ALIENAÇÃO POR INICIATIVA PARTICULAR. RECONSIDERAÇÃO. O bem objeto de *penhora* nesta execução está em *condomínio* com terceiro. Nesse passo,

---

[212] CC: Art. 1.322. Quando a coisa for indivisível, e os consortes não quiserem adjudicá-la a um só, indenizando os outros, será vendida e repartido o apurado, preferindo-se, na venda, em condições iguais de oferta, o condômino ao estranho, e entre os condôminos aquele que tiver na coisa benfeitorias mais valiosas e, não as havendo, o de quinhão maior.

[213] CPC: Art. 843. Tratando-se de penhora de bem indivisível, o equivalente à quota-parte do coproprietário ou do cônjuge alheio à execução recairá sobre o produto da alienação do bem.
§1º. É reservada ao coproprietário ou ao cônjuge não executado, a preferência na arrematação do bem em igualdade de condições.

[214] DINIZ, Maria Helena. *Código Civil anotado*. 8. ed. São Paulo: Saraiva, 2002. p. 815.

antes de se proceder a alienação por iniciativa particular, é necessário oportunizar-se ao condômino o exercício do direito de adjudicação. É somente após tal ato que se poderá cogitar em alienação por iniciativa particular (art. 647 do CPC). Contudo, em obediência à ordem estabelecida no mesmo dispositivo legal, só há que cogitar em alienação judicial após afastada a possibilidade de alienação por iniciativa. (TJRS, proc. n° 70042088690, 8ª Câmara Cível, Rel. Des. Rui Portanova, 11.04.2011).

64. É lícito efetuar penhora de crédito do executado junto às empresas operadoras dos cartões de crédito aceitos pelo executado nas vendas que o executado faz para seus clientes?

Sim. Trata-se de modalidade de penhora de crédito. Pode ser utilizada quando o executado realiza vendas por meio de cartões de crédito. Essa modalidade de penhora é mais comum junto a empresas do ramo do comércio e do ramo de serviços.

Fundamento legal: CPC, art. 855, I[215] e art. 856, §2º.[216]

Doutrina:
Araken de Assis:

O art. 673, *caput*, prevê a sub-rogação do executado pelo exequente na titularidade do crédito ou da ação, não tendo aquele 'oferecido embargos, ou sendo estes rejeitados'. Operada a substituição, o inadimplemento da dívida permitirá ao credor pleitear a providência cabível em face do *debitor debitoris*, realizando-o, se necessário, *mediante execução forçada*.[217]

---

[215] CPC: Art. 855. Quando recair em crédito do executado, enquanto não ocorrer a hipótese prevista no art. 856, considerar-se-á feita a penhora pela intimação:
I - ao terceiro devedor para que não pague ao executado, seu credor;
II - ao executado, credor do terceiro, para que não pratique ato de disposição do crédito.
[216] CPC: Art. 856.
§2º. O terceiro só se exonerará da obrigação depositando em juízo a importância da dívida.
Observação: o terceiro responde com seus bens, se descumprir a ordem judicial e pagar diretamente ao executado, conforme a citada doutrina de Francisco Antônio de Oliveira.
[217] ASSIS, Araken de. *Manual da execução*. 11. ed. São Paulo: RT, 2007. p. 646.

Manoel Antônio Teixeira Filho:

Recaindo a penhora em direito e ação do devedor, e não tendo sido opostos embargos, ou sendo estes rejeitados, *o credor fica sub-rogado nos direitos do devedor* até a concorrência do seu crédito (CPC, art. 673, *caput*); assim, *o credor poderá exercer, em face do terceiro, as ações que cabiam ao devedor*.[218]

Francisco Antônio de Oliveira:

Poderá acontecer de a penhora recair sobre o rendimento que o bem (móvel ou imóvel) proporciona ao seu proprietário, *v.g.*, nos casos de locação e arrendamento. No caso, o detentor da coisa será também intimado da penhora e a partir de então deverá depositar o valor à disposição do juízo, pena de responsabilidade. Dispõe o art. 671 do CPC: 'Quando a penhora recair em crédito do devedor, o oficial de justiça o penhorará. Enquanto não ocorrer a hipótese prevista no artigo seguinte, considerar-se-á feita a penhora pela intimação: I – ao terceiro devedor para que não pague ao seu credor; II – ao credor do terceiro para que não pratique ato de disposição do crédito.' O STF (*DJ* 04.07.1955. p. 2.215) decidiu que, 'se o devedor paga ao credor, apesar de intimado da penhora feita sobre o crédito ou da impugnação a ele oposta por terceiro, o pagamento não valerá contra este, que poderá constranger o devedor a pagar de novo, ficando-lhe, entretanto, salvo o regresso contra o devedor'. Temos para nós que no mesmo castigo incorrerá o terceiro que negociar com o devedor o crédito já penhorado, posto que não poderá invocar em seu favor a boa-fé.[219]

Jurisprudência:

EMENTA: RECURSO DE REVISTA POR CONVERSÃO. PENHORA DE CRÉDITO JUNTO A TERCEIRO. POSSIBILIDADE. O fato de o crédito consignado pelo Recorrente em favor da Executada estar disponível apenas em data futura, não retira a certeza de sua existência nem o torna impenhorável, tanto pela previsão expressa dos artigos 591, 655, X e 671, todos do CPC c/c art. 882 da CLT, como pela ausência de restrição estabelecida em lei. Desse modo, não há violação literal direta dos artigos 2º, 37, 100, 165 e 167 da Constituição Federal. Agravo provido. Recurso de Revista não conhecido. (TST, RR-643562/2000, 5ª Turma, Relator Juiz Convocado Walmir Oliveira da Costa, DJ 16.08.2002).

---

[218] TEIXEIRA FILHO, Manoel Antônio. *Curso de Direito Processual do Trabalho*. São Paulo: LTr, 2009. v. III, p. 2163.

[219] OLIVEIRA, Francisco Antônio de. *Execução na Justiça do Trabalho*. 6. ed. São Paulo: RT, 2007. p. 173.

EMENTA: MANDADO DE SEGURANÇA. PENHORA SOBRE FATURAMENTO. EXECUÇÃO DEFINITIVA. LEGALIDADE. RECURSO PRÓPRIO. A jurisprudência desta Corte inclinou-se no sentido de considerar que o ato impugnado mediante a impetração do presente *writ* (mandado de penhora sobre faturamento) comportava a oposição de embargos à penhora e, sucessivamente, agravo de petição, se necessário, afastando, assim, a possibilidade do manejo do mandado de segurança, consoante o disposto no artigo 5º, inciso II, da Lei nº 1.533/51 (incidência do item nº 92 da Orientação Jurisprudencial da SBDI-2 do Tribunal Superior do Trabalho). Ademais, tratando-se de execução definitiva, a jurisprudência desta colenda SBDI-2 autoriza que a penhora recaia tanto em dinheiro, quanto sobre crédito futuro ou faturamento, quando não demonstrado qualquer comprometimento ao desenvolvimento regular das atividades do impetrante. Nesse sentido, dispõem os itens nos 60 e 93, respectivamente, da Orientação Jurisprudencial da SBDI-2 do Tribunal Superior do Trabalho. (TST, TST-ROAG-1.214/2002-000-15-00.1, Ministro Relator Emmanuel Pereira, Subseção II Especializada em Dissídios Individuais do TST, 15.05.2005).

EMENTA: AGRAVO. PENHORA SOBRE PARCELA DE FATURAMENTO DE EMPRESA. INEFICÁCIA DE OUTRAS MODALIDADES DE CONSTRIÇÃO TENTADAS. POSSIBILIDADE. PREVISÃO LEGAL. RECURSO PROVIDO. Lícita a penhora sobre percentual fixo do faturamento do devedor, especialmente se ineficazes a penhora *"online"* e a localização de bens móveis/imóveis penhoráveis, com escopo de satisfazer a execução. Deve recair sobre o percentual razoável para não inviabilizar economicamente a empresa. (TJSP, AI 990.10.397040-3, Relator Desembargador Adilson de Araújo, 31ª Câmara de Direito Privado do TJSP, 07.12.2010).

EMENTA: DIREITOS CREDITÍCIOS DECORRENTES DE CONTRATO – POSSIBILIDADE DE CONSTRIÇÃO – PERCENTUAL DE 30% ADEQUADO E NECESSÁRIO PARA A SATISFAÇÃO DO CREDOR – AGRAVO IMPROVIDO. (TJSP, 0011490-59.1999.8.26.0000, Relator Desembargador João Alberto Tedesco, 2ª Câmara Cível, 28.04.1999).

65. A impenhorabilidade da pequena propriedade rural é oponível ao respectivo credor trabalhista?

Não.

Fundamento legal: CF, art. 5º, XXVI;[220] CPC, art. 833, VIII;[221] Lei nº 4.504/64, art. 4º, II.[222]

Doutrina:
Ziula Cristina da Silveira Sbroglio:

Exige a lei que a propriedade seja trabalhada pela família; logo, utilizando-se o proprietário de mão de obra de terceiros, não mais será beneficiado pela impenhorabilidade.[223]

Jurisprudência:

EMENTA: AGRAVO DE PETIÇÃO. IMÓVEL RURAL. BEM DE FAMÍLIA. A proteção ao bem de família, assim compreendido o *imóvel único da entidade familiar* e que lhe servia de residência, também alcança a pequena propriedade rural, *desde que trabalhada pela família, que nela emprega toda a força de trabalho*. Se a propriedade não constitui a fonte de sustento e subsistência da entidade familiar, é viável o fracionamento do imóvel com a salvaguarda apenas da residência.

Consta da fundamentação: Como se vê, todos os dispositivos invocados que tratam da matéria defendem a impenhorabilidade da pequena propriedade rural, *desde que* trabalhada pela família. É nesse exato sentido a proteção do art. 5º, XXVI, da CF, do art. 649, VIII, do CPC e do §2º do art. 4º da Lei nº 8.009/90. Também o art. 4º, II, da Lei nº 4.504/64 define que a propriedade familiar é aquela explorada direta e pessoalmente pelo agricultor e sua família, absorvendo-lhes toda a força de trabalho, podendo, eventualmente, serem ajudados por terceiros (vale dizer, trabalhando diretamente e integralmente na terra com ajuda

---

[220] CF: Art. 5º. Todos são iguais perante a lei, sem distinção de qualquer natureza, garantindo-se aos brasileiros e aos estrangeiros residentes no País, a inviolabilidade do direito à vida, à liberdade, à igualdade, à segurança, à propriedade, nos seguintes termos:
XXVI – a pequena propriedade rural, assim definida em lei, *desde que trabalhada pela família*, não será objeto de penhora para pagamento de débitos decorrentes de sua atividade produtiva, dispondo a lei sobre os meios de financiar o seu desenvolvimento.
[221] CPC: Art. 833. São impenhoráveis:
VIII - a pequena propriedade rural, assim definida em lei, *desde que trabalhada pela família*;
[222] Lei nº 4.504/64: Art. 4º. Para os efeitos desta Lei, definem-se:
II – 'Propriedade Familiar', o imóvel rural que, *direta e pessoalmente explorado pelo agricultor e sua família*, lhes absorva toda a força de trabalho, garantindo-lhes a subsistência e o progresso social e econômico, com área máxima fixada para cada região e tipo de exploração, e *eventualmente* trabalho com a *ajuda* de terceiros.
[223] SBROGLIO, Ziula Cristina da Silveira. Impenhorabilidade do bem de família. In: SANTOS, José Aparecido dos. (Coord.). *Execução trabalhista - Amatra IX.* 2. ed. São Paulo: LTr, 2010. p. 383.

e *não substituição por terceiros empregados*). (TRT 4ª Região, 6ª Turma, Processo 0136800-73.2008.5.04.0404 (AP), Rel. Desa. Maria Cristina Schaan Ferreira, 20.10.2010).

EMENTA: BEM DE FAMÍLIA. PEQUENA PROPRIEDADE RURAL. IMPENHORABILIDADE. Não tendo a penhora recaído sobre a sede da moradia, não há que se falar em bem de família, nos termos estabelecidos na primeira parte do parágrafo 2º, do artigo 4º, da Lei nº 8.009/90. Embora se repute pequena a propriedade rural do executado, não se pode opor aos reclamantes, que contribuíram com seu trabalho para o desenvolvimento da propriedade rural objeto da constrição judicial, a impenhorabilidade estabelecida no inciso XXVI do artigo 5º da Constituição Federal, sob pena de não atingir a finalidade teleológica da norma, que é proteger, unicamente, a pequena propriedade rural familiar, *e não aquela que se utiliza da força produtiva de empregados rurais. A impenhorabilidade do imóvel não é oponível quando a execução se der em razão dos créditos de trabalhadores da própria área penhorada. Aplicação, por analogia, do disposto no artigo 3º, inciso II, da Lei nº 8.009/90.*

Consta da fundamentação: Verifica-se, pois, que a norma constitucional exige que a propriedade rural seja explorada *pessoal e exclusivamente pela família* para que se alcance a proteção reivindicada pelo agravante. A finalidade do dispositivo constitucional é de proteger, unicamente, a pequena propriedade familiar, e não aquela que, embora se enquadre como pequena propriedade sob o ponto de vista de sua área física, se utiliza da força produtiva de empregados rurais. (TRT 4ª Região, 8ª Turma, Processo 0037000-32.2000.5. 04.0702 (AP), Rel. Desa. Ana Luiza Heineck Kruse, 07.12.2006).

EMENTA: PEQUENA PROPRIEDADE RURAL. IMPENHORABILIDADE. O fato de o devedor explorar a propriedade agrícola com o auxílio de empregados afasta a hipótese do art. 649, VIII, do CPC, uma vez que não se trata de pequena propriedade trabalhada unicamente pela família.

Consta da fundamentação: Ora, evidente que os valores executados nos presentes autos não se tratam de débitos decorrentes da atividade produtiva de devedor e/ou relativos ao respectivo financiamento, hipóteses ensejadoras da impenhorabilidade descrita no dispositivo constitucional, mas sim, de créditos devidos a seu ex-empregado, os quais, entretanto, não estão incluídos na aludida proteção. Por outro lado, o simples fato de o reclamante vir a Juízo cobrar direitos decorrentes dos serviços prestados naquele imóvel já demonstra que não se trata de propriedade trabalhada apenas pela família. (TRT 3ª Região, 3ª Turma, Processo 0050000-34.2009.5.03.0081 (AP), Rel. Des. Anemar Pereira Amaral, 25.05.2010).

66. É lícita a concessão de medida cautelar de ofício para assegurar futura execução?

Sim.

Fundamento legal: CPC, arts. 294 e 297.[224]

Doutrina:
Galeno Lacerda:

Quanto ao processo do trabalho, a que servem como subsidiárias as regras do processo civil (art. 769 da CLT), não resta a menor dúvida sobre a vigência nele, com raras exceções (alimentos, etc.), das normas relativas à matéria cautelar contidas no Código de Processo Civil, em face da completa omissão da CLT a respeito do tema. Considerando-se que, pela prevalência do interesse social indisponível, esse processo se filia mais ao inquisitório, a tal ponto de poder o juiz promover de ofício a execução (art. 878 da CLT), *parece evidente que*, em consonância com tais poderes e objetivos, *caiba ao juízo trabalhista, também, a faculdade de decretar providências cautelares diretas, a benefício da parte ou de interessados, sem a iniciativa destes*. Concordamos, neste ponto, inteiramente, com *Alcione Niederauer Corrêa*, pioneiro, entre nós, no estudo monográfico das medidas cautelares no processo do trabalho. Destaca ele, *além das cautelas inominadas, o arresto, o sequestro, as cauções, a busca e a apreensão e a exibição, todas decretáveis de ofício. Alarga-se, portanto, no processo trabalhista*, pela própria natureza dos valores que lhe integram o objeto, *o poder judicial de iniciativa direta*. Isto significa que, *ao ingressarem no direito processual do trabalho, como subsidiárias, as normas do processo civil hão de sofrer, necessariamente, a influência dos mesmos valores indisponíveis*. Por isso, o teor do art. 797 – 'só em casos excepcionais, expressamente autorizados por lei, determinará o juiz medidas cautelares sem a audiência das partes' – ao transmudar-se subsidiariamente para o processo trabalhista, deverá ser interpretado *de modo extensivo e condizente com os princípios sociais que informam esse direito*, e com o consequente relevo e *autonomia que nele adquirem os poderes do juiz*, consubstanciados, até, na execução de ofício. Não há necessidade, pois, aí, de autorização legal 'expressa' para a iniciativa judicial cautelar. Esta há de entender-se legítima e implícita, em virtude da própria incoação executória que a lei

---

[224] CPC: Art. 294. A tutela provisória pode fundamentar-se em urgência ou evidência.
Parágrafo único. A tutela provisória de urgência, cautelar ou antecipada, pode ser concedida em caráter antecedente ou incidental.
Art. 297. O juiz poderá determinar as medidas que considerar adequadas para efetivação da tutela provisória.

faculta ao magistrado. Aliás, o art. 659, IX, da CLT autoriza liminar para impedir transferência ilegal de empregado. (Sem italicos no original).[225]

Alcione Niederauer Corrêa:

Embora a concessão de medida cautelar de urgência, *ex officio*, no processo civil ainda se constitua exceção, o mesmo não deve ocorrer no processo do trabalho. É que neste o juiz trabalhista não apenas promove a execução de ofício, independentemente de provocação da parte, completando a satisfação jurisdicional, como realiza um direito material de proteção do economicamente fraco. O princípio da execução por mero impulso do juiz, sem necessidade de provocação do interessado, deve ser encarado como uma das principais regras de superioridade jurídica em favor do empregado. Reconhecido o direito, o próprio Estado se encarrega de constranger o devedor ao cumprimento da decisão, tendo em vista as repercussões, inclusive sociais, que geralmente acompanham os processos trabalhistas. Isso cria, para o juiz, uma quase titularidade na execução, que torna ampla a possibilidade de tomar medidas próprias, sem necessidade de provocação da parte interessada, no sentido de assegurar o cumprimento da decisão. Entendemos mais que, mesmo no processo de conhecimento, a possibilidade de acautelar o interesse do empregado, ou o social, ou o do descobrimento da verdade, de ofício, pelo juiz do trabalho, deve ser ampla. É que o processo do trabalho se caracteriza pela predominância do inquisitório sobre o dispositivo, pela presença atuante do juiz na sua direção e na busca de todos os elementos que possam influir na sua convicção [...]. Adaptando as regras processuais civis à sistemática do processo do trabalho, podemos afirmar, inicialmente, a primeira regra: as medidas cautelares, antecedentes ao processo de execução, ou de natureza incidente em qualquer processo, podem resultar: a) de pedido da parte e b) de ação do juiz, *ex officio*. Somente aquelas que antecedem o ajuizamento do processo de cognição ficam sujeitas, em face da impossibilidade prática, à provocação do interessado, salvo em se tratando de direito coletivo do trabalho, v.g., no caso de greve, quando pode ocorrer a instauração *ex officio* do dissídio coletivo.[226]

Luiz Guilherme Marinoni e Daniel Francisco Mitidiero:

O juiz pode conceder tutela cautelar de ofício não apenas nos casos expressamente previstos em lei, mas também nos casos excepcionais,

---

[225] LACERDA, Galeno. *Comentários ao Código de Processo Civil*. 3. ed. Rio de Janeiro: Forense, 1990. t. I, v. VIII, p. 129-130.
[226] CORRÊA, Alcione Niederauer. *Das ações cautelares no processo do trabalho*. São Paulo: LTr, 1977. p. 94-6.

não expressamente previstos na legislação. Se a atuação do juiz estivesse restrita apenas aos casos expressamente previstos na lei, a norma do art. 797, CPC, seria desnecessária, eis que sem ela o juiz já estaria autorizado a agir sem requerimento da parte. Se o legislador é consciente de que, em alguns casos, o juiz deve agir de ofício a bem da tutela do direito material, não há racionalidade em não admitir tutela cautelar de ofício nas situações concretas que, embora não previstas pelo legislador, igualmente justificam a atuação oficiosa do juiz. Raciocínio contrário faria restaurar o superado dogma da completude e da perfeição do ordenamento jurídico ou a desacreditada ideia de que o legislador pode considerar todas as situações substanciais carentes de tutela aprioristicamente.[227]

67. Os cooperados têm responsabilidade solidária pelas dívidas das cooperativas?

Sim.

Fundamento legal: Lei nº 5.764/71, art. 80.[228]

Doutrina:
Edilton Meireles:

Sói ocorrer que, após constituído o título executivo judicial ou, ainda, após iniciada a execução, seja de título judicial ou extrajudicial, fatos supervenientes ou até então desconhecidos tornem impossível a satisfação do crédito por inexistência ou insuficiência de bens do devedor indicado na sentença ou no documento extrajudicial. Basta vislumbrar a hipótese em que, após sentença condenatória, em que se reconheceu o débito de uma cooperativa, verifica-se que esta encerrou suas atividades de forma irregular, sem proceder em sua liquidação, ou, ainda, que não possui bens suficientes à satisfação integral da obrigação certificada no título judicial. A lei, porém, declara existir a responsabilidade solidária dos cooperados pelas despesas contraídas pela cooperativa (art. 80 da Lei nº 5.764/71), inclusive até a aprovação das contas do exercício em que se deu o desligamento quando demitido, eliminado ou excluído (art. 36 da Lei nº 5.764/71).[229]

---

[227] MARINONI, Luiz Guilherme; MITIDIERO, Daniel Francisco. *Código de Processo Civil*: comentado artigo por artigo. São Paulo: Revista dos Tribunais, 2008. p. 743.
[228] Lei nº 5.764/71: Art. 80. As despesas da sociedade serão cobertas pelos associados mediante rateio na proporção direta da fruição de serviços.
[229] MEIRELES, Edilton. *Legitimidade na execução civil e trabalhista*. São Paulo: LTr, 2001. p. 30.

Jurisprudência:

EMENTA: REDIRECIONAMENTO DA EXECUÇÃO. ASSOCIADO QUE ATUOU NA ADMINISTRAÇÃO DA COOPERATIVA. A pessoa jurídica, conquanto se trate de ficção jurídica que visa a preservar os bens de propriedade particular dos sócios, não pode constituir obstáculo ao adimplemento da contraprestação pactuada pela empresa ou cooperativa, sob pena de desvirtuamento de toda a ordem jurídica instituída, prestigiando a sonegação, a banalização do próprio crédito trabalhista. À míngua de outros bens passíveis de execução do devedor principal, cabível é o redirecionamento contra o associado que atuou na administração de cooperativa. (TRT da 4ª Região, 0048700-61.2006.5.04.0292 AP, Relatora Desembargadora Carmen Gonzales, 07.10.2010, 9ª Turma).

EMENTA: COOPERATIVA. DESCONSIDERAÇÃO DA PESSOA JURÍDICA. RESPONSABILIDADE PESSOAL DO SÓCIO. O descumprimento dos direitos trabalhistas configura o "desvio de finalidade", conceito legal indeterminado presente no artigo 50 do Código Civil Brasileiro, que permite a desconsideração da pessoa jurídica. Em se tratando de cooperativa, a responsabilização pessoal dos sócios diretores deve observar os requisitos estipulados na norma específica, qual seja, a Lei nº 5.764/71, cujo artigo 49 exige o agir doloso ou culposo para tanto. Logo, comprovada a prática de artimanhas por parte da cooperativa executada para furtar-se ao pagamento da dívida judicialmente reconhecida, cabe deferir o redirecionamento da execução aos sócios diretores da executada. (TRT da 4ª Região, 0018800-48.1998.5.04.0701 AP, Relatora Desembargadora Ana Rosa Pereira Zago Sagrilo, 16.12.2010, 8ª Turma).

68. Eletrodomésticos podem ser penhorados?

Sim.

Fundamento legal: Lei nº 8.009/90, art. 2º.[230]

Jurisprudência:

EMENTA: BEM DE FAMÍLIA. CONFIGURAÇÃO. MÓVEIS GUARNECEDORES DA RESIDÊNCIA. Eletrodomésticos como televisores,

---

[230] Lei nº 8.009/90: Art. 2º. Excluem-se da impenhorabilidade os veículos de transporte, as obras de arte e os adornos suntuosos.

freezers, máquinas de lavar roupa, fornos de microondas, aparelhos de ar-condicionado, ainda que indiscutivelmente úteis, não se afiguram indispensáveis à manutenção da rotina doméstica. (TRT/SP, 8ª Turma, Acórdão nº 20000257316, Rel. Juíza Wilma Nogueira de Araújo Vaz da Silva, DJ 13.06.2000).

69. É viável direcionar a execução contra o sócio no caso de recuperação judicial da sociedade executada?

Sim. Mediante a desconsideração da personalidade jurídica da sociedade executada, a ser adotada com fundamento no art. 28, *caput* e §5º, do CDC, aplicáveis por analogia. Se é admitida a penhora de bens dos sócios no caso de falência da sociedade executada, por idêntico fundamento é de ser admitida a penhora de bens dos sócios no caso de recuperação judicial da sociedade executada.

Fundamento legal: CDC, art. 28, §5º, por analogia;[231] CC, arts. 827 e 828, III, por analogia;[232] Lei nº 6.019/74, art. 16, por analogia.[233]

---

[231] CDC: Art. 28. O juiz poderá desconsiderar a personalidade jurídica da sociedade quando, em detrimento do consumidor, houver abuso de direito, excesso de poder, infração da lei, fato ou ato ilícito ou violação dos estatutos ou do contrato social. A desconsideração também será efetivada quando houver falência, estado de insolvência, encerramento ou inatividade da pessoa jurídica provocados por má administração.
[...]
§5º. Também poderá ser desconsiderada a pessoa jurídica sempre que sua personalidade for, de alguma forma, obstáculo ao ressarcimento de prejuízos causados aos consumidores.

[232] CC: Art. 827. O fiador demandado pelo pagamento da dívida tem direito a exigir, até a contestação da lide, que sejam primeiro executados os bens do devedor.
Parágrafo único. O fiador que alegar o benefício de ordem, a que se refere este artigo, deve nomear bens do devedor, sitos no mesmo município, livres e desembargados, quantos bastem para solver o débito.
Art. 828. Não aproveita este benefício ao fiador:
[...]
III – se o devedor for insolvente, ou falido.

[233] Lei nº 6.019/74: Art. 16. No caso de falência da empresa de trabalho temporário, a empresa tomadora ou cliente é solidariamente responsável pelo recolhimento das contribuições previdenciárias, no tocante ao tempo em que o trabalhador esteve sob suas ordens, assim como em referência ao mesmo período, pela remuneração e indenização prevista nesta lei.

Doutrina:
Francisco Antônio de Oliveira:

Não deve ser descartada a penhora de bens do sócio, em caso de falência. Com certeza, o sócio não conseguirá indicar bens da empresa conforme lhe permite o art. 596, CPC, em face da arrecadação dos bens pelo administrador judicial. A situação do empregado em comparação com o estado falimentar da empresa é de *res inter alios*. O empregado não corre o risco do empreendimento, pois jamais participa dos lucros; não tem possibilidade de ingerência nos destinos da empresa; deu a sua força de trabalho em benefício da empresa, força de trabalho essa que jamais poderá ser revertida. Se alguém deve responder perante os créditos trabalhistas em caso de quebra, são os sócios, e não o empregado. São eles, os sócios, os únicos culpados pela quebra, já que o risco é próprio do empreendimento. E o risco não pode ser transferido ao trabalhador (teoria da *disregard of legal entity*).[234]

Ari Pedro Lorenzetti:

Por outro lado, conforme observa Arion Mazurkevic, nada impede que o credor trabalhista, mesmo após ter se habilitado perante a massa falimentar, promova, perante a Justiça do Trabalho, a execução dos responsáveis subsidiários. E justifica: 'A habilitação não corresponde à garantia do juízo, nem assegura a satisfação do crédito. Tão somente permite que o credor passe a figurar no quadro geral de credores e posteriormente participe, com a realização do ativo (expropriação dos bens arrecadados), do rateio para o seu pagamento. Esse pagamento, por sinal, pode não ser integral, bastando que o ativo seja insuficiente para a satisfação de todos os créditos trabalhistas habilitados. Habilitado o crédito trabalhista perante o juízo da falência e prosseguindo-se a execução em face do sócio ou do administrador na Justiça do Trabalho, havendo a satisfação integral ou parcial em um destes juízos, bastará que seja comunicado ao outro para a adequação ou a extinção da execução, não gerando qualquer prejuízo às partes ou à massa falida. Do contrário, compelindo o credor a optar por uma dessas formas de execução, fatalmente se estará relegando-o a sorte do meio escolhido, em detrimento ou em favorecimento dos demais credores que escolheram o outro meio'. Para que a execução se processe contra o responsável subsidiário, não é necessário que o credor demonstre haver esgotado todas as possibilidades de recebimento perante o devedor ou o responsável principal. Assim, se o devedor, uma vez citado para efetuar

---

[234] OLIVEIRA, Francisco Antônio de. *Execução na Justiça do Trabalho*. 6. ed. São Paulo: RT, 2007. p. 253.

o pagamento, ficar inerte, não solvendo a dívida nem indicando bens à penhora, é o quanto basta para que a execução possa voltar-se contra os responsáveis subsidiários.[235]

Francisco Antônio de Oliveira:

É princípio informador do direito do trabalho que 'o empregado não corre o risco do empreendimento, já que também não participa dos lucros'. Em não havendo bens que suportem a execução forçada – insolvência, concordata, falência, liquidação extrajudicial, desaparecimento dos bens da pessoa jurídica, etc. –, os sócios responderão pelos débitos trabalhistas com os seus patrimônios particulares.[236]

Marcelo Papaléo de Souza:

Matéria interessante a ser analisada é a respeito das obrigações solidárias ou subsidiárias dos coobrigados em relação à devedora (responsável principal) em recuperação judicial. Como já referido em vários tópicos, o deferimento do processamento da recuperação judicial acarreta a suspensão das execuções em face do devedor. Será que essa suspensão se transfere ao responsável solidário ou subsidiário? A resposta é negativa, por força do disposto no art. 49, §1º, LRF, que estabelece que os credores do devedor em recuperação judicial conservam seus direitos e privilégios contra os coobrigados, fiadores e obrigados de regresso. Portanto, em se tratando de responsável solidário não há qualquer discussão a respeito, pois a execução prosseguirá em razão deste, fica suspensa em relação ao devedor que está em recuperação judicial. Caso haja pagamento, deverá ser informado ao juízo da recuperação para ser excluído o valor do quadro geral de credores. Já quanto ao responsável subsidiário, maiores dúvidas surgirão em face do benefício de ordem que este pode invocar para o pagamento da obrigação (arts. 827 e 828 do C. Civil). Pode até parecer contraditória a situação da continuidade da execução em face do responsável subsidiário, haja vista a suspensão em face do devedor principal, mas esta foi a opção legislativa prevista no art. 49, §1º, LRF. A legislação faz referência expressa em relação ao fiador que, no Código Civil, como regra geral, é responsável subsidiário. Assim, invocando a proteção ao crédito trabalhista, dada sua natureza alimentar e a necessidade de celeridade da execução trabalhista, concluímos que a execução trabalhista, em relação ao responsável

---

[235] LORENZETTI, Ari Pedro. *A responsabilidade pelos créditos trabalhistas*. São Paulo: LTr, 2003. p. 25.
[236] OLIVEIRA, Francisco Antônio de. *Execução na Justiça do Trabalho*. 6. ed. São Paulo: RT, 2007. p. 263.

subsidiário, deve prosseguir, em que pese estar suspensa em relação ao principal. Ressaltamos que o responsável subsidiário poderá exigir o ressarcimento ao principal pelo pagamento efetuado.[237]

Enunciado nº 20 da Jornada Nacional da Justiça do Trabalho sobre Execução (Cuiabá/MT - 2010):

Falência e Recuperação Judicial. Prosseguimento da execução trabalhista contra coobrigados, fiadores, regressivamente obrigados e sócios. Possibilidade. A falência e a recuperação judicial, sem prejuízo do direito de habilitação de crédito no juízo universal, não impedem o prosseguimento da execução contra os coobrigados, os fiadores e os obrigados de regresso, bem como os sócios, por força da desconsideração da personalidade jurídica.

Jurisprudência:

EMENTA: AGRAVO REGIMENTAL EM CONFLITO DE COMPETÊNCIA - RECUPERAÇÃO JUDICIAL - DESCONSIDERAÇÃO DA PERSONALIDADE JURÍDICA - CONSTRIÇÃO DE BENS DOS SÓCIOS - RECURSO NÃO PROVIDO. I. Não configura conflito de competência a constrição de bens dos sócios da empresa em recuperação judicial, a qual foi aplicada, na Justiça Especializada, a desconsideração da personalidade jurídica. Precedentes. II. Agravo regimental a que se nega provimento. (STJ, AgRg no CC 121.636/SP, Rel. Ministro Marco Buzzi, Segunda Seção, Julgado em 27.06.2012, DJe 01.08.2012).

EMENTA: AGRAVO REGIMENTAL. CONFLITO DE COMPETÊNCIA. RECUPERAÇÃO JUDICIAL. DESCONSIDERAÇÃO DA PERSONALIDADE JURÍDICA DA SOCIEDADE EM RECUPERAÇÃO POR JUÍZO TRABALHISTA. CONSTRIÇÃO DE BENS DE SÓCIO E DE OUTRA SOCIEDADE DO MESMO GRUPO ECONÔMICO. PESSOAS NÃO ENVOLVIDAS NO JUÍZO DA RECUPERAÇÃO. INEXISTÊNCIA DE CONFLITO POSITIVO DE COMPETÊNCIA NA ESPÉCIE. 1. Não configura conflito positivo de competência a apreensão, pela Justiça Especializada, por aplicação da teoria da desconsideração da personalidade jurídica (*disregard doctrine*), de bens de sócio da sociedade em recuperação ou de outra sociedade do mesmo grupo econômico, porquanto essas medidas não implicam a constrição de bens vinculados

---

[237] SOUZA, Marcelo Papaléo de. Efeitos da lei de recuperação judicial e falência na execução Trabalhista. In: CHAVES, Luciano Athayde. (Org.). *Curso de Processo do Trabalho*. São Paulo: LTr, 2009. p. 1054.

ao cumprimento do plano de reorganização da sociedade empresária, tampouco interferem em atos de competência do juízo da recuperação. Precedentes. 2. Os bens dos sócios ou de outras sociedades do mesmo grupo econômico da devedora não estão sob a tutela da recuperação judicial, a menos que haja decisão do Juízo da recuperação em sentido contrário. 3. Agravo regimental a que se nega provimento. (STJ, AgRg no CC 121.487/MT, Rel. Ministro Raul Araújo, Segunda Seção, Julgado em 27.06.2012, DJe 01.08.2012).

EMENTA: PROCESSUAL CIVIL. CONFLITO POSITIVO. AGRAVO REGIMENTAL. RECUPERAÇÃO JUDICIAL. DESCONSIDERAÇÃO DA PERSONALIDADE JURÍDICA DA EMPRESA. CONSTRIÇÃO DO PATRIMÔNIO DOS SÓCIOS. INEXISTÊNCIA DA MESMA PROVIDÊNCIA PELO JUÍZO UNIVERSAL. NÃO CONHECIMENTO. I. Não configura conflito de competência a constrição de bens dos sócios da empresa em recuperação judicial, à qual foi aplicada, na Justiça Especializada, a desconsideração da personalidade jurídica. Precedentes. II. Tal regra comporta exceção somente quando o Juízo universal estender sobre os mesmos os efeitos da recuperação, quando cabível. III. Agravo regimental improvido. (STJ, AgRg no CC 99583/RJ, Rel. Ministro Aldir Passarinho Júnior, Segunda Seção, Julgado em 24.06.2009, DJe 17.08.2009).

EMENTA: AGRAVO REGIMENTAL NO CONFLITO DE COMPETÊNCIA. EXECUÇÃO. RECUPERAÇÃO JUDICIAL. DESCONSIDERAÇÃO DA PERSONALIDADE JURÍDICA DA EMPRESA RECUPERANDA. CONSTRIÇÃO DO PATRIMÔNIO DOS SÓCIOS. INEXISTÊNCIA DE PROVIDÊNCIA PELO JUÍZO UNIVERSAL. AGRAVO REGIMENTAL A QUE SE NEGA PROVIMENTO. 1. Não configura conflito de competência a constrição de bens dos sócios da empresa em recuperação judicial, à qual foi aplicada, na Justiça Especializada, a desconsideração da personalidade jurídica. (AgRg no CC 99.583/RJ, Rel. Ministro ALDIR PASSARINHO JÚNIOR, SEGUNDA SEÇÃO, Julgado em 24.06.2009, DJe 17.08.2009) 2. Agravo regimental a que se nega provimento. (STJ, AgRg em ED no CC 121.613-GO (2012/0056022-3), Relator: Ministro Luís Felipe Salomão. Data de Julgamento: 26.02.2014, S2 - Segunda Seção).

EMENTA: DESCONSIDERAÇÃO DA PERSONALIDADE JURÍDICA. RESPONSABILIDADE DOS SÓCIOS. Em princípio, os sócios das sociedades de responsabilidade limitada não respondem pelas obrigações contraídas em nome da sociedade, a não ser nos estritos limites de sua participação societária, conforme art. 2º do Decreto-Lei nº 3.708/19. Entretanto, o mesmo diploma legal estabelece a exceção contida no art. 10, pela qual, inexistindo bens da sociedade passíveis de garantir os débitos por ela assumidos, responderão seus sócios pelas obrigações societárias, de forma ampla (solidária). Outrossim, restou abraçada pela doutrina e pela jurisprudência trabalhista a teoria da desconcentração da pessoa jurídica *('disregard of legal entity')*, através da qual se desconsidera a personalidade jurídica da empresa, se esta for, por algum motivo, óbice à percepção, pelos empregados, dos direitos devidos e pelos prejuízos a eles causados. Logo, seja pela teoria da desconsideração da pessoa jurídica, seja pela previsão expressa do Decreto-Lei nº 3.708/19, é possível atribuir a responsabilidade solidária ao sócio da sociedade por responsabilidade. Assim, o juiz pode desconsiderar a personalidade jurídica da sociedade quando, em detrimento do consumidor, e também do empregado, ocorrer falência ou o estado de insolvência, ainda que não decorrente de má administração. Nenhuma dúvida a respeito deixa o disposto no §5º do art. 28 da Lei nº 8.078/90 ao estabelecer que 'também poderá ser desconsiderada a pessoa jurídica sempre que sua personalidade for, de alguma forma, obstáculo ao ressarcimento de prejuízos causados aos consumidores'. O empregado, economicamente fraco, como o consumidor, recebe a proteção da lei para garantir o equilíbrio necessário em suas relações com a parte economicamente forte no contrato celebrado. Daí porque o Código de Proteção ao Consumidor aplica-se subsidiariamente ao Direito do Trabalho. No caso vertente, tenho que restou claramente configurada a precariedade econômica das Reclamadas para quitar os débitos trabalhistas, já que restou inconteste nos autos o fechamento das duas lojas das Rés. Destarte, deverão ser mantidos na lide os 3º, 4º e 5º Reclamados, os quais responderão pelos créditos devidos ao Reclamante, caso a 1ª e a 2ª Reclamadas não possuam bens suficientes para quitarem o débito exequendo. (TRT 3ª Região, 00505-2007-107.03-00-5, Rel. Luiz Otávio Linhares Renault, DJMG 16.02.2008).

70. É possível direcionar a execução contra o responsável subsidiário antes de esgotar as possibilidades de execução contra o devedor principal?

Sim.

Fundamento legal: CC, arts. 827 e 828;[238] Lei nº 6.830/80, art. 4º, §3º;[239] CPC, art. 795, §2º.[240]

---

[238] CC: Art. 827. O fiador demandado pelo pagamento da dívida tem direito a exigir, até a contestação da lide, que sejam primeiro executados os bens do devedor.
Parágrafo único. O fiador que alegar o benefício de ordem, a que se refere este artigo, deve nomear bens do devedor, sitos no mesmo município, livres e desembargados, quantos bastem para solver o débito.

Doutrina:

Ari Pedro Lorenzetti:

Para que a execução se processe contra o responsável subsidiário, não é necessário que o credor demonstre haver esgotado todas as possibilidades de recebimento perante o devedor ou responsável principal. Assim, se o devedor, uma vez citado para efetuar o pagamento, ficar inerte, não solvendo a dívida nem indicando bens à penhora, é o quanto basta para que a execução possa voltar-se contra os responsáveis subsidiários.[241]

Mauro Schiavi:

Ao contrário do que vem sustentando a jurisprudência predominante, pensamos que não há necessidade de primeiro se esgotarem os meios de execução em face do devedor principal, podendo, inclusive, a execução se iniciar em face do devedor subsidiário, pois este tem a faculdade de invocar o benefício de ordem exigindo que a execução se inicie em face do devedor principal, para tanto, deve declinar onde estão os bens do devedor principal (art. 596, §1º, do CPC). De outro lado, ainda que se entenda que a execução deve, necessariamente, se iniciar pelo devedor principal, não há necessidade de se esgotarem os meios executivos em face dele, pois pelo fato de ser citado ou intimado para pagar e não quitar a dívida, já há a mora do devedor principal, o que justifica o prosseguimento da execução em face do devedor subsidiário. Nesse sentido é o que preconiza o art. 580 do Código de Processo Civil, que se aplica ao processo do trabalho por força dos arts. 769 e 889 da CLT.[242]

Art. 828. Não aproveita este benefício ao fiador:
[...]
III – se o devedor for insolvente, ou falido.

[239] Lei nº 6.830/80: Art. 4º [...]
[...]
§3º. Os responsáveis, inclusive as pessoas indicadas no §1º deste artigo, poderão nomear bens livres e desembaraçados do devedor, tantos quantos bastem para pagar a dívida. Os bens dos responsáveis ficarão, porém, sujeitos à execução, se os do devedor forem insuficientes à satisfação da dívida.

[240] CPC: Art. 795. Os bens particulares dos sócios não respondem pelas dívidas da sociedade, senão nos casos previstos em lei.
§2º. Incumbe ao sócio que alegar o benefício do §1º, nomear quantos bens da sociedade situados na mesma comarca, livres e desembargados, bastem para pagar o débito.

[241] LORENZETTI, Ari Pedro. *A responsabilidade pelos créditos trabalhistas*. São Paulo: LTr, 2003. p. 25.

[242] SCHIAVI, Mauro. *Execução no processo do trabalho*. 2. ed. São Paulo: LTr, 2010. p. 144-145.

Jurisprudência:

EMENTA: AGRAVO DE PETIÇÃO DA UNIÃO – 2ª EXECUTADA. REDIRECIONAMENTO DA EXECUÇÃO CONTRA A RESPONSÁVEL SUBSIDIÁRIA, ORA AGRAVANTE. O insucesso da execução em face da empresa prestadora, com a condenação subsidiária da tomadora, faculta o redirecionamento da execução contra esta, sem a necessidade de primeiro ser promovida a execução contra os sócios daquela, notadamente quando a agravante, principal interessada, não aponta bens livres da prestadora, hábeis a garantir a execução. Havendo devedora subsidiária, não há razão para se proceder à desconsideração da pessoa jurídica do devedor principal, até por questão de celeridade processual. Agravo de petição não provido. (TRT 4ª Região, AP 01009-1996-018-04-00-5, Ac. 2ª T, Rel. Juíza Denise Pacheco).

EMENTA: EXECUÇÃO. DEVEDOR SUBSIDIÁRIO. O inadimplemento da obrigação trabalhista, pelo devedor principal, por si só, enseja a possibilidade de execução contra o devedor subsidiário. A subsidiariedade somente permite aos corresponsáveis a garantia de exigir o benefício de ordem, caso nomeiem bens livres e desembaraçados do devedor principal, situados no mesmo município e suficientes para solver o débito, nos termos dos arts. 827 do Código Civil, 595 do Código de Processo Civil, e 4º, §3º, da Lei nº 6.830/80. (TRT 3ª Região, 1ª Turma, AP nº 118/1995.016.03.00-7, Rel. Adriana Goulart de Sena, DJMG 01.09.2004. p. 6).

EMENTA: EXECUÇÃO DE DEVEDOR SUBSIDIÁRIO. BENEFÍCIO DE ORDEM. INAPLICABILIDADE. Para que o devedor subsidiário possa ser executado não é preciso que os bens do devedor principal sejam excutidos primeiro. É que o Enunciado nº 331, IV, do TST criou condição praticamente idêntica à prevista no art. 455 da CLT, vale dizer, basta o inadimplemento da obrigação pelo devedor principal para se poder iniciar a execução contra o devedor subsidiário. Caso contrário, estar-se-ia transferindo para o hipossuficiente ou para o Juízo da execução o ônus de localizar os bens particulares do devedor principal, providência muitas vezes inócua e que deságua na procrastinação desnecessária da satisfação do crédito de natureza alimentar do exequente. (TRT 3ª Região, 3ª Turma, AP nº 280/2002, Rel. Paulo Maurício R. Pires, DJMG 19.03.2002. p. 17).

71. É possível realizar a desconsideração *inversa* da personalidade jurídica da sociedade executada?

Sim.

Fundamento legal: CC, art. 50, por analogia;[243] CDC, art. 28, §5º, por analogia.[244]

Doutrina:
Fábio Ulhoa Coelho:

A teoria da desconsideração visa coibir fraudes perpetradas através do uso da autonomia patrimonial da pessoa jurídica. Sua aplicação é especialmente indicada na hipótese em que a obrigação imputada à sociedade oculta uma ilicitude. Abstraída, assim, a pessoa da sociedade, pode-se atribuir a mesma obrigação ao sócio ou ao administrador (que, por assim dizer, se escondiam atrás dela), e, em decorrência, caracteriza-se o ilícito. Em síntese, a desconsideração é utilizada como instrumento para responsabilizar sócio por dívida formalmente imputada à sociedade. Também é possível, contudo, o inverso: desconsiderar a autonomia patrimonial da pessoa jurídica para responsabilizá-la por obrigação do sócio (Bastid-David-Luchaire, 1960:47). A fraude que a desconsideração invertida coíbe é, basicamente, o desvio de bens. O devedor transfere seus bens para a pessoa jurídica sobre a qual detém absoluto controle. Desse modo, continua a usufruí-los, apesar de não serem de sua propriedade, mas da pessoa jurídica controlada. Os seus credores, em princípio, não podem responsabilizá-lo executando tais bens. É certo que, em se tratando a pessoa jurídica de uma sociedade, ao sócio é atribuída a participação societária, isto é, quotas ou ações representativas de parcelas do capital social. Essas são, em regra, penhoráveis para a garantia do cumprimento das obrigações do seu titular

---

[243] CC: Art. 50. Em caso de abuso da personalidade jurídica, caracterizado pelo desvio de finalidade, ou pela confusão patrimonial, pode o juiz decidir, a requerimento da parte, ou do Ministério Público, quando lhe couber intervir no processo, que os efeitos de certas e determinadas relações de obrigações sejam estendidos aos bens particulares dos administradores ou dos sócios da pessoa jurídica.

[244] CDC: Art. 28. O juiz poderá desconsiderar a personalidade jurídica da sociedade quando, em detrimento do consumidor, houver abuso de direito, excesso de poder, infração da lei, fato ou ato ilícito ou violação dos estatutos ou do contrato social. A desconsideração também será efetivada quando houver falência, estado de insolvência, encerramento ou inatividade da pessoa jurídica, provocados por má administração.
[...]
§5º. Também poderá ser desconsiderada a pessoa jurídica sempre que sua personalidade for, de alguma forma, obstáculo ao ressarcimento de prejuízos causados aos consumidores.

[...]. A desconsideração invertida ampara, de forma especial, os direitos de família. Na desconstituição do vínculo de casamento ou de união estável, a partilha de bens comuns pode resultar fraudada. Se um dos cônjuges ou companheiros, ao adquirir bens de maior valor, registra--os em nome de pessoa jurídica sob seu controle, eles não integram, formalmente, a massa a partilhar. Ao se desconsiderar a autonomia patrimonial, será possível responsabilizar a pessoa jurídica pelo devido ao ex-cônjuge ou ao ex-companheiro do sócio, associado ou instituidor. Outro exemplo da desconsideração inversa encontra-se na hipótese de responsabilização da sociedade empresária, mediante a execução de bens empregados na exploração da atividade econômica (e, portanto, que deveriam estar mesmo em nome dela, sociedade), por obrigação do sócio, uma vez demonstrada a fraude e a confusão patrimonial entre os dois sujeitos de direito. *Desconsideração inversa é o afastamento do princípio da autonomia patrimonial da pessoa jurídica para responsabilizar a sociedade por obrigação do sócio.*[245]

Jurisprudência:

EMENTA: PROCESSUAL CIVIL E CIVIL. RECURSO ESPECIAL. EXECUÇÃO DE TÍTULO JUDICIAL. ART. 50 DO CC/2002. DESCONSIDERAÇÃO DA PERSONALIDADE JURÍDICA INVERSA. POSSIBILIDADE.

I - A ausência de decisão acerca dos dispositivos legais indicados como violados impede o conhecimento do recurso especial. Súmula 211/STJ.

II - Os embargos declaratórios têm como objetivo sanear eventual obscuridade, contradição ou omissão existentes na decisão recorrida. Inexiste ofensa ao art. 535 do CPC, quando o Tribunal *a quo* pronuncia-se de forma clara e precisa sobre a questão posta nos autos, assentando-se em fundamentos suficientes para embasar a decisão, como ocorrido na espécie.

III - A desconsideração inversa da personalidade jurídica caracteriza-se pelo afastamento da autonomia patrimonial da sociedade, para, contrariamente do que ocorre na desconsideração da personalidade propriamente dita, atingir o ente coletivo e seu patrimônio social, de modo a responsabilizar a pessoa jurídica por obrigações do sócio controlador.

IV - Considerando-se que a finalidade da *disregard doctrine* é combater a utilização indevida do ente societário por seus sócios, o que pode ocorrer também nos casos em que o sócio controlador esvazia o seu patrimônio pessoal e o integraliza na pessoa jurídica, conclui-se, de uma interpretação teleológica do art. 50 do CC/02, ser possível a desconsideração inversa da personalidade jurídica, de modo a atingir bens

---

[245] COELHO, Fábio Ulhoa. *Curso de Direito Comercial*. 13. ed. São Paulo: Saraiva, 2009. v. 2, p. 47-48. (Grifos no original).

da sociedade em razão de dívidas contraídas pelo sócio controlador, conquanto preenchidos os requisitos previstos na norma.

V - A desconsideração da personalidade jurídica configura-se como medida excepcional. Sua adoção somente é recomendada quando forem atendidos os pressupostos específicos relacionados à fraude ou ao abuso de direito estabelecidos no art. 50 do CC/02. Somente se forem verificados os requisitos de sua incidência, poderá o juiz, no próprio processo de execução, 'levantar o véu' da personalidade jurídica para que o ato de expropriação atinja os bens da empresa.

VI - À luz das provas produzidas, a decisão proferida no primeiro grau de jurisdição entendeu, mediante minuciosa fundamentação, pela ocorrência de confusão patrimonial e abuso de direito por parte da recorrente, ao se utilizar indevidamente de sua empresa para adquirir bens de uso particular.

VII - Em conclusão, a r. decisão atacada, ao manter a decisão proferida no primeiro grau de jurisdição, afigurou-se escorreita, merecendo assim ser mantida por seus próprios fundamentos. Recurso especial não provido. (STJ, REsp nº 948.117-MS (2007/0045262-5), 3ª T, Rel. Min. Nancy Andrighi, J. 22.06.2010).

EMENTA: AGRAVO DE PETIÇÃO. INDEFERIMENTO DE PEDIDO DE PENHORA DE BENS DE EMPRESA ESTRANHA À LIDE. Hipótese de aplicação da teoria da 'desconsideração inversa' da personalidade jurídica, respondendo os bens da sociedade – mesmo constituída após o término das atividades da devedora originária – pelos atos praticados pelo sócio executado, tendo em vista a inexistência de bens passíveis de constrição relativamente à executada principal e aos seus sócios. Agravo parcialmente provido para determinar a inclusão da empresa Uvel Veículos Ltda. no pólo passivo da execução. (TRT 4ª Região, 3ª Turma, Proc. nº 0123600-76.1999.5.04.0010 - AP, Rel. Desa. Maria Helena Mallmann, 01.09.2010).

EMENTA: AGRAVO DE PETIÇÃO. EMBARGOS DE TERCEIRO. EMPRESA DIVERSA DA RECLAMADA, MAS GERENCIADA PELO SEU EX-SÓCIO. PENHORA NO PATRIMÔNIO DESTA SEGUNDA PESSOA JURÍDICA. Cabível penhora de bens de segunda pessoa jurídica administrada pelo ex-sócio da reclamada. Evidenciado que o sócio se desligou da empresa ré na reclamatória e formou sociedade de fato com a agravante. Inadmissível que o sócio ou o administrador se valha de artimanha para burlar a legislação ou lograr credores, visando livrar-se das obrigações contraídas. Ordenamento jurídico pátrio que permite afastar a autonomia patrimonial da sociedade, para atingir a organização coletiva e seu patrimônio social, de maneira a responsabilizar a pessoa jurídica por obrigações assumidas pelo sócio-administrador (desconsideração inversa da personalidade jurídica). Negado. (TRT 4ª Região, 6ª Turma, Proc. nº 0001080-45.2010.5.04.0023 - AP, Rel. Desa. Maria Inês Cunha Dornelles, 04.05.2011).

72. Os embargos à execução devem ser recebidos sem efeito suspensivo no processo do trabalho? A execução pode prosseguir?

Sim.

Fundamento legal: CPC, art. 525, §6º,[246] aplicado ao processo do trabalho com fundamento no art. 769 da CLT[247] e no art. 15 do CPC.[248]

Doutrina:
Francisco Antônio de Oliveira:

A Lei nº 11.382/2006 instituiu o art. 739-A [do CPC], que dispõe que 'os embargos do executado não terão efeito suspensivo', podendo o juiz, todavia, atribuir o efeito suspensivo (§1º), quando isso puder causar prejuízo, desde que tenha garantia de penhora, depósito ou caução suficiente. No processo do trabalho, os embargos à execução seguem o efeito atribuído ao recurso, que, como regra, recebe apenas o efeito devolutivo.[249]

Jurisprudência:

EMENTA: EMBARGOS À EXECUÇÃO – RECEBIMENTO NO EFEITO SUSPENSIVO – MEDIDA EXCEPCIONAL – PREENCHIMENTO DOS

---

[246] CPC: Art. 525. Transcorrido o prazo previsto no art. 523 sem o pagamento voluntário, inicia-se o prazo de 15 (quinze) dias para que o executado, independentemente de penhora ou nova intimação, apresente, nos próprios autos, sua impugnação.
§6º. A apresentação de impugnação não impede a prática dos atos executivos, inclusive os de expropriação, podendo o juiz, a requerimento do executado e desde que garantido o juízo com penhora, caução ou depósito suficientes, atribuir-lhe efeito suspensivo, se seus fundamentos forem relevantes e se o prosseguimento da execução for manifestamente suscetível de causar ao executado grave dano de difícil ou incerta reparação.
[247] CLT: Art. 769. Nos casos omissos, o direito processual comum será fonte subsidiária do direito processual do trabalho, exceto naquilo em que for incompatível com as normas deste Título.
[248] CPC: Art. 15. Na ausência de normas que regulem processos eleitorais, trabalhistas ou administrativos, as disposições deste Código lhes serão aplicadas supletiva e subsidiariamente.
[249] OLIVEIRA, Francisco Antônio de. *Execução na Justiça do Trabalho*. 6. ed. São Paulo: RT, 2007. p. 63.

REQUISITOS LEGAIS. Cumpridos todos os requisitos exigidos pelo §1º, do artigo 739-A, do Código de Processo Civil, deve ser atribuído, excepcionalmente, o efeito suspensivo aos embargos à execução. (TJMG, 11ª Câmara Cível, Proc. nº 0666-46687.2007.8.13.0439, Rel. Desembargador Duarte de Paula).

EMENTA: PROCESSO CIVIL. EMBARGOS À EXECUÇÃO DE TÍTULO EXTRAJUDICIAL. AGREGAÇÃO DE EFEITO SUSPENSIVO: EXCEÇÃO. A regra atual, a partir da vigência da Lei nº 11.382/06, é no sentido do recebimento dos embargos sem agregar o efeito suspensivo, consoante previsto pelo art. 736 do CPC. Para que seja atribuído efeito suspensivo aos embargos, mister a presença de todos os requisitos elencados no §1º do art. 739-A do CPC. Caso em que sequer comprovada a garantia do juízo, não estando preenchidos, outrossim, os demais requisitos. Agravo desprovido. (TJRS, Agravo de Instrumento nº 70042265447, 17ª Câmara Cível, Relatora Desembargadora Elaine Harzheim Macedo, 09.06.2011).

73. **No caso de conduta atentatória à dignidade da justiça, o juiz pode, além de aplicar a multa prevista no art. 774, parágrafo único, do CPC, proibir o executado de falar nos autos do processo?**

Sim.

Fundamento legal: CPC, art. 774, parágrafo único;[250] CPC, art. 77, IV e VI, §§1º, 2º e §7º.[251]

---

[250] CPC: Art. 774. Considera-se atentatória à dignidade da justiça a conduta comissiva ou omissiva do executado que:
[...]
Parágrafo único. Nos casos previstos neste artigo, o juiz fixará multa em montante não superior a vinte por cento do valor atualizado do débito em execução, a qual será revertida em proveito do exequente, exigível nos próprios autos do processo, *sem prejuízo de outras sanções de natureza processual ou material*.

[251] CPC: Art. 77. Além de outros previstos neste Código, são deveres das partes, de seus procuradores e de todos aqueles que de qualquer forma participem do processo:
[...]
IV - cumprir com exatidão as decisões jurisdicionais, de natureza provisória ou final, e não criar embaraços à sua efetivação;
[...]
VI - não praticar inovação ilegal no estado de fato de bem ou direito litigioso.
§1º. Nas hipóteses dos incisos IV e VI, o juiz advertirá qualquer das pessoas mencionadas no *caput* de que sua conduta poderá ser punida como ato atentatório à dignidade da justiça.
§2º. A violação ao disposto nos incisos IV e VI constitui ato atentatório à dignidade da justiça, devendo o juiz, sem prejuízo das sanções criminais, civis e processuais cabíveis,

Doutrina:
Francisco Antônio de Oliveira:

Dispõe o art. 599 do CPC que o juiz poderá, em qualquer momento do processo, ordenar o comparecimento das partes e advertir ao devedor que o seu procedimento constitui ato atentatório à dignidade da justiça. São atentatórios à dignidade da justiça os atos do devedor que fraudar a execução, se opuser maliciosamente à execução, empregando ardis e meios artificiosos, resistir injustificadamente às ordens judiciais, não indicar ao juiz onde se encontram os bens sujeitos à execução (art. 600, CPC). Vale dizer: primeiramente o juiz, em despacho fundamentado, adverte a parte; se, intimado do despacho, o devedor perseverar na prática de atos que demonstram a má-fé e o objetivo doloso, *o juiz poderá proibir que, dali por diante, fale nos autos, ao mesmo tempo em que lhe aplicará multa em percentual não superior a 20% sobre o valor do débito devidamente atualizado,* valor esse que reverterá em favor do credor (art. 601, CPC). O devedor renitente somente poderá livrar-se do pagamento se se comprometer a não mais agir ilicitamente e der fiador idôneo que responderá pelo pagamento de toda a obrigação, principal e acessória, caso descumpra o prometido (art. 601, parágrafo único).[252]

Francisco Antônio de Oliveira:

Ao permitir a lei outras sanções, indicando expressamente aquelas de natureza processual e material, *permite que o juiz proíba o executado de falar nos autos (sanção processual) e lhe aplique nova multa se vier a recalcitrar* em ato atentatório à dignidade da justiça, desde que a primeira multa aplicada não tenha sido pelo máximo permitido (sanção material). A decisão penalizadora deverá ser sempre fundamentada (art. 93, IX, CF).[253]

Jurisprudência:

EMENTA: APELAÇÃO. INTERPOSIÇÃO POR PARTE PROIBIDA DE FALAR NOS AUTOS. ARTIGO 601 DO CÓDIGO DE PROCESSO CIVIL.

---

aplicar ao responsável multa de até vinte por cento do valor da causa, de acordo com a gravidade da conduta.
[...]
§7º. Reconhecida violação ao disposto no inciso VI, o juiz determinará o restabelecimento do estado anterior, *podendo, ainda, proibir a parte de falar nos autos até a purgação do atentado,* sem prejuízo da aplicação do §2º'".
[252] OLIVEIRA, Francisco Antônio de. *Execução na Justiça do Trabalho.* 6. ed. São Paulo: RT, 2007. p. 74.
[253] OLIVEIRA, Francisco Antônio de. *Execução na Justiça do Trabalho.* 6. ed. São Paulo: RT, 2007. p. 136.

RECURSO NÃO CONHECIDO. Consta da fundamentação do acórdão: Vê-se que a proibição de falar nos autos, antes decorrência necessária da sanção do art. 601, agora é faculdade judicial, impondo o Juiz multa não superior a vinte por cento do valor atualizado do débito em execução, sem prejuízo de outras sanções de natureza processual (ou material), sendo típica sanção processual a proibição de falar nos autos, também admissível no processo de atentado (artigo 881 do Código de Processo Civil). (TJSP, Apelação Cível nº 66.635-4/Cubatão, 5ª Câmara Cível, Rel. Des. Marco César, *Revista do TJSP*, v. 202, ano 32, março de 1998).

74. As despesas da execução correm por conta do executado?

Sim.

Fundamento legal: CLT, art. 789-A;[254] CPC, arts. 826[255] e 831.[256]

Doutrina:
Francisco Antônio de Oliveira:

O ônus executório deverá ser carreado ao devedor, pois foi ele que, com a sua resistência, deu causa à ação de conhecimento para que o autor tivesse declarado o seu direito. Não obstante condenado, resistiu ao comando sentença e obrigou a instauração da execução forçada. Nada mais justo que aquele que deu causa à movimentação do aparato judicial responda não só pelo cumprimento da obrigação como também por todas as despesas daí advindas. Nesse sentido direcionam os arts. 651 e 659.[257]

Jurisprudência:

EMENTA: AGRAVO DE PETIÇÃO DO EXECUTADO. HONORÁRIOS DO PERITO CONTADOR NA FASE DE LIQUIDAÇÃO. A responsabilidade pela satisfação dos honorários do perito contador do juízo na fase

---

[254] CLT: Art. 789-A. No processo de execução são devidas custas, *sempre de responsabilidade do executado* e pagas ao final, de conformidade com a seguinte tabela: [...].
[255] CPC: Art. 826. Antes de adjudicados ou alienados os bens, o executado pode, a todo tempo, remir a execução, pagando ou consignando a importância atualizada da dívida, acrescida de juros, custas e honorários advocatícios.
[256] CPC: Art. 831. A penhora deverá recair sobre tantos bens quantos bastem para o pagamento do principal atualizado, dos juros, das custas e dos honorários advocatícios.
[257] OLIVEIRA, Francisco Antônio de. *Execução na Justiça do Trabalho*. 6. ed. São Paulo: RT, 2007. p. 101.

de liquidação da sentença incumbe ao executado, nos termos do inciso IX do artigo 789-A da CLT. (TRT da 4ª Região, Proc. nº 0117300-42.2003.5. 04.0001 AP, 9ª Turma, Relator Desembargador Cláudio Antônio Cassou Barbosa, 17.03.2011).

75. A ordem de preferência para a penhora (CPC, art. 835) obriga ao juízo?

Não. Mas obriga ao executado.

Fundamento legal: CPC, art. 835;[258] CLT, art. 882.[259]

Doutrina:
Francisco Antônio de Oliveira:

Incumbe ao devedor a nomeação de bens à penhora, observada a ordem de preferência prevista no art. 655 do CPC, segundo a redação conferida ao art. 882 da CLT pela Lei nº 8.432/92. A Lei nº 11.382/2006 deu nova redação ao art. 655 e editou o art. 655-A, para possibilitar a penhora por meio eletrônico, o art. 655-B, que versa sobre bens indivisíveis, e o art. 656, que cuida da substituição de bens já penhorados. No processo do trabalho, todavia, o rol não vincula o juiz, que poderá substituir o bem em se verificando que aquele arrolado pelo executado não traduz efetiva eficácia à execução.[260]

Jurisprudência:

EMENTA: AGRAVO DE PETIÇÃO. SUBSTITUIÇÃO DA PENHORA. ORDEM PREFERENCIAL DE BENS PASSÍVEIS DE PENHORA. PREVISÃO LEGAL. Embora os interesses do credor e do devedor sejam opostos, o legislador criou um sistema de proteção a ambos, sem que

---

[258] CPC: Art. 835. A penhora observará, preferencialmente, a seguinte ordem:
I - dinheiro, em espécie ou em depósito ou aplicação em instituição financeira;
II - títulos da dívida pública da União, dos Estados e do Distrito Federal com cotação em mercado;
III - títulos e valores mobiliários com cotação em mercado; [...].

[259] CLT: Art. 882. O executado que não pagar a importância reclamada poderá garantir a execução mediante depósito da mesma, atualizada e acrescida das despesas processuais, ou nomeando bens à penhora, observada a ordem preferencial estabelecida no art. 655 do Código de Processo Civil.

[260] OLIVEIRA, Francisco Antônio de. *Execução na Justiça do Trabalho.* 6. ed. São Paulo: RT, 2007. p. 129.

tal enseje prejuízos a qualquer dos polos da relação processual. Assim, embora seja assegurada a execução pelo meio menos gravoso ao devedor (artigo 620 do CPC), tal não pode importar em violação ao direito do credor de ter a satisfação do seu crédito de forma célere, de acordo com a ordem estabelecida no artigo 655 do CPC, que só pode ser alterada mediante a sua concordância (artigo 653 do CPC). O artigo 882 da CLT prevê expressamente a observância da ordem de bens prevista no artigo 655 do CPC. (TRT da 4ª Região, Proc. nº 0045900-36.1998.5.04.0811 RO, 10ª Turma, Relatora Desembargadora Denise Pacheco, 18.11.2010).

EMENTA: EXECUÇÃO. MEIO MENOS GRAVOSO. ARTS. 620 E 655 DO CPC. A execução se faz em benefício do credor, e não do devedor, e objetiva tornar efetiva a sanção condenatória. Logo, o art. 620 do CPC deve ser interpretado no sentido de que a opção pelo meio menos gravoso há de ser feita entre aqueles igualmente eficazes. *No confronto entre o meio mais eficaz para a execução e o menos gravoso para o devedor, deve prevalecer o primeiro, sucumbindo o segundo.* Isso implica que a ordem de nomeação do art. 655 do Código de Processo Civil – *que se dirige ao devedor, e não ao Juízo ou ao credor* – deve ser obedecida de modo que seja indicado o bem de melhor aceitação entre os que estão disponíveis. (TRT 15ª R, 5ª T, AP nº 902/2002.101.15.00-9, Rel. Ricardo R. Laraia, DJSP 05.11.2004. p. 43).

76. **É ineficaz a indicação de bens à penhora quando o executado não observa a ordem preferencial prevista no art. 835 do CPC (CLT, art. 882)?**

Sim.

Fundamento legal: CPC, art. 848, I.[261]

Doutrina:
Francisco Antônio de Oliveira:

Incumbe ao devedor a nomeação de bens à penhora, observada a ordem de preferência prevista no art. 655 do CPC, segundo a redação conferida ao art. 882 da CLT pela Lei nº 8.432/92.[262]

---

[261] CPC: Art. 848. As partes poderão requerer a substituição da penhora se:
I - ela não obedecer à ordem legal;
[262] OLIVEIRA, Francisco Antônio de. *Execução na Justiça do Trabalho*. 6. ed. São Paulo: RT, 2007. p. 129.

Jurisprudência:

EMENTA: AGRAVO DE PETIÇÃO. SUBSTITUIÇÃO DA PENHORA. ORDEM PREFERENCIAL DE BENS PASSÍVEIS DE PENHORA. PREVISÃO LEGAL. Embora os interesses do credor e do devedor sejam opostos, o legislador criou um sistema de proteção a ambos, sem que tal enseje prejuízos a qualquer dos polos da relação processual. Assim, embora seja assegurada a execução pelo meio menos gravoso ao devedor (artigo 620 do CPC), tal não pode importar em violação ao direito do credor de ter a satisfação do seu crédito de forma célere, de acordo com a ordem estabelecida no artigo 655 do CPC, que só pode ser alterada mediante a sua concordância (artigo 653 do CPC). O artigo 882 da CLT prevê expressamente a observância da ordem de bens prevista no artigo 655 do CPC. (TRT da 4ª Região, Proc. nº 0045900-36. 1998.5.04.0811 RO, 10ª Turma, Relatora Desembargadora Denise Pacheco, 18.11.2010).

77. Havendo desconsideração da personalidade jurídica da sociedade, a responsabilidade dos sócios entre si é solidária?

Sim.

Fundamento legal: CPC, art. 795, §1º.[263]

Doutrina:
Mauro Schiavi:

O dispositivo acima [CPC, art. 596, §1º] consagra a responsabilidade subsidiária do sócio, pois prevê a faculdade de este invocar o benefício de ordem. Desse modo, a responsabilidade do sócio é subsidiária em face da pessoa jurídica, entretanto, a fim de dar maior garantia e solvabilidade ao crédito trabalhista, têm a doutrina e a jurisprudência, acertadamente, entendido que a responsabilidade dos sócios entre si é solidária. Sendo assim, se a pessoa jurídica tiver mais de um sócio, cada um deles responderá pela integralidade da dívida, independentemente do montante das cotas de cada um na participação societária. Aquele que pagou a dívida integralmente, pode se voltar regressivamente em face dos demais sócios.[264]

---

[263] CPC: Art. 795. Os bens particulares dos sócios não respondem pelas dívidas da sociedade, senão nos casos previstos em lei.
§1º. O sócio réu, quando responsável pelo pagamento da dívida da sociedade, tem o direito de exigir que primeiro sejam excutidos os bens da sociedade.
[264] SCHIAVI, Mauro. *Execução no Processo do Trabalho.* 2. ed. São Paulo: LTr, 2010. p. 139.

Jurisprudência:

EMENTA: REDIRECIONAMENTO DA EXECUÇÃO PARA OS SÓCIOS DA EMPRESA RECLAMADA. A execução contra a empresa reclamada foi tentada exaustivamente de forma infrutífera, razão pela qual a presente execução tramita há mais de nove anos sem que o reclamante tenha percebido seus créditos trabalhistas, o que justifica o redirecionamento para as pessoas dos sócios. Havendo a desconsideração da pessoa jurídica, os sócios tornam-se devedores solidários entre si, todos obrigados pela satisfação do débito, não havendo ordem de preferência pelo tempo de permanência na sociedade ou pelas cotas sociais, conforme pretendido pelo agravante. (TRT 4ª Região, AP 00069-1994-023-04-00-4, Ac. 3ª T, Rel. Juiz Convocado Francisco Rossal de Araújo).

EMENTA: REDIRECIONAMENTO DA EXECUÇÃO. SÓCIO QUOTISTA. RESPONSABILIDADE LIMITADA AO PERÍODO EM QUE INTEGROU A SOCIEDADE. Desconsiderada a personaliade jurídica do empregador, a responsabilidade dos sócios – subsidiária em relação à empresa – *é solidária entre si, não havendo, portanto, benefício de ordem*. Todavia, é entendimento dominante nesta Seção Especializada em Execução de que a responsabilidade do sócio deve restar limitada aos créditos reconhecidos como devidos somente no período em que este integrou a sociedade. (TRT da 4ª Região, Seção Especializada em Execução, 0120200-33.2006.5.04.0020 AP, em 11.09.2012, Desembargador João Ghisleni Filho – Relator) [italizei]

EMENTA: PENHORA DE BENS DE SÓCIO. Cabível o redirecionamento da execução contra a pessoa da sócia da executada, em face da aplicação do princípio da despersonalização da pessoa jurídica. Não tendo sido encontrados bens livres da sociedade capazes de garantir a execução, *é flagrante a responsabilidade ilimitada dos sócios pela violação do próprio contrato e da lei, na medida em que se evidencia a dissolução da empresa, com a liquidação do patrimônio sem o pagamento das obrigações trabalhistas*. Nega-se provimento ao agravo de petição da sócia da executada. (Processo nº 00137-2002-451-04-00-8 - AP, Relatora Desembargadora Federal do Trabalho Ana Luíza Heineck Kruse, 8ª Turma do TRT da 4ª Região, publicado em 20.07.2006). [italizei]

78. A executada pode discutir, nos embargos à alienação, matéria relativa à fase de conhecimento e à fase de embargos à execução?

Não.

Fundamento legal: CLT, arts. 836[265] e 852.[266]

Doutrina:

Francisco Antônio de Oliveira:

Registre-se, também, que nos embargos à execução, à arrematação, à adjudicação e à remição, não poderá a parte discutir matéria pertinente à fase cognitiva, nem aos embargos de primeira fase (antes da hasta pública). Exemplificando: se a parte não foi citada para a audiência inicial e teve decretada a sua revelia, deverá interpor o recurso ordinário na primeira oportunidade, isto é, ao receber a intimação da revelia (art. 852, CLT); se não foi intimada da revelia, deverá recorrer ao ser notificada para falar dos cálculos (se ilíquida a sentença). Se não o fizer, perderá a oportunidade de ver apreciada a matéria concernente à fase cognitiva, diante da preclusão. Em embargos à arrematação, à adjudicação ou à remição, não poderá fazê-lo, se a matéria não restar prequestionada por ocasião da decisão liquidatória [...]. Alerta-se para o fato de que, na revelia trabalhista, diversamente do que sucede no processo comum, a parte é intimada da sentença (art. 852, CLT). A partir da intimação correrá o prazo de oito dias para interpor recurso ordinário. Entretanto, se não for intimada da sentença exequenda, deverá interpor recurso ordinário tão logo tome conhecimento do julgado ou quando for notificada para falar sobre os cálculos. Em não sendo intimada da sentença exequenda, nem notificada para falar sobre os cálculos, poderá requerer a nulidade do julgado, quando for citada para pagamento ou indicação de bens à penhora, usando dos embargos à execução, após garantido o juízo.[267]

Jurisprudência:

EMENTA: EMBARGOS À ARREMATAÇÃO. A matéria veiculada extrapola os limites das questões passíveis de serem suscitadas, nos termos do art. 746 do CPC, porquanto não superveniente à penhora. (Processo nº AP 93271/RS, 2ª Turma do TRT da 4ª Região, Juíza Relatora Dulce Olenca B. Padilha, publicado em 29.07.1997).

---

[265] CLT: Art. 836. É vedado aos órgãos da Justiça do Trabalho conhecer de questões já decididas, excetuados os casos expressamente previstos neste Título e a ação rescisória, que será admitida na forma do disposto no Capítulo IV do Título IX da Lei nº 5.869, de 11 de janeiro de 1973 – Código de Processo Civil, sujeita ao depósito prévio de 20% (vinte por cento) do valor da causa, salvo prova de miserabilidade jurídica do autor.

[266] CLT: Art. 852. Da decisão serão os litigantes notificados pessoalmente ou por seu representante, na própria audiência. No caso de revelia, a notificação far-se-á pela forma estabelecida no §1º do art. 841.

[267] OLIVEIRA, Francisco Antônio de. *Execução na Justiça do Trabalho*. 6. ed. São Paulo: RT, 2007. p. 234-235.

EMENTA: APELAÇÃO CÍVEL. LOCAÇÃO. EMBARGOS À ARREMATAÇÃO. EXCESSO DE EXECUÇÃO. DESCABIMENTO. PRELIMINAR CONTRARRECURSAL. NÃO CONHECIMENTO DO APELO POR AUSÊNCIA DE FUNDAMENTAÇÃO. DESACOLHIMENTO. Não caracterizada a ausência de fundamentação nos pedidos de reforma da sentença expostos no recurso do autor, considerando que as razões de fato e de direito contidas na peça mostram-se suficientes para o exame da pretensão e o correspondente exercício de defesa pela parte adversa. Preliminar rejeitada. MÉRITO. MANUTENÇÃO DA SENTENÇA. *A alegação de excesso de execução é matéria estranha aos embargos à arrematação, por não se inserir entre as hipóteses que viabilizam tornar sem efeito a arrematação. Inteligência do art. 694, §1º, do CPC*. *PRELIMINAR REJEITADA. RECURSO DESPROVIDO*. (Apelação Cível Nº 70050452713, Décima Sexta Câmara Cível, Tribunal de Justiça do RS, Relatora: Catarina Rita Krieger Martins, Julgado em 29.11.2012) [italizei].

EMENTA: EMBARGOS À ARREMATAÇÃO - INTIMAÇÃO DE HASTA PÚBLICA - EDITAL - VALIDADE - AGRAVO RETIDO - INEXISTÊNCIA DE PEDIDO DE EXAME NO RECURSO DE APELAÇÃO – NÃO CONHECIMENTO DO AGRAVO - PRELIMINAR DE NULIDADE DA SENTENÇA - CERCEAMENTO DE DEFESA INOCORRENTE - LITIGÂNCIA DE MÁ-FÉ - CONFIGURAÇÃO - EXCESSO DE EXECUÇÃO - MATÉRIA ESTRANHA AOS EMBARGOS DE ARREMATAÇÃO - EMBARGOS JULGADOS IMPROCEDENTES - SENTENÇA MANTIDA. A intimação de hasta pública, via edital específico para o fim, é meio processualmente idôneo, amparado pelo art. 687, 5º, do CPC, sempre que resultarem infrutíferas as tentativas de se realizar a intimação do devedor pessoalmente, em especial, quando restar evidenciada a intenção deste de evitar a consumação do ato e, assim, protelar, indefinidamente, o andamento da ação. Não se conhece do agravo retido, se a parte não requerer, expressamente, em suas razões recursais, ou na peça de resposta à apelação, sua apreciação pelo tribunal. *Não incide em cerceamento de defesa a decisão que, em sede de embargos à arrematação, indefere pedido de perícia, para conferência de cálculo de liquidação, uma vez que o art. 746 do CPC, ao traçar os respectivos limites, deixa à margem a matéria pertinente a excesso de execução, em especial se o cálculo que o devedor pretende atacar já se acha homologado por sentença não mais sujeita a recurso*. A parte que usa de interpretação sofística do processo, com o objetivo de procrastinar o pagamento de seu débito, deve ser condenada por litigância de má-fé, principalmente se já o fora antes, em primeiro grau de jurisdição e teve mitigada a sua pena em segundo e, ainda assim, permaneceu na prática de atos visivelmente protelatórios. (Processo nº 200000047441870001, Relator Desembargador Antônio de Pádua, Tribunal de Justiça de Minas Gerais, publicado em 05.03.2005) [italizei].

79. A executada revel deve apresentar recurso ordinário quando intimada da sentença ou quando intimada para falar sobre os cálculos de liquidação, sob pena de preclusão?

Sim.

Fundamento legal: CLT, arts. 795[268] e 852.[269]

Doutrina:
Francisco Antônio de Oliveira:

Registre-se, também, que nos embargos à execução, à arrematação, à adjudicação e à remição, não poderá a parte discutir matéria pertinente à fase cognitiva, nem aos embargos de primeira fase (antes da hasta pública). Exemplificando: se a parte não foi citada para a audiência inicial e teve decretada a sua revelia, deverá interpor o recurso ordinário na primeira oportunidade, isto é, ao receber a intimação da revelia (art. 852, CLT); se não foi intimada da revelia, deverá recorrer ao ser notificada para falar dos cálculos (se ilíquida a sentença). Se não o fizer, perderá a oportunidade de ver apreciada a matéria concernente à fase cognitiva, diante da preclusão. Em embargos à arrematação, à adjudicação ou à remição, não poderá fazê-lo, se a matéria não restar prequestionada por ocasião da decisão liquidatória [...]. Alerta-se para o fato de que, na revelia trabalhista, diversamente do que sucede no processo comum, a parte é intimada da sentença (art. 852, CLT). A partir da intimação correrá o prazo de oito dias para interpor recurso ordinário. Entretanto, se não for intimada da sentença exequenda, deverá interpor recurso ordinário tão logo tome conhecimento do julgado ou quando for notificada para falar sobre os cálculos. Em não sendo intimada da sentença exequenda, nem notificada para falar sobre os cálculos, poderá requerer a nulidade do julgado, quando for citada para pagamento ou indicação de bens à penhora, usando dos embargos à execução, após garantido o juízo.[270]

---

[268] CLT: Art. 795. As nulidades não serão declaradas senão mediante provocação das partes, as quais deverão argui-las à primeira vez em que tiverem de falar em audiência ou nos autos.
[269] CLT: Art. 852. Da decisão serão os litigantes notificados pessoalmente ou por seu representante, na própria audiência. No caso de revelia, a notificação far-se-á pela forma estabelecida no §1º do art. 841.
[270] OLIVEIRA, Francisco Antônio de. *Execução na Justiça do Trabalho*. 6. ed. São Paulo: RT, 2007. p. 234-235.

Wagner D. Giglio:

Ressalte-se, ademais, que é permitida a invocação apenas da nulidade da *execução*. No que respeita à possibilidade de alegação de nulidade *ab ovo* de todo o processado, por vício de citação inicial, lavra a discórdia na doutrina. Parece-nos que tal alegação não deve ser admitida em embargos, senão vejamos. Afastemos, liminarmente, o caso de haver o executado intervindo no processo em qualquer fase anterior, pois se o fez deveria ter alegado a nulidade na primeira oportunidade, não a reservando para a execução, sob pena de convalidação do ato nulo, como expusemos (Cap. IX, *sub* 2ª). A hipótese se restringe, portanto, ao revel. Ora, se este foi pessoalmente intimado da sentença condenatória e dela não recorreu, operou-se a preclusão máxima, tornando inabordável, em execução, a validade do julgado. Figure-se a hipótese, então, de a intimação da sentença ter sido feita pelo correio, não devolvida pelo destinatário, pessoa diversa do executado, continuando este alheado do processo. Ao ser citado para o início da execução, deve o revel interpor o recurso cabível, vez que só nesse momento tomou ciência da decisão adversa, e não aguardar a penhora para embargá-la, permitindo que se esgote o prazo recursal, pois também aqui prevalece a regra do art. 795 da CLT: 'As nulidades não serão declaradas senão mediante provocação das partes, as quais deverão argui-las à primeira vez em que tiverem de falar em audiência ou nos autos', pena de convalidação. Ainda que não se aceitem esses argumentos, a mesma solução se impõe, pois haveria um último obstáculo a impedir a alegação de nulidade *ab initio* do feito, em embargos: não sendo recurso, estes não devolvem ao julgador a faculdade de rever a decisão condenatória. E esta o constrange, enquanto não for revista.[271]

Jurisprudência:

EMENTA: NULIDADE DA CITAÇÃO – IMPOSSIBILIDADE DE ARGUIÇÃO PELO REVEL NA FASE EXECUTÓRIA. Após o trânsito em julgado da sentença, a fase executória é inadequada para o revel arguir a nulidade por defeito da notificação para prestar depoimento pessoal. Na esfera do processo do trabalho, o momento processual oportuno para tal desiderato é o do recurso ordinário, porque a parte, mesmo revel, é intimada da sentença de mérito (art. 852 da CLT). (TRT 12ª R, 1ª Turma, Processo nº 206/2002.015.12.02-9-Ac, Relatora Maria do Ceo de Avelar, publicado em 14.10.2004).

---

[271] GIGLIO, Wagner D. *Direito Processual do Trabalho*. 16. ed. São Paulo: Saraiva, 2007. p. 588-589.

80. O crédito trabalhista tem privilégio sobre o crédito previdenciário?

Sim. Nada obstante os termos do art. 53, §1º, da Lei nº 8.212/91.[272]

Fundamento legal: CF, art. 100, §1º;[273] CTN, art. 186;[274] Lei nº 6.830/80, art. 29.[275]

Doutrina:
Francisco Antônio de Oliveira:

Dispõe a Lei nº 8.212, de 24.07.1991, art. 53, que, 'na execução judicial da dívida ativa da União, suas autarquias e fundações públicas, será facultado ao exequente indicar bens à penhora, a qual será efetivada concomitantemente com a citação inicial do devedor. §1º. Os bens penhorados nos termos deste artigo ficam desde logo indisponíveis.' Evidentemente, referidos preceitos deverão ser interpretados em consonância com o art. 100 da CF, o art. 29 da Lei nº 6.830/80 (LEF) e os arts. 186 e 187 do CTN, os quais informam sobre a execução trabalhista (art. 889, da CLT). Vale dizer, a 'indisponibilidade' de que fala o §1º retrocitado diz respeito àqueles créditos cuja preferência não esteja acima do crédito tributário [...]. Mirando-se por outra ótica, tem-se que a 'indisponibilidade' de que fala a lei diz respeito ao proprietário. Os bens declarados indisponíveis pela Lei nº 8.212/91 não estão e não poderiam estar alijados da execução trabalhista. Essa não foi a *mens*

---
[272] Lei nº 8.212/1991: Art. 53. Na execução judicial de dívida ativa da União, suas autarquias e fundações públicas, será facultado ao exequente indicar bens à penhora, a qual será efetivada concomitantemente com a citação inicial do devedor.
§1º. Os bens penhorados nos termos deste artigo ficam desde logo indisponíveis.

[273] CF: Art. 100. Os pagamentos devidos pelas Fazendas Públicas Federal, Estaduais, Distrital e Municipais, em virtude de sentença judiciária, far-se-ão exclusivamente na ordem cronológica de apresentação dos precatórios e à conta dos créditos respectivos, proibida a designação de casos ou de pessoas nas dotações orçamentárias e nos créditos adicionais abertos para este fim.
§1º. Os débitos de natureza alimentícia compreendem aqueles decorrentes de salários, vencimentos, proventos, pensões e suas complementações, benefícios previdenciários e indenizações por morte ou por invalidez, fundadas em responsabilidade civil, em virtude de sentença judicial transitada em julgado, e serão pagos com preferência sobre todos os demais débitos, exceto sobre aqueles referidos no §2º deste artigo.

[274] CTN: Art. 186. *O crédito tributário prefere a qualquer outro*, seja qual for a natureza ou o tempo da sua constituição, *ressalvados os créditos decorrentes da legislação do trabalho ou do acidente do trabalho.*

[275] Lei nº 6.830/80: Art. 29. A cobrança judicial da Dívida Ativa da Fazenda Pública não é sujeita a concurso de credores ou habilitação em falência, concordata, liquidação, inventário ou arrolamento. Preceito aplicável subsidiariamente à execução trabalhista (CLT, art. 889).

legsilatoris e não poderia sê-lo em face do superprivilégio e da natureza jurídica do crédito trabalhista.[276]

Ari Pedro Lorenzetti:

Ainda que declarados indisponíveis, os bens do devedor ou do responsável não estão excluídos da execução trabalhista. Conforme os arts. 10 e 30 da Lei nº 6.830/80, aplicáveis subsidiariamente à execução trabalhista (CLT, art. 889), só não podem ser alcançados pela execução os bens absolutamente impenhoráveis. Assim, a restrição prevista no art. 53, §1º, da Lei nº 8.212/91, por exemplo, não constitui óbice à penhora para satisfazer credores trabalhistas. Do contrário, haveria a prevalência dos créditos da União, suas autarquias e fundações sobre os direitos dos trabalhadores. O mesmo ocorre nas demais situações em que, por força de lei ou determinação judicial, os bens do devedor forem declarados indisponíveis.[277]

Jurisprudência:

EMENTA: CRÉDITO PREVIDENCIÁRIO. HABILITAÇÃO. RECUPERAÇÃO JUDICIAL. O crédito previdenciário, ainda que com privilégio especial, uma vez que constituído em sentença trabalhista, tem natureza acessória ao crédito principal, o que igualmente implica sua habilitação perante o juízo da recuperação judicial, tais quais as verbas do obreiro. Assim sendo, não há que se falar em prosseguimento da Execução tão somente no que se refere às contribuições sociais, estando correta a decisão de primeira instância que determinou a expedição de certidão de habilitação dos créditos oriundos da presente reclamatória trabalhista. Aplicação do §2º do art. 6º da Lei nº 11.101/05. Nega-se provimento ao agravo de petição da União. (Processo nº 0062300-06.2008.5.04.0026 AP, 7ª Turma do TRT da 4ª Região, Relator Juiz Convocado Marcelo Gonçalves de Oliveira, publicado em 26.10.2011).

EMENTA: INSS - CONTRIBUIÇÕES PREVIDENCIÁRIAS - EXECUÇÃO CONTRA A MASSA FALIDA – COMPETÊNCIA. Decretada a falência da empresa executada, o que atinge, inclusive, o crédito trabalhista, a competência para execução das contribuições previdenciárias é exclusiva do Juízo Falimentar, sobretudo considerando que o crédito do

---

[276] OLIVEIRA, Francisco Antônio de. *Execução na Justiça do Trabalho*. 6. ed. São Paulo: RT, 2007. p. 196.
[277] LORENZETTI, Ari Pedro. *A responsabilidade pelos créditos trabalhistas*. São Paulo: LTr, 2003. p. 360.

INSS é acessório do trabalhista. Permitir o prosseguimento da execução em relação às contribuições previdenciárias, sem habilitação junto ao Juízo Falimentar, implicaria prejuízo ao crédito trabalhista, que goza de preferência sobre aquele. (Processo nº 00372-2002-076-03-00-9 AP, 7ª Turma do TRT da 3ª Região, Relator Juiz Convocado Milton V. Thibau de Almeida, publicado em 25.08.2005).

81. A liquidação extrajudicial da empresa suspende a execução trabalhista? Não. Aplica-se o art. 18 da Lei nº 6.024/74 à execução trabalhista?[278]

Não.

Fundamento legal: Lei nº 6.830/80, arts. 5º[279] e 29.[280] Orientação Jurisprudencial 143 da SDI-I.[281] Súmula 86 do TST.[282]

---

[278] Lei nº 6.024/74: Art. 18. A decretação da liquidação extrajudicial produzirá, de imediato, os seguintes efeitos:
a) suspensão das ações e execuções iniciadas sobre direitos e interesses relativos ao acervo da entidade liquidanda, não podendo ser intentadas quaisquer outras, enquanto durar a liquidação;
b) vencimento antecipado das obrigações da liquidanda;
c) não atendimento das cláusulas penais dos contratos unilaterais vencidos em virtude da decretação da liquidação extrajudicial;
d) não fluência de juros, mesmo que estipulados contra a massa, enquanto não integralmente pago o passivo;
e) interrupção da prescrição relativa a obrigações de responsabilidade da instituição;
f) não reclamação de correção monetária de quaisquer divisas passivas, nem de penas pecuniárias por infração de leis penais ou administrativas.

[279] Lei nº 6.830/80: Art. 5º. A competência para processar e julgar a execução da Dívida Ativa da Fazenda Pública exclui a de qualquer outro Juízo, inclusive o da falência, da concordata, da liquidação, da insolvência ou do inventário.

[280] Lei nº 6.830/80: Art. 29. A cobrança judicial da Dívida Ativa da Fazenda Pública não é sujeita a concurso de credores ou habilitação em falência, concordata, liquidação, inventário ou arrolamento. Preceito aplicável subsidiariamente à execução trabalhista (CLT, art. 889).

[281] OJ-143-SDI-I: "EMPRESA EM LIQUIDAÇÃO EXTRAJUDICIAL. EXECUÇÃO. CRÉDITOS TRABALHISTAS. LEI Nº 6.024/74. A execução trabalhista deve prosseguir diretamente na Justiça do Trabalho mesmo após a decretação da liquidação extrajudicial. Lei nº 6.830/1980, arts. 5º e 29, aplicados supletivamente (CLT, art. 889 e CF/1988, art. 114)".

[282] S-86-TST: "DESERÇÃO. MASSA FALIDA. EMPRESA EM LIQUIDAÇÃO EXTRAJUDICIAL. Não ocorre deserção de recurso da massa falida por falta de pagamento de custas ou de depósito do valor da condenação. Esse privilégio, todavia, não se aplica à empresa em liquidação extrajudicial".

Doutrina:

Francisco Antônio de Oliveira:

As empresas em liquidação extrajudicial não gozam de nenhum privilégio em sede trabalhista nos exatos termos da Súmula 86 do TST. Também não tem aplicação o art. 18 da Lei nº 6.024/74. No deslinde da controvérsia sobre a aplicação ou não da referida norma legal, é de ter-se em mente que aquele diploma legal tem por finalidade o resguardo da economia pública, da poupança privada e da segurança nacional, conforme expresso em um dos dispositivos da lei. Destina-se, pois, a regular as ações entre as entidades financeiras e seus investidores, depositantes, relações puramente civis e comerciais. Dizem, assim, respeito àquelas ações de âmbito civil ou penal, intentadas por credores de tais entidades. As ligações que unem essas empresas e seus empregados, na qualidade de empregados, são regidas pela CLT e por leis extravagantes trabalhistas, em sua grande maioria de caráter imperativo e de cuja fiel observância também muito depende a segurança nacional. Disso resulta que, proposta a ação, deve ela seguir o seu curso e, na fase executória, prosseguirá com a penhora de bens e o respectivo praceamento ou leilão.[283]

Jurisprudência:

EMENTA: Recurso ordinário. Mandado de segurança. Banco em liquidação extrajudicial. Inexistência de direito líquido e certo à suspensão da execução. Já está pacificada no âmbito do TST a orientação jurisprudencial no sentido de que a execução trabalhista deve prosseguir diretamente na Justiça do Trabalho mesmo após a decretação da liquidação extrajudicial. Lei nº 6.830/80, arts. 5º e 29, aplicados supletivamente (CLT, art. 889 e CF/1988, art. 114). Recurso a que se nega provimento". (TST, SDI-2, ROMS 653376/2000, Rel. Min. Barros Levenhagen, DJU 10.08.2002).

82. Tratando-se de bem destinado tanto à utilização comercial, quanto à utilização residencial, é viável a penhora?

Sim. Nada obstante a impenhorabilidade do bem de família prevista na Lei nº 8.009/90. Isso porque o imóvel não se destina exclusivamente ao uso residencial. A responsabilidade patrimonial prevista na lei (Lei nº 6.830/80, arts. 10 e 30; CPC, art. 591) faz da

---
[283] OLIVEIRA, Francisco Antônio de. *Execução na Justiça do Trabalho.* 6. ed. São Paulo: RT, 2007. p. 188.

penhorabilidade de bens a regra geral. A impenhorabilidade constitui exceção à regra geral, devendo ser interpretada de forma estrita.

Fundamento legal: Lei nº 8.009/90, art. 1º.[284]

Doutrina:
Araken de Assis:

A impenhorabilidade da residência familiar, por dívida, civil, comercial fiscal, previdenciária ou de outra natureza, consoante reza o art. 1º, *caput*, da Lei nº 8.009/90, conrtraídas pelos cônjuges, pais ou filhos – a explicitação, constante do mesmo artigo, merece exegese coerente com a noção de responsabilidade, por exemplo, a dos pais tangente às dívidas dos filhos (art. 932, I, do CC-02) –, compreende o solo, a acessão em si, eventuais plantações (p. ex., a horta), todas as benfeitorias, os equipamentos (p. ex., instalações de ar condicionado central) e os móveis (art. 1º, parágrafo único). É preciso, todavia, que tudo esteja 'quitado', razão por que os bens arrolados comportam penhora na execução para haver o respectivo preço. E, às vezes, só a acessão é impenhorável – o que resolve, salvo engano, a questão do imóvel de dupla finalidade e registro único, o primeiro andar comercial e o segundo, residencial: penhora-se o imóvel, resguardando a posse deste último piso à família –, conforme se infere da proteção à sede de moradia nas grandes propriedades rurais (art. 4º, §2º).[285]

Ari Pedro Lorenzetti:

Se o imóvel tem destinação mista, sendo utilizado tanto para fim residencial, quanto em atividade comercial, ou industrial, importa verificar se comporta divisão, sob o aspecto físico e jurídico.[286]

Jurisprudência:

EMENTA: EXECUÇÃO. PENHORA. Manutenção da penhora em até 30% sobre o imóvel com duplicidade de destinação – residencial e comercial – objetivando o pagamento de dívida com caráter alimentar.

---

[284] Lei nº 8.009/90: Art. 1º. O imóvel residencial próprio do casal, ou da entidade familiar, é impenhorável e não responderá por qualquer tipo de dívida civil, comercial, fiscal, previdenciária ou de outra natureza, contraída pelos cônjuges ou pelos pais ou filhos que sejam seus proprietários e nele residam, salvo nas hipóteses previstas nesta Lei.

[285] ASSIS, Araken de. *Manual da execução*. 11. ed. São Paulo: RT, 2007. p. 239-240.

[286] LORENZETTI, Ari Pedro. *A responsabilidade pelos créditos trabalhistas*. São Paulo: LTr, 2003. p. 350.

A proteção com cláusula de impenhorabilidade de bem de família, prevista em lei, não pode justificar impunidade e a generalização de não pagamento de débito de natureza alimentar. (Processo nº 0122400-92.2005.5.04.0005, 2ª Turma do TRT da 4ª Região, Relatora Des. Vânia Mattos, publicado em 20.07.2011).

EMENTA: IMPENHORABILIDADE. BEM DE FAMÍLIA. A parte do imóvel destinada à residência do executado não pode ser objeto de penhora, por constituir bem de família, nos termos do que dispõe o artigo 1º da Lei nº 8.009/90. No entanto, considerando a destinação comercial/industrial de parte do imóvel, afigura-se possível a penhora sobre esta fração do imóvel. Agravo de petição do executado a que se nega provimento. (Processo nº 00216-2005-383-04-00-8 AP, 8ª Turma do TRT da 4ª Região, Relatora Des. Ana Rosa Pereira Zago Sagrilo, publicado em 15.10.2009).

83. Tratando-se de crédito trabalhista, é lícita a penhora de valor depositado em caderneta de poupança?

Sim.

Fundamento legal: Lei nº 6.830/80, art. 30;[287] CPC, art. 833, X, §2º.[288]

84. É possível penhorar bem de família, em se tratando de execução de condenação decorrente de responsabilidade civil?

Sim.

---

[287] Lei nº 6.830/80, Art. 30. Sem prejuízo dos privilégios especiais sobre determinados bens, que sejam previstos em lei, responde pelo pagamento da Dívida Ativa da Fazenda Pública a totalidade dos bens e das rendas, de qualquer origem ou natureza, do sujeito passivo, seu espólio ou sua massa, inclusive os gravados por ônus real ou cláusula de inalienabilidade ou impenhorabilidade, *seja qual for a data da constituição do ônus ou da cláusula*, excetuados unicamente os bens e as rendas que a lei declara absolutamente impenhoráveis.

[288] CPC: Art. 833. São impenhoráveis:
X - a quantia depositada em caderneta de poupança, até o limite de 40 (quarenta) salários-mínimos;
§2º. *O disposto nos incisos IV e X do caput não se aplica à hipótese de penhora para pagamento de prestação alimentícia, independentemente de sua origem*, bem como às importâncias excedentes a 50 (cinquenta) salários-mínimos mensais, devendo a constrição observar o disposto no art. 528, §8º, e no art. 529, §3º. (Italizei).

Fundamento legal: Lei nº 8.009/90, art. 3º, III;[289] CF, art. 100, §1º.[290]

Doutrina:
Araken de Assis:

Em primeiro lugar, convém notar que se trata de impenhorabilidade relativa: o art. 3º, I a VII, exclui a oponibilidade desta restrição à garantia patrimonial genérica nas seguintes hipóteses: a) obrigações trabalhistas, constituídas em favor dos trabalhadores da própria residência, e respectivas contribuições previdenciárias (inc. I); b) obrigação decorrente do financiamento – o que inclui, evidentemente, o preço parcelado – destinado à aquisição ou à construção da residência familiar, 'no limite dos créditos e acréscimos constituídos em função do respectivo contrato (inc. II); c) obrigação alimentar, *abrangendo os alimentos indenizativos;* d) obrigação tributária – imposto predial ou territorial –, taxas (p. ex., em sentido pouco técnico, a 'taxa' de água, que é preço público) e contribuições (despesas de condomínio) 'devidas em função do imóvel familiar' (inc. IV); [...].[291]

Radson Rangel Ferreira Duarte:

Assim, conclui-se que o executado não pode opor a impenhorabilidade do bem caso o débito tenha origem em um ato ilícito. Mais uma vez recorremos à lição do magistrado paulista acima citado: 'O que se percebe é que não visava o legislador, e não visa a lei, a proteção do bem de família quando no polo oposto há também interesses relevantes a serem protegidos.[292]

---

[289] Lei nº 8.009/90: Art. 3º. A impenhorabilidade é oponível em qualquer processo de execução civil, fiscal, previdenciária, trabalhista ou de outra natureza, salvo se movido:
[...]
III – pelo credor de pensão alimentícia.

[290] CF: Art. 100. Os pagamentos devidos pelas Fazendas Públicas Federal, Estaduais, Distrital e Municipais, em virtude de sentença judiciária, far-se-ão exclusivamente na ordem cronológica de apresentação dos precatórios e à conta dos créditos respectivos, proibida a designação de casos ou de pessoas nas dotações orçamentárias e nos créditos adicionais abertos para este fim.
§1º. Os débitos de natureza alimentícia compreendem aqueles decorrentes de salários, vencimentos, proventos, pensões e suas complementações, benefícios previdenciários e indenizações por morte ou por invalidez, fundadas em responsabilidade civil, em virtude de sentença judicial transitada em julgado, e serão pagos com preferência sobre todos os demais débitos, exceto sobre aqueles referidos no §2º deste artigo.

[291] ASSIS, Araken de. *Manual da execução.* 11. ed. São Paulo: RT 2007. p. 237.

[292] DUARTE, Radson Rangel Ferreira; ARANTES, Delaídes Alves Miranda. *Execução trabalhista célere e efetiva:* um sonho possível. São Paulo: LTr, 2002. p. 129.

Jurisprudência:

EMENTA: DIREITO PROCESSUAL CIVIL. BEM DE FAMÍLIA. OBRIGAÇÃO ALIMENTAR DECORRENTE DE ATO ILÍCITO. EXCEÇÃO À IMPENHORABILIDADE. 1. A impenhorabilidade do bem de família prevista no art. 3º, III, da Lei nº 8.009/90 não pode ser oposta ao credor de pensão alimentícia decorrente de indenização por ato ilícito. Precedentes. 2. Embargos de Divergência rejeitados. (REsp nº 679.456/SP. Embargos de Divergência em Recurso Especial 2008/0008124-7. Rel. Min. Sidnei Beneti. Segunda Seção. j. 08.06.2011. DJe 16.06.2011. RDDP vol. 102. p. 148).

EMENTA: EXECUÇÃO DE PENSÃO MENSAL VITALÍCIA – BEM DE FAMÍLIA – INAPLICÁVEL A REGRA DA IMPENHORABILIDADE ESTABELECIDA NA LEI Nº 8.009/90. O inciso III do art. 3º da Lei nº 8.009/90 excepciona a regra da impenhorabilidade quando a execução for promovida 'pelo credor de pensão alimentícia'. Entre os débitos de natureza alimentícia estão incluídas as pensões e as indenizações por morte ou invalidez fundadas na responsabilidade civil, conforme o disposto no art. 100, §1º-A, da Constituição Federal, com redação dada pela Emenda Constitucional nº 30/2000. Assim, à execução dos créditos trabalhistas que trata de pensão mensal vitalícia não se aplica a regra da impenhorabilidade prevista no art. 3º, *caput*, da Lei nº 8.009/90, por incompatibilidade com o disposto no art. 100, §1º-A, da CF. (TRT 9ª Região, AP 9951500-86.2006.5.09.0018, Ac. SE, J. 16.04.2012, Rel. Des. Luiz Eduardo Gunther).

EMENTA: BEM DE FAMÍLIA. IMPENHORABILIDADE. EXCEÇÃO. CRÉDITOS DE NATUREZA ALIMENTAR. A impenhorabilidade do bem de família instituída na Lei nº 8.009/1990 não é absoluta, pois o inciso III do art. 3º da citada lei faz ressalva expressa aos créditos de natureza alimentar resultantes de verbas trabalhistas, quando movido, por credor de pensão alimentícia, processo de execução em decorrência de indenização por ato ilícito. (Processo nº 000926-08.2010.5.14.0004, 1ª Turma do TRT da 14ª Região, Relatora Desembargadora Maria Cesarineide de Souza Lima, publicado em 05.10.2011).

85. A execução pode ser direcionada contra o acionista controlador da sociedade anônima?

Sim.

Fundamento jurídico: Lei nº 6.404/76, arts. 116, parágrafo único, e 117.[293]

Doutrina:

Fábio Ulhoa Coelho:

O acionista controlador responde pelos danos que causar por abuso de poder, exemplificando a lei o exercício abusivo do poder de controle no art. 117. Dentre as hipóteses ali encontradas, destacam-se o desvio de finalidade da companhia, a liquidação da sociedade próspera, a eleição de administrador ou fiscal sabidamente inapto, moral ou tecnicamente, etc. Se de qualquer destes atos, ou outros que configurem abuso de poder, decorrer dano à companhia, seus acionistas e empregados, ou à comunidade em que atua, o controlador responderá pela respectiva composição. Para responsabilizar o controlador pelos danos advindos do exercício abusivo do poder de controle, não é necessário provar a sua intenção. Entende a doutrina que exigir tal prova (diabólica) poderia significar o esvaziamento do direito à indenização reconhecido pelo legislador, dada a extrema dificuldade de sua produção.[294]

Ari Pedro Lorenzetti:

Procurou a lei, assim, imputar a responsabilidade por eventuais abusos da companhia a quem efetivamente tem poder para tomar as decisões e, de fato, usa desse poder para dirigir as atividades sociais e orientar o funcionamento dos órgãos da companhia, qual seja, o acionista controlador. E a lei é muito clara no sentido de responsabilizar o acionista controlador caso abuse dos poderes que sua posição lhe confere

---

[293] Lei nº 6.404/76: Art. 116. Entende-se por acionista controlador a pessoa, natural ou jurídica, ou o grupo de pessoas vinculadas por acordo de voto, ou sob controle comum, que:
[...]
Parágrafo único. O acionista controlador deve usar o poder com o fim de fazer a companhia realizar o seu objeto e cumprir sua função social, e *tem deveres e responsabilidades para com* os demais acionistas da empresa, *os que nela trabalham* e para com a comunidade em que atua, *cujos direitos e interesses deve lealmente respeitar e atender.*
Art. 117. O acionista controlador responde pelos danos causados por atos praticados com abuso de poder.
§1º. São modalidades de exercício abusivo de poder:
[...]
c) promover alteração estatutária, emissão de valores mobiliários ou *adoção de políticas ou decisões* que não tenham por fim o interesse da companhia e *que visem a causar prejuízo* a acionistas minoritários, *aos que trabalham na empresa* ou aos investidores em valores imobiliários emitidos pela companhia.
[294] COELHO, Fábio Ulhoa. *Manual de Direito Comercial.* 16. ed. São Paulo: Saraiva, 2005. p. 211.

(arts. 116, parágrafo único, e 117). Aliás, o abuso do direito de voto é coibido independentemente de quem partir, ainda que o acionista que abusar não seja controlador, ou que sua posição não prevaleça na assembleia (art. 115, §3º).[295]

Jurisprudência:

EMENTA: REDIRECIONAMENTO DA EXECUÇÃO. RESPONSABILIZAÇÃO DE SÓCIO. SOCIEDADE ANÔNIMA. Constatada violação à legislação trabalhista, aplica-se, à espécie, o art. 158, II, e §2º da Lei nº 6.404/76, sendo cabível o redirecionamento da execução contra o patrimônio pessoal dos sócios e administradores da sociedade anônima. (Processo nº 0023200-80.2008. 5.04.0111, Seção Especializada em Execução do TRT da 4ª Região, Relatora Desembargadora Federal do Trabalho Rejane Souza Pedra, publicada em 27.09.2013).

EMENTA: AGRAVO DE PETIÇÃO DOS EXECUTADOS. MATÉRIA COMUM. ANÁLISE CONJUNTA. DESCONSIDERAÇÃO DA PERSONALIDADE JURÍDICA DA SOCIEDADE. REDIRECIONAMENTO DA EXECUÇÃO. SOCIEDADE ANÔNIMA. A insolvência da executada, bem assim a total inexistência de bens passíveis de penhora e capazes de garantir a execução, impossibilitando a satisfação do crédito do exequente, cuja execução se processa desde julho de 1997, leva à conclusão imperiosa de que houve a má administração da sociedade, ou seja, a atuação irregular de seus administradores, diretores e/ou acionistas controladores, com abuso de poder e violação da lei, especialmente de natureza trabalhista. Descumprimento das obrigações trabalhistas que, por si só, caracteriza o desvio de finalidade de que trata o art. 50 do Código Civil, o que torna legítima a desconsideração da personalidade jurídica da executada, ainda que se tratando de sociedade anônima, e excussão de bens de seus administradores e gestores, tão somente não incidindo sobre a pessoa do sócio integrante do Conselho de Administração, órgão meramente consultivo, sem qualquer poder de gestão/ administração da sociedade. (Processo nº 0093900-10.1996.5.04.0012, Seção Especializada em Execução do TRT da 4ª Região, Relator Desembargador Federal do Trabalho João Ghisleni Filho, publicada em 26.03.2013).

EMENTA: ACIONISTA. RESPONSABILIDADE SUBSIDIÁRIA. Somente o acionista controlador ou os administradores das sociedades anônimas podem ser responsabilizados por suas dívidas, quando verificada

---

[295] LORENZETTI, Ari Pedro. *A responsabilidade pelos créditos trabalhistas*. São Paulo: LTr, 2003. p. 216.

alguma das hipóteses elencadas nos artigos 117 e 158 da Lei nº 6.404/76. Não havendo provas de que o 2º ou o 3º reclamados sejam controladores ou administradores da 1ª ré (JBS S/A) nem a prática de qualquer ato irregular de gestão que possa acarretar a sua responsabilização, não há que se falar em condenação subsidiária pelos créditos devidos à autora. (Processo nº 0001353-15.2012. 5.03.0077, 2ª Turma do TRT da 3ª Região, Relator Desembargador Federal do Trabalho Luis Ronan Neves Koury, publicado em 25.09.2013).

86. **O negócio celebrado a título gratuito pode configurar fraude contra credores ou fraude à execução? A doação de bens aos filhos com reserva de usufruto pode configurar fraude à execução ou fraude contra credores?**

Sim.

Fundamento legal: CPC, art.792, IV;[296] CC, art. 158.[297]

Doutrina:
Maria Helena Diniz:

São suscetíveis de fraude os negócios jurídicos: a) A título gratuito (doação ou remissão de dívida – CC, art. 386), quando os pratique, independentemente de má-fé, o devedor já insolvente, ou por ele reduzido à insolvência, caso em que poderão ser anulados pelos credores quirografários (sem garantia) como lesivos dos seus direitos, se já o eram ao tempo desses atos (CC, art. 158, §2º; *RJTJSP, 120*:18, *100*:37, *50*:69; *RT, 525*:56, *512*:29, *426*:191).[298]

Ana Paula Sefrin Saladini:

Com fulcro na Seção VI, Capítulo IV, do Código Civil, podemos classificar pelo menos nove subespécies de negócio jurídico como hipótese

---

[296] CPC: Art. 792. A alienação ou a oneração de bem é considerada fraude à execução:
IV - quando, ao tempo da alienação ou da oneração, tramitava contra o devedor ação capaz de reduzi-lo à insolvência;

[297] CC: Art. 158. Os negócios de transmissão gratuita de bens ou remissão de dívida se os praticar o devedor já insolvente, ou por eles reduzido à insolvência, ainda quando o ignore, poderão ser anulados pelos credores quirografários, como lesivos de seus direitos.
§1º. Igual direito assiste aos credores cuja garantia se tornar insuficiente.

[298] DINIZ, Maria Helena. *Curso de Direito Civil Brasileiro.* 24. ed. São Paulo: Saraiva, 2007. v. 1, p. 486.

de fraude contra credores. São elas: a) Transmissão gratuita de bens por devedor já insolvente (art. 158, CC): transmissão gratuita é aquela que não prevê qualquer contraprestação por parte do recebedor. A transmissão gratuita de bens, por excelência, é a doação. É frequente, na seara da execução trabalhista, nos depararmos com doação de bens com reserva de usufruto, notadamente em benefícios de filhos menores. Para que se tenha o devedor como insolvente, por sua vez, não há necessidade de declaração judicial de insolvência: basta que o devedor apresente um passivo maior que o ativo (CPC, art. 748); b) Transmissão gratuita de bens por devedor que por esse ato é reduzido à insolvência (art. 158, CC): a diferença entre a hipótese anterior e a presente é que, naquela, o devedor já era insolvente à época da transmissão dos bens, enquanto nessa é o próprio ato de disposição de bens que o torna incapaz de fazer frente às dívidas existentes; note-se que a dicção legal (*os negócios [...] ainda quando o ignore, poderão ser anulados*) implica anulabilidade do negócio, ainda que o próprio devedor desconheça que, com aquele ato, será reduzido à insolvência, para que o devedor não possa se apegar a uma alegação de boa-fé.[299]

Jurisprudência:

EMENTA: EMBARGOS DE TERCEIRO. TRANSMISSÃO DE BEM. ONEROSIDADE NÃO DEMONSTRADA. DIMINUIÇÃO DA GARANTIA OU POSSIBILIDADE DE INSOLVÊNCIA DO DEVEDOR. FRAUDE A CREDORES CONFIGURADA. VALIDADE DA CONSTRIÇÃO JUDICIAL. A transmissão de bem passível de conduzir o devedor à insolvência ou de reduzir a garantia dos credores, não tendo sido demonstrada a onerosidade do negócio jurídico, caracteriza fraude a credores, emprestando validade à penhora efetivada sobre o bem transferido a terceiro. Incidência dos arts. 158 e 159 do CC. (Processo nº 003400-21.2007.5.04.0102 AP, 4ª Turma do TRT da 4ª Região, Juiz Convocado Fernando Luiz de Moura Cassal, publicado em 15.05.2008).

EMENTA: FRAUDE À EXECUÇÃO. DOAÇÃO A FILHOS MENORES APÓS A CIÊNCIA DO AJUIZAMENTO DA AÇÃO. Caracteriza fraude à execução a transmissão do único imóvel penhorável, de propriedade da executada, através de doação com reserva de usufruto vitalício, a seus filhos, quando ciente de que contra si tramitava reclamatória trabalhista. Afastamento da aplicação da OJ 31, desta Seção Especializada, por não se tratar de venda de imóvel a terceiro de boa-fé.

---

[299] SALADINI, Ana Paula Sefrin. Fraude contra credores, fraude de execução e o processo do trabalho. In: SANTOS, José Aparecido dos. (Coord.). *Execução trabalhista*. 2. ed. São Paulo: LTr, 2010. p. 241.

(TRT-PR-31157-19999-015-09-00-0, Ac. nº 05670-2006, Rel. Luiz Eduardo Gunther, DJPR 03.03.2006).

EMENTA: APELAÇÃO CÍVEL. AÇÃO PAULIANA. FRAUDE CONTRA CREDORES. Doação com reserva de usufruto vitalício feita em favor dos filhos. Insolvência. Dívida anterior. Fraude caracterizada. Recurso desprovido. (TJPR, Ac. nº 0159470-5, Araucária, 8ª Câmara Cível, Rel. Juiz Convocado Augusto Lopes Cortes, J. 10.11.2005).

EMENTA: APELAÇÃO CÍVEL – AÇÃO PAULIANA JULGADA PROCEDENTE – DOAÇÃO DO DIREITO DO IMÓVEL FEITA PELOS RÉUS DEVEDORES A SEUS FILHOS MENORES – INFORMAÇÃO POSTERIOR DA EXISTÊNCIA DE UM OUTRO IMÓVEL SOMENTE EM NOME DA CÔNJUGE RÉ NO QUAL ELA RESIDE SOZINHA – POSSIBILIDADE DE FRUSTRAÇÃO DA EXECUÇÃO EM CASO DO REFERIDO IMÓVEL SER RECONHECIDO COMO BEM DE FAMÍLIA – CONFIRMAÇÃO DA SENTENÇA – RECURSO CONHECIDO E DESPROVIDO. Incorrem em prática de fraude os devedores que, no curso da execução, mediante doação, transferem o seu único imóvel aos seus filhos, para tornarem-se insolventes. A demonstração efetiva do 'eventus damnis' e do 'consilium fraudis' induz à procedência da ação pauliana e enseja determinar que bem ilegalmente transferido para outrem ao patrimônio dos devedores, de maneira a não causar prejuízo aos credores. A constatação posterior da existência de um outro imóvel em nome somente da devedora (esposa), onde ela reside sozinha, não faz descaracterizar a prática de fraude, em face da possibilidade do mesmo ser reconhecido como bem de família (Lei nº 8.009/90) e assim ocasionar a frustração da execução. (TJPR, Ac. nº 0308184-9, Castro, 14ª C. Cív., Rel. Des. Celso Seikiti Saito, J. 15.02.2006).

EMENTA: AÇÃO PAULIANA. FRAUDE CONTRA CREDORES. CASO CONCRETO. MATÉRIA DE FATO [...]. FRAUDE CONTRA CREDORES. DOAÇÃO COM RESERVA DE USUFFRUTO AOS FILHOS. REDUÇÃO DOS DEVEDORES À INSOLVÊNCIA. ANULAÇÃO DO ATO JURÍDICO PRATICADO EM FRAUDE CONTRA CREDORES. A fraude contra credores caracteriza-se quando o devedor, depois de constituída a obrigação, aliena seus bens ou direitos com a intenção de frustrar a garantia de suas dívidas. Nos termos do art. 106 do CCB/16 e art. 158 do CC/02, verifica-se a fraude contra credores quando o devedor pratica atos de transmissão gratuita de bens, ou remissão de dívida, estando já insolvente ou quando por esses atos o devedor seja reduzido à insolvência. Restando demonstrado que os devedores estavam insolventes quando efetuada a doação com reserva de usufruto realizada a seus filhos, o credor, que já o era ao tempo da ação, pode pleitear a anulação do ato jurídico, por meio da ação pauliana. Incumbe ao devedor provar a própria solvência. Constatada a fraude contra credores, o ato jurídico realizado nessa condição é anulado, restabelecendo-se o *status quo ante*. Preliminar rejeitada, e recurso desprovido. (Ac. 70011151149). Apelo desprovido. (Apelação Cível nº 70012545216, 15ª Câmara Cível do Tribunal de Justiça do Estado do Rio Grande do Sul, Relator Des. Vicente Barroco de Vasconcelos, publicado em 28.09.2005).

87. A remissão de dívida por parte de devedor insolvente pode configurar fraude à execução ou fraude contra credores?

Sim.

Fundamento legal: CPC, art. 792, IV;[300] CC, art. 158.[301]

Doutrina:
Maria Helena Diniz:

São suscetíveis de fraude os negócios jurídicos: a) A título gratuito (doação ou remissão de dívida – CC, art. 386), quando os pratique, independentemente de má-fé, o devedor já insolvente, ou por ele reduzido à insolvência, caso em que poderão ser anulados pelos credores quirografários (sem garantia) como lesivos dos seus direitos, se já o eram ao tempo desses atos (CC, art. 158, §2º; *RJTJSP, 120*:18, *100*:37, *50*:69; *RT, 525*:56, *512*:29, *426*:191).[302]

Ana Paula Sefrin Saladini:

A remissão de dívida equivale ao perdão gratuito, e, portanto, também se caracteriza como ato de liberalidade, visto com desconfiança pelo legislador. Ressalve-se que regra geral não existe óbice legal ao perdão de dívida; entretanto, aquele que assumiu obrigações patrimoniais em face de terceiros e assim procede atua em detrimento dos direitos

---

[300] CPC: Art. 792. A alienação ou a oneração de bem é considerada fraude à execução:
IV - quando, ao tempo da alienação ou da oneração, tramitava contra o devedor ação capaz de reduzi-lo à insolvência;

[301] CC: Art. 158. Os negócios de transmissão gratuita de bens ou remissão de dívida se os praticar o devedor já insolvente, ou por eles reduzido à insolvência, ainda quando o ignore, poderão ser anulados pelos credores quirografários, como lesivos de seus direitos.
§1º. Igual direito assiste aos credores cuja garantia se tornar insuficiente.

[302] DINIZ, Maria Helena. *Curso de Direito Civil Brasileiro*. 24. ed. São Paulo: Saraiva, 2007. v. 1, p. 486.

creditórios alheios. Não é razoável supor que quem não tem condições de arcar com seus débitos vá perdoar seus próprios devedores. Aqui, o legislador intui a existência de fraude, decorrente de simulação comum: para evitar que o recebimento de valores reverta em proveito de seus próprios credores, o devedor recebe a dívida e dá como quitação termo de remissão.[303]

Jurisprudência:

EMENTA: FRAUDE CONTRA CREDORES. AÇÃO PAULIANA. ADVOGADA E CONSTITUINTE DEVEDORA DE HONORÁRIOS COMO CRÉDITO QUIROGRAFÁRIO. INSOLVÊNCIA DA DEVEDORA. REMISSÃO DE DÍVIDA. NOTÓRIO CONHECIMENTO DA INSOLVÊNCIA: GENRO QUE ADQUIRIU DA SOGRA EM REMISSÃO DE DÍVIDA. CÓDIGO CIVIL DE 1916, ARTIGOS 106, 107 E 109. Em qualquer dos casos, a remissão de dívida tornando a devedora insolvente, relativamente a credor quirografário (CC, 106), ou situação de estado entre o adquirente, que é o genro, e a alienante, que é a sogra, caracteriza a existência de motivo, como prova cabal, de que tinha flagrante conhecimento da insolvência da devedora (CC, 107), justificando a procedência da ação. (Apelação Cível nº 70006414601, 20ª Câmara Cível do Tribunal de Justiça do Estado do Rio Grande do Sul, Rel. Des. Carlos Cini Marchionatti, publicado em 18.06.2003).

EMENTA: AÇÃO DE ANULAÇÃO. ESCRITURA PÚBLICA DE CONFISSÃO DE DÍVIDA COM GARANTIA HIPOTECÁRIA. SUBSEQUENTE EXECUÇÃO COM TRANSAÇÃO ENTRE AS PARTES. SIMULAÇÃO. FRAUDE CONTRA CREDORES. COLUSÃO. A existência de dívida proveniente da locação e da fiança, cujo pagamento se pretendia elidir, motivou a escritura pública de confissão de dívida com garantia hipotecária ao primo como credor, domiciliado no exterior, que se indica simulada, além da remissão da dívida, ocasionando a insolvência conhecida do primo como tal, situação que se exauriu na execução hipotecária entre as partes co-demandadas, como exequente e executadas, onde houve transação entre as partes, destinando-se o imóvel ao primo exequente devido à colusão entre as partes, para prejudicar a demandante como credora. Sentença de improcedência da ação e acórdão provendo o recurso de apelação da parte demandante. (Apelação Cível nº 70019200344, 20ª Câmara Cível do Tribunal de Justiça do Estado do Rio Grande do Sul, Rel. Des. Carlos Cini Marchionatti, publicado em 09.05.2007).

---

[303] SALADINI, Ana Paula Sefrin. Fraude contra credores, fraude de execução e o processo do trabalho. *In*: SANTOS, José Aparecido dos. (Coord.). *Execução trabalhista*. 2. ed. São Paulo: LTr, 2010. p. 242.

EMENTA: PROCESSUAL CIVIL. RECURSO ESPECIAL. FRAUDE DE EXECUÇÃO. DEVEDOR CITADO EM AÇÃO EM QUE PROCEDE À RENÚNCIA DA HERANÇA, TORNANDO-SE INSOLVENTE. ATO ATENTATÓRIO À DIGNIDADE DA JUSTIÇA, CARACTERIZANDO FRAUDE À EXECUÇÃO. INEFICÁCIA PERANTE O EXEQUENTE; PRONUNCIAMENTO INCIDENTAL RECONHECENDO A FRAUDE, DE OFÍCIO OU A REQUERIMENTO DO EXEQUENTE PREJUDICADO, NOS AUTOS DA EXECUÇÃO OU DO PROCESSO DE CONHECIMENTO. POSSIBILIDADE. RENÚNCIA TRANSLATIVA. ATO GRATUITO. DESNECESSIDADE DE DEMONSTRAÇÃO DA MÁ-FÉ DO BENEFICIADO. IMPOSIÇÃO DE MULTA PELA FRAUDE, QUE PREJUDICA A ATIVIDADE JURISDICIONAL E A EFETIVIDADE DO PROCESSO. CABIMENTO. (Processo nº REsp nº 1.252.353 – SP, 4ª Turma do STJ, Rel. Min. Luiz Felipe Salomão, publicado em 21.05.2013).

88. **A celebração de contrato oneroso com devedor insolvente, quando a insolvência for notória, pode configurar fraude à execução ou fraude contra credores?**

Sim.

Fundamento legal: CPC, art. 792, IV;[304] CC, art. 159.[305]

Doutrina:
Maria Helena Diniz:

São suscetíveis de fraude os negócios jurídicos: a) [...]. b) A título oneroso, se praticado por devedor insolvente ou quando a insolvência for notória ou se houver motivo para ser conhecida do outro contratante (CC, art. 159), podendo ser anulado pelo credor. P. ex.: quando houver venda de imóvel em data próxima ao vencimento das obrigações e inexistirem outros bens para solver o débito (*RT*, 426:191; 466:144; 471:131). Convém esclarecer que a insolvência ocorre quando o passivo do devedor passa a ser maior do que o seu ativo, ou seja, o montante das dívidas excede o valor de seus bens (CPC, art. 748). Será notória a insolvência se o devedor tiver seus títulos protestados ou ações judiciais que impliquem

---

[304] CPC: Art. 792. A alienação ou a oneração de bem é considerada fraude à execução:
IV - quando, ao tempo da alienação ou da oneração, tramitava contra o devedor ação capaz de reduzi-lo à insolvência;

[305] CC: Art. 159. Serão igualmente anuláveis os contratos onerosos do devedor insolvente, quando a insolvência for notória, ou houver motivo para ser conhecida do outro contratante.

vinculação de seus bens (*RT, 482*:88; *477*:144). É presumida quando o adquirente tinha razões para saber do estado financeiro precário do alienante. P. ex.: parentesco próximo, preço vil, alienação de todos os bens, relações de amizade, de negócios mútuos etc. (*RT, 174*: 683; *136*:177).[306]

Ana Paula Sefrin Saladini:

Não só os atos de disposição gratuita, mas também os atos onerosos podem ser objeto de anulação, se caracterizada a fraude contra credores. Exige-se, no caso de contrato oneroso, que o devedor já esteja insolvente à época do ato de disposição patrimonial. Insolvência notória é aquela que existe razão para se presumir e seja conhecida de todos: quando o devedor já tem títulos protestados ou ações judiciais que importam atos de constrição do patrimônio, por exemplo, vez que no primeiro caso os editais de protesto são públicos, e, no segundo, basta a diligência junto ao cartório distribuidor para conhecimento do fato.[307]

Jurisprudência:

EMENTA: FRAUDE À EXECUÇÃO. INSOLVÊNCIA NOTÓRIA DO EXECUTADO. É notória a insolvência do executado, quando este possui mais de uma dezena de processos de execução contra ele, e não indica bens livres e desembaraçados à penhora, caso em que o adquirente dos bens deste executado não pode ser considerado de boa-fé, restando configurada a fraude à execução. (Processo nº 5048100-24.1998.5.04.0004 AP, 6ª Turma do TRT da 4ª Região, Juiz Rel. Otacílio Silveira Goulart Filho, publicado em 28.01.1999).

89. A celebração de contrato oneroso com devedor insolvente, quando houver motivo para a insolvência ser conhecida do outro contratante, pode configurar fraude à execução ou fraude contra credores?

Sim.

---

[306] DINIZ, Maria Helena. *Curso de Direito Civil Brasileiro*. 24. ed. São Paulo: Saraiva, 2007. v. 1, p. 486-487.
[307] SALADINI, Ana Paula Sefrin. Fraude contra credores, fraude de execução e o processo do trabalho. *In*: SANTOS, José Aparecido dos. (Coord.). *Execução trabalhista*. 2. ed. São Paulo: LTr, 2010. p. 242.

Fundamento jurídico: CPC, art. 792, IV;[308] CC, art. 159.[309]

Doutrina:
Maria Helena Diniz:

São suscetíveis de fraude os negócios jurídicos: a) [...]. b) A título oneroso, se praticado por devedor insolvente ou quando a insolvência for notória ou se houver motivo para ser conhecida do outro contratante (CC, art. 159), podendo ser anulado pelo credor. P. ex.: quando houver venda de imóvel em data próxima ao vencimento das obrigações e inexistirem outros bens para solver o débito (*RT, 426*:191; *466*:144; *471*:131). Convém esclarecer que a insolvência ocorre quando o passivo do devedor passa a ser maior do que o seu ativo, ou seja, o montante das dívidas excede o valor de seus bens (CPC, art. 748). Será notória a insolvência se o devedor tiver seus títulos protestados ou ações judiciais que impliquem vinculação de seus bens (*RT, 482*:88; *477*:144). É presumida quando o adquirente tinha razões para saber do estado financeiro precário do alienante. P. ex.: parentesco próximo, preço vil, alienação de todos os bens, relações de amizade, de negócios mútuos etc. (*RT, 174*: 683; *136*:177).[310]

Ana Paula Sefrin Saladini:

A diferença é que, nessa hipótese, a insolvência não é de conhecimento notório, mas presume-se que seja do conhecimento do adquirente, em razão de circunstâncias subjetivas. São exemplos de presunção de conhecimento da insolvência a existência, entre o alienante e o adquirente, de parentesco próximo, relações de amizade ou de negócios mútuos, bem como circunstâncias como a alienação de todos os bens ou a alienação por preço vil.[311]

---

[308] CPC: Art. 792. A alienação ou a oneração de bem é considerada fraude à execução:
IV - quando, ao tempo da alienação ou da oneração, tramitava contra o devedor ação capaz de reduzi-lo à insolvência;

[309] CC: Art. 159. Serão igualmente anuláveis os contratos onerosos do devedor insolvente, quando a insolvência for notória, ou houver motivo para ser conhecida do outro contratante.

[310] DINIZ, Maria Helena. *Curso de Direito Civil Brasileiro*. 24. ed. São Paulo: Saraiva, 2007. v. 1, p. 486-487.

[311] SALADINI, Ana Paula Sefrin. Fraude contra credores, fraude de execução e o processo do trabalho. *In*: SANTOS, José Aparecido dos. (Coord.). *Execução trabalhista*. 2. ed. São Paulo: LTr, 2010. p. 243.

Jurisprudência:

EMENTA: EMBARGOS À EXECUÇÃO E AÇÃO PAULIANA. AUTONOMIA DO TÍTULO DE CRÉDITO. A vinculação do título de crédito a negócio jurídico deve restar cabalmente demonstrada, em virtude do princípio de que o título vale pelo que nele está expresso. Bastam, para a existência e a circulação eficazes da nota promissória, a denominação e a assinatura. Fraude contra credores. Configura fraude contra o credor a presença indiscutível de *"eventus damni"* e *"consilium fraudis"* – pressupostos objetivo e subjetivo – da insolvência notória do devedor e a consciência do adquirente – *"participatio fraudis"*. O estado de insolvência do devedor decorre das dezenas de protestos de títulos de crédito, acolitados por ações de execução. A consciência do adquirente do estado de insolvência do devedor resulta das relações recíprocas de amizade, vizinhança, parentesco e de ofício. Apelos improvidos. (Apelação Cível nº 185063799, 3ª Câmara Cível, Tribunal de Alçada do Estado do Rio Grande do Sul, Rel. Des. Celeste Vicente Rovani, julgado em 27.11.1985).

EMENTA: FRAUDE À EXECUÇÃO. INSOLVÊNCIA NOTÓRIA DO EXECUTADO. É notória a insolvência do executado, quando este possui mais de uma dezena de processos de execução contra ele, e não indica bens livres e desembaraçados à penhora, caso em que o adquirente dos bens deste executado não pode ser considerado de boa-fé, restando configurada a fraude à execução. (Processo nº 5048100-24.1998.5.04.0004 AP, 6ª Turma do TRT da 4ª Região, Juiz Rel. Otacílio Silveira Goulart Filho, publicado em 28.01.1999).

90. O pagamento feito a credor quirografário, por devedor insolvente, quando a dívida ainda não está vencida, pode configurar fraude à execução ou fraude contra credores?

Sim.

Fundamento jurídico: CPC, art. 792, IV;[312] CC, art. 162.[313]

---

[312] CPC: Art. 792. A alienação ou a oneração de bem é considerada fraude à execução:
IV - quando, ao tempo da alienação ou da oneração, tramitava contra o devedor ação capaz de reduzi-lo à insolvência;

[313] CC: Art. 162. O credor quirografário, que receber do devedor insolvente o pagamento da dívida ainda não vencida, ficará obrigado a repor, em proveito do acervo sobre que se tenha de efetuar o concurso de credores, aquilo que recebeu.

Doutrina:

Maria Helena Diniz:

Como o pagamento antecipado do débito a um dos credores quirografários frustra a igualdade que deve haver entre tais credores, poderão estes propor ação para tornar sem efeito esse pagamento, determinando que o beneficiado reponha aquilo que recebeu em proveito do acervo (CC, art. 162). Portanto, só poderá ser anulado pagamento de dívida ainda não vencida, pois se já estiver vencida, esse pagamento não é mais do que uma obrigação do devedor.[314]

Ana Paula Sefrin Saladini:

O pagamento de débito já vencido não implica possibilidade de anulação, uma vez que se trata de direito líquido, certo e exigível do credor. Entretanto, o pagamento antecipado de débito ainda não vencido frustra a igualdade que deve existir entre os credores quirografários, e é passível de declaração de fraude contra os demais credores. No mais, o devedor demonstra evidente favorecimento e faz intuir a existência de fraude. Não raro se constata simulação de dívida e respectivo pagamento antes do vencimento, em prol de pessoa de confiança do devedor, para evitar a transferência do patrimônio para os efetivos credores.[315]

91. A concessão de garantia de dívida pelo devedor insolvente pode configurar fraude à execução ou fraude contra credores?

Sim.

Fundamento jurídico: CPC, art. 792, IV;[316] CC, art. 163.[317]

---

[314] DINIZ, Maria Helena. *Curso de Direito Civil Brasileiro*. 24. ed. São Paulo: Saraiva, 2007. v. 1, p. 487.
[315] SALADINI, Ana Paula Sefrin. Fraude contra credores, fraude de execução e o processo do trabalho. In: SANTOS, José Aparecido dos. (Coord.). *Execução trabalhista*. 2. ed. São Paulo: LTr, 2010. p. 243.
[316] CPC: Art. 792. A alienação ou a oneração de bem é considerada fraude à execução:
IV - quando, ao tempo da alienação ou da oneração, tramitava contra o devedor ação capaz de reduzi-lo à insolvência;
[317] CC: Art. 163. Presumem-se fraudatórias dos direitos de outros credores as garantias de dívidas que o devedor insolvente tiver dado a algum credor.

Doutrina:
Maria Helena Diniz:

A outorga de garantias reais (CC, art. 1.491) a um dos credores quirografários pelo devedor em estado de insolvência, prejudicando os direitos dos demais credores (CC, art. 162), acarreta sua anulabilidade. (*RT, 114*: 721). Há presunção *juris et de jure* de fraude.[318]

Ana Paula Sefrin Saladini:

A concessão da garantia é ato de oneração do patrimônio do devedor, vez que aquele determinado bem, que até então deveria servir de garantia a todos os credores quirografários, fica vinculado a um credor em especial, quebrando a isonomia que até então existia entre os credores. Se reconhecida a fraude contra credores, o ato importará apenas a anulação da garantia real, não do crédito daquele credor, que remanesce, mas como simples crédito quirografário.[319]

Jurisprudência:

EMENTA: AGRAVO DE PETIÇÃO. FRAUDE À EXECUÇÃO. RESTRIÇÃO JUDICIAL SOBRE VEÍCULOS. Os bens penhorados foram objeto da invocada alienação fiduciária ajustada como garantia não do financiamento de compra deles, mas de outro empréstimo. Evidenciam em tal sentido documentos segundo os quais, à época em que ocorreu tal alienação fiduciária, os referidos bens já tinham ingressado no patrimônio da executada há bastante tempo, antes do ajuizamento da reclamatória trabalhista. Assim, a referida alienação fiduciária veio a comprometer o patrimônio da executada no curso daquela demanda, em evidente fraude à execução, nos termos do artigo 593, II, do CPC. (Processo nº 0042800-23.2008.5.04.0003, 4ª Turma do TRT da 4ª Região, relator Desembargador Federal do Trabalho Fabiano de Castilhos Bertolucci, publicado em 19.02.2009).

---

[318] DINIZ, Maria Helena. *Curso de Direito Civil Brasileiro*. 24. ed. São Paulo: Saraiva, 2007. v. 1, p. 487.
[319] SALADINI, Ana Paula Sefrin. Fraude contra credores, fraude de execução e o processo do trabalho. In: SANTOS, José Aparecido dos. (Coord.). *Execução trabalhista*. 2. ed. São Paulo: LTr, 2010. p. 243.

92. A simulação de alienação de patrimônio do devedor pode ser declarada nula de ofício pelo juízo na própria execução?

Sim.

Fundamento jurídico: CC, art. 167;[320] CLT, art. 878;[321] CLT, art. 9º.[322]

Doutrina:

Ana Paula Sefrin Saladini:

Outra ocorrência relativamente comum na transferência a título oneroso é a existência de conluio (simulação) entre alienante e adquirente, em que ambos visam apenas exibir a aparência de alienação do bem, para evitar que sobre ele haja incidência de constrição judicial. Referida situação também acarreta a fraude contra credores. *Rodrigues Pinto* defende, nessa hipótese, que sequer há necessidade de ajuizamento de ação pauliana, porque a simulação acarreta a nulidade *pleno jure*.[323]

José Augusto Rodrigues Pinto:

Se o devedor aliena ou onera seu patrimônio em negócios jurídicos verdadeiros, isto é, celebrados com sujeitos que estão realmente adquirindo direitos reais dominiais ou resultantes de encargos, deparamo-nos apenas com a *fraude*, cujo resultado é frustrar ao credor, com ou sem intenção específica, a garantia do recebimento de seu crédito em execução futura. No entanto, o devedor pode levar a cabo o mesmo tipo de negócio jurídico de alienação ou gravame patrimonial apenas em sua aparência formal, já que, na realidade, estará realizando a operação com

---

[320] CC: Art. 167. É nulo o negócio jurídico simulado, mas subsistirá o que se dissimulou, se válido for na substância e na forma.
§1º. Haverá simulação nos negócios jurídicos quando:
I – aparentarem conferir ou transmitir direitos a pessoas diversas daquelas as quais realmente se conferem, ou transmitem;
II – contiverem declaração, confissão, condição ou cláusula não verdadeira;
III – os instrumentos particulares forem antedatados, ou pós-datados.
§2º. Ressalvam-se os direitos de terceiros de boa-fé em face dos contraentes do negócio jurídico simulado.

[321] CLT: Art. 878. A execução poderá ser promovida por qualquer interessado, ou *ex officio* pelo próprio Juiz ou Presidente ou Tribunal competente, nos termos do artigo anterior.

[322] CLT: Art. 9º. Serão nulos de pleno direito os atos praticados com o objetivo de desvirtuar, impedir ou fraudar a aplicação dos preceitos contidos na presente Consolidação.

[323] SALADINI, Ana Paula Sefrin. Fraude contra credores, fraude de execução e o processo do trabalho. *In*: SANTOS, José Aparecido dos. (Coord.). *Execução trabalhista*. 2. ed. São Paulo: LTr, 2010. p. 244.

um parceiro, hoje apelidado de *laranja*, ao qual a alienação ou o encargo não se destina a beneficiar, porque a intenção do devedor é apenas escamotear seu patrimônio, a fim de retirá-lo do alcance da garantia de cumprimento de suas dívidas. Então estaremos deparando-nos com a hipótese de haver *simulação* destinada a servir de meio para chegar à *fraude contra credor ou à execução*. Ao tempo em que o Código Civil de 1916 reputava *Simulação e Fraude* igualmente como defeitos anuláveis do ato jurídico, as duas situações eram tratadas do mesmo modo com o uso da Ação Pauliana, com procedimento e resultado descritos no item anterior. É o que se deduz, invariavelmente, da leitura combinada de seus arts. 147, II, e 152. Com a mudança de postura do Código Civil de 2002 sobre a matéria, embora a simulação e a fraude continuem guardando a mesma identidade de defeitos do ato (hoje, negócio) jurídico que, uma vez positivados, levam à invalidação de seus efeitos, passou-se a reconhecer na simulação uma intensidade que só admite configurá-la como intencional, ao passo que a fraude pode ser consumada por simples culpa, como já anotamos. Foi exatamente por causa desse grau muito mais elevado de intensidade do vício que a simulação foi puxada do leito razoavelmente macio da anulabilidade (arts. 138 e 177 combinados) para o áspero abismo da nulidade *pleno jure*, cuja declaração e efeitos prescindem da Ação Revocatória para serem aplicados como dever de ofício do Juízo, qualquer que seja a ação na qual denotar presença (art. 167). Logicamente, em toda conjuntura em que o empregador tiver transferido a titularidade de seu patrimônio a alguém, através de quem continuará a exercer o domínio, colocando-se fora do alcance do dever de garantir obrigações, o empregado não precisa lançar mão da Ação Revocatória para postular a anulação do negócio simulado com o intuito de fraudar seu crédito. Basta-lhe alegar a nulidade que, uma vez verificada pelo juízo, determinará a invalidação imediata. Mais do que isso basta que o próprio juízo a identifique para declará-la na própria ação em que se discute o cumprimento ou a execução da obrigação, sem necessidade, portanto, de processo nem sentença específicos para a desconstituição da relação jurídica simulada.[324]

Jurisprudência:

SIMULAÇÃO E FRAUDE CONTRA CREDORES – ASPECTOS DISTINTIVOS. Não se pode confundir 'fraude contra credores' (art. 106 do Código Civil) com 'simulação' (art. 102 do Código Civil), pois, enquanto na primeira hipótese há real negócio jurídico e transmissão da propriedade, na segunda existe apenas um simulacro de negócio jurídico e uma aparente transmissão da propriedade. Ademais, como assinala Butera,

---

[324] PINTO, José Augusto Rodrigues. *Execução trabalhista*. 11. ed. São Paulo: LTr, 2006. p. 480-482.

'a pauliana é concedida aos credores anteriores ao ato fraudulento, na medida em que é inconcebível uma fraude preordenada para o futuro, de modo que os credores posteriores não podem lamentar-se de um dano, se no momento em que eles adquiriram o direito de crédito não se verificou alteração dolosa da condição de solvabilidade do devedor; esta distinção não compreende, porém, a impugnação do ato simulado; sendo fingido o ato, o devedor permanece proprietário dos bens alienados, e assim todos os credores anteriores e posteriores terão interesse em estabelecer a verdadeira situação patrimonial do devedor. (TRT 24ª Região, AP nº 0639/2001-24-00-4, Ac. 26.09.2002).

93. O conhecimento da situação de insolvência do alienante pode ser presumido quando há relação de parentesco, relação de amizade, negócios mútuos, alienação de todos os bens ou alienação por preço vil?

Sim.

Fundamento legal: CC, art. 159;[325] CPC, art. 375.[326]

Doutrina:

Maria Helena Diniz:

Será notória a insolvência se o devedor tiver seus títulos protestados ou ações judiciais que impliquem vinculação de seus bens (*RT, 482*:88; 477:144). É presumida quando o adquirente tinha razões para saber do estado financeiro precário do alienante. P. ex.: parentesco próximo, preço vil, alienação de todos os bens, relações de amizade, de negócios mútuos etc. (*RT, 174*: 683; *136*:177).[327]

Ana Paula Sefrin Saladini:

São exemplos de presunção de conhecimento da insolvência a existência, entre o alienante e o adquirente, de parentesco próximo, relações

---

[325] CC: Art. 159. Serão igualmente anuláveis os contratos onerosos de devedor insolvente, quando a insolvência for notória, ou houver motivos para ser conhecida do outro contratante.

[326] CPC: Art. 375. O juiz aplicará as regras de experiência comum subministradas pela observação do que ordinariamente acontece e, ainda, as regras de experiência técnica, ressalvado, quanto a estas, o exame pericial.

[327] DINIZ, Maria Helena. *Curso de Direito Civil Brasileiro*. 24. ed. São Paulo: Saraiva, 2007. v. 1, p. 486-487.

de amizade ou de negócios mútuos, bem como circunstâncias como a alienação de todos os bens ou a alienação por preço vil.[328]

Jurisprudência:

EMENTA: FRAUDE CONTRA CREDORES. CONFIGURAÇÃO. Se o adquirente, parente em primeiro grau dos sócios de empresa insolvente, não comprova que possui recursos próprios para comprar imóvel, presume-se que tenha atuado na condição de 'laranja', a fim de evitar que os credores da empresa de sua família recebam os valores que lhes são devidos. Assim, configurada a fraude contra credores, nos termos do art. 158 do Código Civil. (TRT da 10ª Região, Relator: Juiz Francisco Luciano de Azevedo Frota. Data de Julgamento: 19.06.2013, 1ª Turma).

EMENTA: EMBARGOS DE TERCEIRO - FRAUDE CONTRA CREDORES - CONFIGURAÇÃO. O ato de alienação do terminal telefônico é considerado prejudicial ao direito do Reclamante, uma vez que o crédito executado é anterior ao mesmo. Há motivos para que a Embargante, quando adquiriu o referido bem da Reclamada, tivesse conhecimento do estado de insolvência desta, tendo em vista que, conforme afirma a Reclamante, a Embargante era proprietária do prédio locado pela Reclamada, configurando-se, assim, hipótese de fraude contra credor nos termos do art. 107 do Código Civil de 1916, que dispõe: 'Serão igualmente anuláveis os contratos onerosos do devedor insolvente, quando a insolvência for notória ou houver motivo para ser conhecida do outro contraente'. Agravo desprovido por maioria. (TRT da 24ª Região, AP: 298199677724008 MS 00298-1996-777-24-00-8 (AP), Relator: David Balani Júnior. Data de Julgamento: 05.03.1997, 2ª JCJ DE CAMPO GRANDE/MS. Data de Publicação: DO/MS Nº 004506 de 15.04.1997. p. 00046).

EMENTA: EMBARGOS À EXECUÇÃO E AÇÃO PAULIANA. AUTONOMIA DO TÍTULO DE CRÉDITO. A vinculação do título de crédito a negócio jurídico deve restar cabalmente demonstrada, em virtude do princípio de que o título vale pelo que nele está expresso. Bastam, para existência e circulação eficazes da nota promissória, a denominação e a assinatura. Fraude contra credores. Configura fraude contra o credor a presença indiscutível de *"eventus damni"* e *"consilium fraudis"* – pressupostos objetivo e subjetivo – da insolvência notória do devedor e a consciência do adquirente – *"participatio fraudis"*. O estado de insolvên-

---

[328] SALADINI, Ana Paula Sefrin. Fraude contra credores, fraude de execução e o processo do trabalho. *In*: SANTOS, José Aparecido dos. (Coord.). *Execução trabalhista*. 2. ed. São Paulo: LTr, 2010. p. 243.

cia do devedor decorre das dezenas de protestos de títulos de crédito, acolitados por ações de execução. A consciência do adquirente do estado de insolvência do devedor resulta das relações recíprocas de amizade, vizinhança, parentesco e de ofício. Apelos improvidos. (Apelação Cível nº 185063799, 3ª Câmara Cível, Tribunal de Alçada do Estado do Rio Grande do Sul, Rel. Des. Celeste Vicente Rovani, julgado em 27.11.1985).

EMENTA: FRAUDE À EXECUÇÃO. INSOLVÊNCIA NOTÓRIA DO EXECUTADO. É notória a insolvência do executado, quando este possui mais de uma dezena de processos de execução contra ele, e não indica bens livres e desembaraçados à penhora, caso em que o adquirente dos bens deste executado não pode ser considerado de boa-fé, restando configurada a fraude à execução. (Processo nº 5048100-24.1998.5.04.0004 AP, 6ª Turma do TRT da 4ª Região, Juiz Rel. Otacílio Silveira Goulart Filho, publicado em 28.01.1999).

EMENTA: APELAÇÃO CÍVEL. AÇÃO PAULIANA. ANTERIORI-DADE DO CRÉDITO E INSOLVÊNCIA DA DEVEDORA. REQUI-SITOS PREENCHIDOS. DEVEDORA QUE ALIENA TODO O SEU PATRIMÔNIO, PASSANDO A OSTENTAR SITUAÇÃO DE INSOL-VABILIDADE PERANTE SEUS CREDORES. TRANSFERÊNCIA DE DOIS IMÓVEIS À SUA FILHA. *CONSILIUM FRAUDIS* EVIDEN-CIADO. *SCIENTIA FRAUDIS* PRESUMIDO. SENTENÇA MANTIDA. RECURSO DESPROVIDO. A comprovação da vontade objetiva do devedor no sentido de embaraçar seus credores, fraudando as expecta-tivas de receberem seus créditos através da insolvabilidade provocada pela alienação do seu patrimônio, é presumida quando evidenciado que a transferência dos bens que serviriam para garantir a quitação das dívidas deu-se entre parentes em linha reta, como ocorre entre mãe e filha. É ululante e pueril que relação assim tão próxima não arreda a ciência da parte adquirente sobre as dívidas de quem lhe transfere o patrimônio, e muito menos que tal transferência seria meio eficaz de gerar o estado de insolvência da alienante. Evidenciado pelo acervo probatório tal estratagema, e havendo anterioridade do débito, a proce-dência da ação pauliana é medida que se impõe. (TJ-SC, Relator: Jorge Luis Costa Beber. Data de Julgamento: 12.09.2011, Câmara Especial Regional de Chapecó).

94. É possível penhorar as cotas sociais do sócio executado?

Sim.

Fundamento legal: Lei nº 6.830/80, art. 30;[329] CPC, arts. 789[330] e 835, IXI.[331]

Doutrina:
Araken de Assis:

Sob a vigência do antigo CPC, as cotas de sociedade de responsabilidade limitada se mostravam impenhoráveis, em virtude de norma expressa, que não mereceu reprodução no vigente estatuto. Em vista do princípio da tipicidade (retro, 39.1), a doutrina sustentou a penhorabilidade, mas há opiniões em contrário, fundadas no caráter *intuitu personae* dessa espécie de sociedade e na vedação de contrato social, restringindo aos fundos líquidos pertencentes ao executado. Ora, as disposições do contrato social não obrigam os terceiros, porque, do contrário, o devedor criaria impenhorabilidade negocial, à revelia dos credores.[332]

Francisco Antônio de Oliveira:

É possível a penhora de cotas sociais por dívida pessoal do sócio: a uma, porque inexiste veto legal para a penhorabilidade; a duas, porque o bem pessoal alienável é transferível; a três, porque a cota não é bem público e não está elencada no art. 649 do CPC; a quatro, porque é princípio geral de direito, consagrado pelo art. 591 do CPC, que o devedor responde por suas dívidas com todo o patrimônio – as cotas das sociedades limitadas são bens incorpóreos, de conteúdo econômico; a cinco, porque a emissão das cotas não pode ser feita ao portador (TAPR, 4ª Câm. Cív., Ap. 42.346-1, Rel. Ulysses Lopes, v.u., 11.09.1991, *Coad Inf Sem*. 11/92, p. 173, Ementa 57.723). Em havendo a penhora sobre cotas sociais, deverá o juízo dar conhecimento aos demais sócios mediante intimação e determinar a averbação da penhora na Junta Comercial, à margem do registro constitutivo da empresa. É bem de ver que eventual proibição existente no contrato social com vistas à penhora redunda de

---

[329] Lei nº 6.830/80, Art. 30. Sem prejuízo dos privilégios especiais sobre determinados bens, que sejam previstos em lei, responde pelo pagamento da Dívida Ativa da Fazenda Pública a totalidade dos bens e das rendas, de qualquer origem ou natureza, do sujeito passivo, seu espólio ou sua massa, inclusive os gravados por ônus real ou cláusula de inalienabilidade ou impenhorabilidade, *seja qual for a data da constituição do ônus ou da cláusula*, excetuados unicamente os bens e as rendas que a lei declara absolutamente impenhoráveis.
[330] CPC: Art. 789. O devedor responde com todos os seus bens presentes e futuros para o cumprimento de suas obrigações, salvas as restrições estabelecidas em lei.
[331] Art. 835. A penhora observará, preferencialmente, a seguinte ordem:
IX – ações e quotas de sociedades simples e empresárias;
[332] ASSIS, Araken de. *Manual da execução*. 11. ed. São Paulo: RT, 2007. p. 219.

nenhum valor, pois cada sócio responde pelas suas dívidas pessoais com seu patrimônio atual e futuro (art. 591, CPC). Se nenhum outro bem possuir, as suas cotas sociais serão penhoradas. A impenhorabilidade deverá ser consequência de lei e não de simples vontade dos sócios. Nesse sentido, precedente da Excelsa Corte no RE 90.910.9, Rel. Min. Xavier de Albuquerque, JTACSP 88/65).[333]

Ari Pedro Lorenzetti:

É por isso que o novo Código Civil acolheu a corrente majoritária na jurisprudência, estabelecendo no art. 1.026 que 'o credor particular do sócio pode, na insuficiência de outros bens do devedor, fazer recair a execução sobre o que a este couber nos lucros da sociedade, ou na parte que lhe tocar em liquidação. Neste caso, o credor requererá a dissolução da sociedade em relação ao sócio devedor, para haver o valor necessário à satisfação de seu direito (CC, art. 1.031). Contorna-se, assim, a inviabilidade da substituição forçada do sócio executado pelo adquirente das quotas, contra a vontade dos demais sócios, o que atentaria contra o princípio da *affectio societatis*. Nada impede, ainda, que a sociedade promova a remição do executado, devendo garantir-se aos demais sócios a preferência na arrematação das quotas.[334]

Radson Rangel Ferreira Duarte:

Não há qualquer norma legal que sirva como óbice à penhora. A omissão do novo texto legal, não contemplando a cota social nos róis dos arts. 649 e 650, ao contrário do que se possa imaginar, importa na conclusão de que a penhora de tal bem não sofre qualquer restrição. E, mesmo sob a vigência do CPC anterior já se podia entrever a possibilidade de penhora no inciso II do art. 943. Vale salientar que o próprio art. 292 do Código Comercial, no qual se fundam os defensores da tese da impenhorabilidade, não permite esta conclusão. Também o art. 48 do Decreto-Lei nº 7.661/45 autoriza uma leitura permissiva da penhora. Posicionamento pelo qual se admite a penhora unicamente se houver permissão do contrato social é, com a devida licença, um atentado às regras de direito material e processual, pois em tal hipótese o devedor estaria criando uma impenhorabilidade relativa à revelia dos credores, conforme ressalta *Araken de Assis*.[335]

---

[333] OLIVEIRA, Francisco Antônio de. *Execução na Justiça do Trabalho*. 6. ed. São Paulo: RT, 2007. p. 177.

[334] LORENZETTI, Ari Pedro. *A responsabilidade pelos créditos trabalhistas*. São Paulo: LTr, 2003. p. 359.

[335] DUARTE, Radson Rangel Ferreira; ARANTES, Delaídes Alves Miranda. *Execução trabalhista célere e efetiva:* um sonho possível. São Paulo: LTr, 2002. p. 134.

Jurisprudência:

EMENTA: AGRAVO DE PETIÇÃO DA EXEQUENTE. PENHORA DE COTAS SOCIAIS. A penhora de cotas sociais pertencentes ao executado, ainda que referentes à empresa que não integra o polo passivo da ação, é legítima, à luz dos arts. 591 e 655, VI, do CPC. Agravo provido. (TRT 4ª Região, AP: 930001420085040333 RS 0093000-14.2008.5.04.0333, 8ª Turma do TRT, Relator: Juiz Conv. Wilson Carvalho Dias. Data de Julgamento: 07.07.2011).

EMENTA: AGRAVO DE INSTRUMENTO. NEGÓCIOS JURÍDICOS BANCÁRIOS. EXECUÇÃO DE TÍTULO EXTRAJUDICIAL. PENHORA DE COTAS SOCIAIS PERTENCENTES À EXECUTADA. POSSIBILIDADE. Segundo majoritária jurisprudência desta Corte e do colendo STJ, mostra-se possível a penhora de cotas sociais para pagamento de dívida do sócio, por integrar o seu patrimônio pessoal. Precedentes. AGRAVO DE INSTRUMENTO DESPROVIDO. (Agravo de Instrumento Nº 70055764674, Décima Segunda Câmara Cível, Tribunal de Justiça do RS, Relatora: Ana Lúcia Carvalho Pinto Vieira Rebout, Julgado em 10.10.2013).

95. O bloqueio de numerário realizado pelo Convênio BacenJud caracteriza violação da garantia de sigilo bancário?

Não.

Fundamento legal: CPC, art. 854.[336]

Doutrina:
Francisco Antônio de Oliveira:

> Este Convênio não impacta a quebra de sigilo bancário das pessoas físicas e jurídicas, porque já é permitido aos juízes, por força de lei, determinar o bloqueio de ativos financeiros e obter de entidades públicas ou privadas as informações necessárias para a instrução de

---

[336] CPC: Art. 854. Para possibilitar a penhora de dinheiro em depósito ou em aplicação financeira, o juiz, a requerimento do exequente, sem dar ciência prévia do ato ao executado, determinará às instituições financeiras, por meio de sistema eletrônico gerido pela autoridade supervisora do sistema financeiro nacional, que torne indisponíveis ativos financeiros existentes em nome do executado, limitando-se a indisponibilidade ao valor indicado na execução.

processos, respeitadas as regras constitucionais e processuais vigentes. Na verdade, os juízes poderiam enviar suas determinações diretamente às instituições financeiras; todavia, pela facilidade de comunicação com o Sistema Financeiro de que dispõe o Banco Central, e no contexto de uma política de aproximação e cooperação com o Judiciário, este órgão, desde os anos 80, vem auxiliando na intermediação desse processo. As solicitações antes eram encaminhadas em papel, suscitam enorme trabalho de triagem, classificação, digitação e reenvio das solicitações a toda a rede bancária. No novo sistema BancenJud, não há necessidade do envio de documento em papel nem do envolvimento do Banco Central no processo. O próprio juiz preenche um documento eletrônico na internet, que contém todas as informações hoje inscritas no ofício comum. Como vem ocorrendo nos últimos 20 anos, esses dados são transmitidos com segurança, diretamente aos bancos, que cumprem as ordens e retornam as informações diretamente aos juízes. Ou seja, o sistema apenas permite que o ofício, que era encaminhado em papel, seja agora encaminhado via internet, racionalizando os serviços no âmbito do Banco Central e possibilitando ao Poder Judiciário mais agilidade no cumprimento de suas ordens no âmbito do Sistema Financeiro Nacional.[337]

Jurisprudência:

EMENTA: AGRAVO DE INSTRUMENTO - PROCESSO DE EXECUÇÃO DE SENTENÇA - SUBSTITUIÇÃO DE PENHORA - BLOQUEIO DE CRÉDITO BANCÁRIO - QUEBRA DO SIGILO BANCÁRIO - OFENSA AO DIREITO À PRIVACIDADE - VIOLAÇÃO LITERAL E DIRETA DA CONSTITUIÇÃO FEDERAL NÃO CONFIGURADA - SÚMULA 266 DO TST. 1. O recurso de revista patronal foi interposto em sede de execução de sentença. Assim, a teor da Súmula 266 do TST e do art. 896, §2º, da CLT, o apelo somente tem trânsito por indicação de violação literal e direta de dispositivo constitucional, ficando prejudicada a análise da suposta ofensa ao dispositivo de lei apontado e da divergência jurisprudencial acostada. 2. A Reclamada sustenta que, uma vez ofertado bem à penhora, e não tendo havido contra ele nenhuma oposição do Reclamante, o procedimento de bloqueio de conta corrente, quebrando o seu sigilo bancário, violou o seu direito à privacidade, malferindo o art. 5º, X, da CF. 3. O sigilo bancário, na definição da doutrina, é a obrigação imposta aos bancos e a seus funcionários de não revelar a terceiros, sem causa justificada, os dados pertinentes a seus clientes, que, como consequência das relações jurídicas que os vinculam, sejam de seu conhecimento. Confunde-se, nesse sentido, com o dever de

---

[337] OLIVEIRA, Francisco Antônio de. *Execução na Justiça do Trabalho*. 6. ed. São Paulo: RT, 2007. p. 181.

segredo profissional e constitui desdobramento do direito à privacidade, amparável pelo art. 5º, X, da CF e pela Lei nº 4.595/64. 4. Ora, o sigilo bancário tem por guardião o próprio banco, que registra as informações de movimentações feitas pelos seus correntistas, às quais seus gerentes e funcionários têm acesso pelo simples exercício de suas funções. 5. Assim, a quebra desse sigilo só pode se referir a pedido de acesso a informações bancárias, formulado por entidade não bancária. E, como decorrência lógica, o ilícito só se dará se o banco fornecer os dados de que dispõe sem a necessária autorização judicial. Portanto, apenas se houver exteriorização da informação não autorizada judicialmente é que a quebra se materializará. 6. *In casu*, o Regional registrou que não houve divulgação ou publicidade da movimentação financeira da Agravante, nem sequer exposição nos autos. Tal circunstância fática conduz à conclusão de que não houve quebra do sigilo bancário, já que o Banco não revelou a terceiros (entidades ou pessoas que não pertençam ao banco) o conteúdo dos extratos. Ademais, o bloqueio eletrônico de crédito bancário encontra-se expressamente previsto no art. 655-A da Lei nº 11.382/06, o que afasta a suposta violação do art. 5º, X, da CF, atraindo o óbice da Súmula 266 do TST sobre o apelo. Agravo de instrumento desprovido. (TST, AIRR 91040-62.2005.5.21.0007, Relator: Ives Gandra Martins Filho. Data de Julgamento: 12.03.2008, 7ª Turma. Data de Publicação: DJ 18.03.2008.).

96. É possível penhorar o bem de família quando o devedor adquire novo bem imóvel residencial de maior valor?

Sim.

Essa situação configura fraude à execução?

Sim.

A fraude a execução tipifica ato atentatório à dignidade da justiça sujeito à multa do art. 774, parágrafo único, do CPC?

Sim.

Fundamento legal: Lei nº 8.009/90, art. 4º;[338]

---

[338] Lei nº 8.009/90: Art. 4º. Não se beneficiará do disposto nesta Lei aquele que, sabendo-se insolvente, adquire de má-fé imóvel mais valioso para transferir a residência familiar, desfazendo-se ou não da moradia antiga.

Doutrina:
Araken de Assis:

O art. 4º, *caput*, da Lei nº 8.009/1990 contemplou nova hipótese de fraude à execução, examinável neste âmbito por força do art. 593, III. Segundo reza o dispositivo, 'não se beneficiará do disposto nesta Lei aquele que, sabendo-se insolvente, adquire de má-fé imóvel mais valioso para transferir a residência familiar, desfazendo-se ou não da moradia antiga'. Em síntese, a fraude consistiria em criar impenhorabilidade aparente de residência familiar, adquirida para tal fim, nela concentrando valores antes dispersos em outros bens móveis ou imóveis. Tal fraude, a teor do §1º deste art. 4º da Lei nº 8.009/1990, poderá ser conhecida e desfeita 'na respectiva ação do credor', ou seja, no âmbito do próprio processo executivo, mediante dois expedientes: a) transferência da 'impenhorabilidade para a morada familiar anterior', o que pressupõe, nos termos da cláusula final do art. 4º, *caput*, tenha o executado mantido o domínio da antiga moradia; b) 'anular-lhe a venda'. Na primeira hipótese, que apenas confirma a diretriz do art. 5º, parágrafo único, da Lei nº 8.009/1990, segundo o qual a impenhorabilidade da residência familiar recai sobre o imóvel menos valioso, a moradia 'mais valiosa' se exporá à expropriação em execução singular ou coletiva ('concurso'). Terceiros, principalmente, permanecem indiferentes à manobra fraudulenta e às suas consequências. Mas, desfazendo-se o devedor da moradia antiga, através de negócio paralelo e autônomo, ou pela inclusão da mesma no preço do novo imóvel, o ato judicial que 'anular' a alienação atingirá, fatalmente, o adquirente. Solução bem mais vantajosa, do ponto de vista técnico, residiria na simples eliminação da impenhorabilidade da nova moradia, deixando o terceiro em paz. Como está redigida, a regra já assegura esta consequência, pois aqui também o juiz liberará a nova moradia para expropriação em execução singular ou coletiva.[339]

Marcos da Silva Pôrto:

O artigo 4º da Lei nº 8.009/90 estabelece que não pode lançar mão do benefício da impenhorabilidade aquele que, sabendo-se insolvente, adquire de má-fé outro imóvel mais valioso com o fito de transferir a residência familiar, desfazendo-se ou não da moradia antiga. Seu §1º, por seu turno, prevê que em hipóteses tais pode o juiz transferir

---

§1º. Neste caso poderá o juiz, na respectiva ação do credor, transferir a impenhorabilidade para a moradia familiar anterior, ou anular-lhe a venda, liberando a mais valiosa para execução ou concurso, conforme a hipótese.

[339] ASSIS, Araken de. *Manual da Execução*. 11. ed. São Paulo: RT, 2007. p. 258.

a impenhorabilidade para a moradia anterior ou anular-lhe a venda, liberando a mais valiosa para execução ou concurso, conforme a hipótese. Resta patente que o legislador, ao instituir o benefício da impenhorabilidade do bem de família, cercou-se de precauções para evitar o uso desvirtuado do instituto, notadamente em casos de fraude contra credores, infelizmente tão comuns na Justiça do Trabalho.[340]

Ana Paula Sefrin Saladini:

Outra hipótese por esclarecida é a prevista na Lei nº 8.009/1990, que dispõe a respeito do bem de família. Estabelece o art. 4º do referido dispositivo legal que a impenhorabilidade instituída por aquela lei não beneficiará *aquele que, sabendo-se insolvente, adquire de má-fé imóvel mais valioso para transferir a residência familiar, desfazendo-se ou não da moradia antiga*. Ou seja: a hipótese contempla a situação do devedor insolvente que busca criar impenhorabilidade aparente de residência familiar, adquirida para tal fim, nela concentrando valores antes dispersos em outros bens móveis ou imóveis. Trata-se de hipótese de fraude de execução, uma vez que pode ser conhecida e desfeita na respectiva ação do credor, ou seja, no âmbito do próprio processo executivo, mediante transferência da impenhorabilidade para a moradia familiar anterior, se existente, ou anulação da venda [...]. Explica-se melhor a manobra promovida pelo devedor, em tais casos: o subterfúgio utilizado consiste em concentrar em um único imóvel o patrimônio no devedor e nele criar a aparência de imóvel do domicílio familiar, objetivando a proteção conferida pelo instituto do bem de família. Sobre o tema, José Eli Salamancha leciona desta forma: 'Nesse caso, a fraude consistiria em gravar de impenhorabilidade um imóvel de maior valor, especialmente adquirido para essa finalidade, utilizando-se de recursos que deveriam permanecer no patrimônio do devedor para garantia de seus credores'.[341] A própria lei estabelece as soluções a serem aplicadas ao caso concreto, no §1º do art. 4º, ao dispor que o magistrado poderá, no âmbito do processo executivo, transferir a impenhorabilidade para a moradia anterior ou anular a venda, liberando o imóvel mais valioso para instrumentalizar a execução.[342]

---

[340] PÔRTO, Marcos da Silva. A impenhorabilidade do bem de família no direito processual do trabalho. *In:* GIORDANI, Francisco Alberto da Motta Peixoto. *Estudos do processo de execução*: Tribunal Regional do Trabalho da Décima Quinta Região. São Paulo: LTr, 2001. p. 164.
[341] SALAMACHA, José Eli. *Fraude de execução*: direitos do credor e do adquirente de boa-fé. São Paulo: Ed. Revista dos Tribunais, 2005. p. 203.
[342] SALADINI, Ana Paula Sefrin. Fraude contra credores, fraude de execução e o processo do trabalho. *In:* SANTOS, José Aparecido dos. (Coord.). *Execução trabalhista*. 2. ed. São Paulo: LTr, 2010. p. 258.

Jurisprudência:

EMENTA: BEM DE FAMÍLIA - DEVEDOR INSOLVENTE - AQUISIÇÃO DE IMÓVEL MAIS VALIOSO - TRANSFERÊNCIA DA RESIDÊNCIA - ÓBICE AO BENEFÍCIO DE IMPENHORABILIDADE (LEI Nº 8.009/90, ART. 4º). Na dicção do art. 4º da Lei nº 8.009/90, não se beneficia da cláusula de impenhorabilidade do bem de família 'aquele que, sabendo-se insolvente, adquire de má fé imóvel mais valioso para transferir a residência familiar, desfazendo-se ou não da moradia antiga'. Verificada em concreto tal situação, firma-se a licitude do ato de constrição judicial assim efetivado. Agravo de petição desprovido. (TRT da 10ª Região, AP 00371-2004-007-10-00-3, Relator: Juiz Paulo Henrique Blair. Data de Julgamento: 08.11.2006, 3ª Turma. Data de Publicação: 17.11.2006).

EMENTA: AGRAVO DE INSTRUMENTO. Ação de despejo por falta de pagamento cumulada com cobrança em fase de cumprimento de sentença (execução). Interposição contra decisão que julgou improcedentes os pedidos formulados na impugnação. Executado irresignado que se apega à tese de impenhorabilidade do imóvel adquirido no curso do processo, sob o argumento de se tratar de bem de família (Lei nº 8.009/90). Favor legal da impenhorabilidade que não se aplica ao caso. Hipótese de exceção legal, por inteligência do artigo 4º, da Lei especial. Executado que não pode se beneficiar com aquisição de bem, sabendo-se insolvente. Fraude caracterizada. Decisão mantida. (TJ-SP, AG 0251522-68.2012.8.26.0000, Relator: Mário A. Silveira. Data de Julgamento: 03.12.2012, 33ª Câmara de Direito Privado. Data de Publicação: 05.12.2012).

97. **É possível penhorar o bem de família quando alugado e não utilizado para a moradia da família?**

Sim.

Fundamento legal: Lei nº 8.009/90, art. 1º.[343]

---

[343] Lei nº 8.009/90: Art. 1º. O imóvel residencial próprio do casal, ou da entidade familiar, é impenhorável e não responderá por qualquer tipo de dívida civil, comercial, fiscal, previdenciária ou de outra natureza, contraída pelos cônjuges ou pelos pais ou filhos que sejam seus proprietários *e nele residam*, salvo nas hipóteses previstas em lei.

Jurisprudência:

BEM DE FAMÍLIA – IMPENHORABILIDADE LEGAL. A impenhorabilidade de que trata a Lei nº 8.009/90 incide apenas e tão somente sobre o bem imóvel residencial próprio do casal ou da entidade familiar que nele resida, a fim de lhe resguardar condições mínimas de conforto e de dignidade pessoal, não se estendendo aos demais bens da entidade familiar. Evidenciado que o objeto da penhora não é utilizado para moradia permanente dos agravantes, estando alugado, não cabe falar em sua impenhorabilidade, pois não sendo o referido bem utilizado para moradia, não se encontra abrangido pela proteção da Lei nº 8.009/90, que visa a proteger a subsistência da entidade familiar, e não favorecer o devedor inadimplente. (TRT 3ª Região, 1ª T, Ap. nº 600/2004. 057.03-00-4, Rel. Camilla Guimarães P. Zeidler, DJMG 17.05.2005. p. 17; RDT nº 9, setembro de 2005).

98. A fraude à execução pode ser declarada de ofício?

Sim.

Fundamento legal: CPC, art. 792, IV e V;[344] CLT, art. 878, *caput*.[345]

Doutrina:
Ana Paula Sefrin Saladini:

A fraude de execução implica ineficácia do negócio jurídico que alienou/onerou os bens que garantiriam a execução. Essa ineficácia será declarada nos próprios autos da execução, independentemente de forma especial de requerimento, podendo, até mesmo, ser declarada de ofício, pelo juiz que conduz a execução.[346]

---

[344] CPC: Art. 792. A alienação ou a oneração de bem é considerada fraude à execução:
IV - quando, ao tempo da alienação ou da oneração, tramitava contra o devedor ação capaz de reduzi-lo à insolvência;
V - nos demais casos expressos em lei.

[345] CLT: Art. 878. A execução poderá ser promovida por qualquer interessado, ou *ex officio* pelo próprio Juiz ou Presidente ou Tribunal competente, nos termos do artigo anterior.

[346] SALADINI, Ana Paula Sefrin. Fraude contra credores, fraude de execução e o processo do trabalho. *In*: SANTOS, José Aparecido dos. (Coord.). *Execução trabalhista*. 2. ed. São Paulo: LTr, 2010. p. 262.

Jurisprudência:

EMENTA: FRAUDE À EXECUÇÃO. EXIGÊNCIAS LEGAIS À SUA CONFIGURAÇÃO. DECLARAÇÃO EX OFFÍCIO. Configura fraude à execução quando ao tempo da alienação ou da oneração já corria contra o devedor demanda capaz de torná-lo insolvente (artigo 593, II, do CPC). No caso concreto, o bem penhorado foi alienado após o ajuizamento da demanda trabalhista em execução e não foi encontrado, no patrimônio da executada, outro bem que pudesse garantir a execução. Como ilícito processual, a fraude à execução constatada autoriza o juiz condutor do processo de execução a declará-la de ofício para, em consequência, considerar ineficaz o(s) ato(s) de alienação ou oneração dos bens constritos. (TRT da 23ª Região, AP 01563.2001.001.23.00-5, Relator: Edson Bueno. Data de Julgamento: 22.02.2005, Tribunal Pleno. Data de Publicação: 17.03.2005).

EMENTA: AGRAVO DE PETIÇÃO. EMBARGOS DE TERCEIRO. FRAUDE À EXECUÇÃO. AUSÊNCIA DE BOA-FÉ OBJETIVA. CONCLUSÃO ALCANÇADA POR MEIO DE DILIGÊNCIA PROMOVIDA PELO MAGISTRADO DE OFÍCIO. POSSIBILIDADE. LEGALIDADE. ÉTICA DO PROCESSO E INTERESSE PÚBLICO PRESERVADOS. A boa-fé objetiva pode ser caracterizada, em alienação de bem imóvel, pela regular diligência do homem comum, a fim de garantir que o negócio jurídico alcance os efeitos desejados. Assomado o estado de insolvência da empresa executada e evidenciada fraude à execução, é de ser mantida a decisão que declarou nula a venda pretérita do imóvel arrematado, afastando o direito pretendido pelo embargante de terceiro. Na verdade, traços de boa fé jamais poderão sobrelevar diante de evidência de fraude, capaz de contaminar o negócio jurídico aviado. A ética nas relações comerciais e no processo, o império da lei e o interesse público assim impõem. Agravo de petição desprovido. (TRT da 6ª Região, AP 0141300-94.2009.5.06.0016, Relator: Valéria Gondim Sampaio. Data de Publicação: 05.12.2011).

EMENTA: FRAUDE À EXECUÇÃO. Pendente demanda que poderá levar o réu à insolvência, reputa-se em fraude a alienação de bens do seu patrimônio, podendo a ineficácia da alienação em face do exequente ser declarada, independentemente de ação e, até de ofício, no próprio processo. (TRT da 5ª Região, AP 0085200-84. 2006.5.05.0491, Relatora: Graça Laranjeira, 2ª Turma. Data de Publicação: DJ 13.11.2007).

99. O crédito trabalhista pode ser penhorado?

Sim.

Fundamento legal: CF, art. 100, §1º;[347] CTN, art. 186;[348] Lei nº 6.830/80, art. 30.[349]

Doutrina:
Francisco Antônio de Oliveira:

Assim, haverá possibilidade de penhora para o pagamento de outro crédito trabalhista sobre a importância que sobejar o razoável para a sobrevivência do devedor. É evidente que, se o crédito a ser pago se traduz numa pequena fortuna, tendo em conta o *modus vivendi* do devedor, e a dívida é de valor razoável e não causa incômodo de sobrevivência ao credor trabalhista e sua família, não vemos razão para que não se faça a penhora sobre o crédito. Esse é o raciocínio que indica a lógica do razoável. A natureza alimentar, mesmo do crédito trabalhista, perde essa natureza quando se cuidar de excesso, isto é, valor que será colocado em poupança ou que será utilizado para a aquisição de bens, um veículo, uma casa. O PL nº 4.497/2004, que se transformou em Lei nº 11.382/2006, cujo art. 650, parágrafo único, retirava a impenhorabilidade do bem de família (Lei nº 8.009/90), foi objeto de veto presidencial, frustrando a expectativa, a exemplo do que ocorreu com o art. 649, IV, cujo §3º também foi objeto de veto presidencial. Os vetos são uma demons-

---

[347] CF: Art. 100. Os pagamentos devidos pelas Fazendas Públicas Federal, Estaduais, Distrital e Municipais, em virtude de sentença judiciária, far-se-ão exclusivamente na ordem cronológica de apresentação dos precatórios e à conta dos créditos respectivos, proibida a designação de casos ou de pessoas nas dotações orçamentárias e nos créditos adicionais abertos para este fim.
§1º. Os débitos de natureza alimentícia compreendem aqueles decorrentes de salários, vencimentos, proventos, pensões e suas complementações, benefícios previdenciários e indenizações por morte ou por invalidez, fundadas em responsabilidade civil, em virtude de sentença judicial transitada em julgado, e serão pagos com preferência sobre todos os demais débitos, exceto sobre aqueles referidos no §2º deste artigo.

[348] CTN: Art. 186. *O crédito tributário prefere a qualquer outro, seja qual for a natureza ou o tempo da sua constituição, ressalvados os créditos decorrentes da legislação do trabalho ou do acidente do trabalho.*

[349] Lei nº 6.830/80, Art. 30. Sem prejuízo dos privilégios especiais sobre determinados bens, que sejam previstos em lei, responde pelo pagamento da Dívida Ativa da Fazenda Pública a totalidade dos bens e das rendas, de qualquer origem ou natureza, do sujeito passivo, seu espólio ou sua massa, inclusive os gravados por ônus real ou cláusula de inalienabilidade ou impenhorabilidade, *seja qual for a data da constituição do ônus ou da cláusula*, excetuados unicamente os bens e as rendas que a lei declara absolutamente impenhoráveis.

tração eloquente de falta de sensibilidade social e desconhecimento do conteúdo humanístico que daquelas normas afloravam.[350]

Jurisprudência:

EMENTA: PENHORA DE CRÉDITO TRABALHISTA DO SÓCIO EXECUTADO. POSSIBILIDADE. Ainda que se trate de penhora de crédito trabalhista oriundo do trabalho exercido pelo executado como médico, não há como reconhecer que se destine à sobrevivência do executado e de sua família e, portanto, não está protegido pela impenhorabilidade de que trata o inciso IV do art. 649 do CPC. (TRT da 4ª Região, SEEX, AP 0066000-90. 2008.5.04.0801, Relator: João Ghisleni Filho. Data de Julgamento: 26.11.2013).

100. Os bens tornados indisponíveis na execução fiscal podem ser penhorados na execução trabalhista?

Sim.

Fundamento legal: CF, art. 100, §1º;[351] CTN, art. 186;[352] Lei nº 6.830/80, art. 29.[353]

---

[350] OLIVEIRA, Francisco Antônio de. *Execução na Justiça do Trabalho.* 6. ed. São Paulo: RT, 2007. p. 183.

[351] CF: Art. 100. Os pagamentos devidos pelas Fazendas Públicas Federal, Estaduais, Distrital e Municipais, em virtude de sentença judiciária, far-se-ão exclusivamente na ordem cronológica de apresentação dos precatórios e à conta dos créditos respectivos, proibida a designação de casos ou de pessoas nas dotações orçamentárias e nos créditos adicionais abertos para este fim.
§1º. Os débitos de natureza alimentícia compreendem aqueles decorrentes de salários, vencimentos, proventos, pensões e suas complementações, benefícios previdenciários e indenizações por morte ou por invalidez, fundadas em responsabilidade civil, em virtude de sentença judicial transitada em julgado, e serão pagos com preferência sobre todos os demais débitos, exceto sobre aqueles referidos no §2º deste artigo.

[352] CTN: Art. 186. *O crédito tributário prefere a qualquer outro,* seja qual for a natureza ou o tempo da sua constituição, *ressalvados os créditos decorrentes da legislação do trabalho ou do acidente do trabalho.*

[353] Lei nº 6.830/80: Art. 29. A cobrança judicial da Dívida Ativa da Fazenda Pública não é sujeita a concurso de credores ou habilitação em falência, concordata, liquidação, inventário ou arrolamento. Preceito aplicável subsidiariamente à execução trabalhista (CLT, art. 889).

Doutrina:
Francisco Antônio de Oliveira:

Mirando-se por outra ótica, tem-se que a 'indisponibilidade' de que fala a lei diz respeito ao proprietário. Os bens declarados indisponíveis pela Lei nº 8.212/91 não estão e não poderiam estar alijados da execução trabalhista. Essa não foi a *mens legislatoris* e não poderia sê-lo em face do superprivilégio e da natureza jurídica do crédito trabalhista. Ademais, o art. 53 da Lei nº 8.212/91, que registra exceção à regra que permite a alienação do bem, ainda que constrito, em nenhum momento declara que, após a prelação do bem em execução fiscal, o imóvel tornar-se-ia impenhorável ou inalienável. Não se olvide, por outro lado, que, como regra geral, não se pode evitar que o bem penhorado seja alienado pelo devedor. E a alienação assim levada a efeito terá pleno valor entre as partes contratantes (*pacta sunt servanda*). A consequência é que a alienação é ineficaz em relação ao credor que tenha efetuado a penhora do bem, o que significa que o comprador levará o bem com o ônus que o grava. Vale dizer, se a dívida não for remida pelo devedor, com liberação da penhora, o bem, ainda que alienado, será levado à hasta pública.[354]

Ari Pedro Lorenzetti:

Ainda que declarados indisponíveis, os bens do devedor ou do responsável não estão excluídos da execução trabalhista. Conforme os arts. 10 e 30 da Lei nº 6.830/80, aplicáveis subsidiariamente à execução trabalhista (CLT, art. 889), só não podem ser alcançados pela execução os bens absolutamente impenhoráveis. Assim, a restrição prevista no art. 53, §1º, da Lei nº 8.212/91, por exemplo, não constitui óbice à penhora para satisfazer credores trabalhistas. Do contrário, haveria a prevalência dos créditos da União, suas autarquias e fundações sobre os direitos dos trabalhadores. O mesmo ocorre nas demais situações em que, por força de lei ou determinação judicial, os bens do devedor forem declarados indisponíveis.[355]

---

[354] OLIVEIRA, Francisco Antônio de. *Execução na Justiça do Trabalho.* 6. ed. São Paulo: RT, 2007. p. 196.
[355] LORENZETTI, Ari Pedro. *A responsabilidade pelos créditos trabalhistas.* São Paulo: LTr, 2003. p. 360.

101. A execução trabalhista pode ser retomada quando tiver decorrido o prazo de 180 dias sem aprovação do Plano de Recuperação Judicial?

Sim.

Fundamento legal: Lei nº 11.101/2005, art. 6º, §§2º, 4º e 5º.[356]

Doutrina:
Fábio Ulhoa Coelho:

É temporária a suspensão das ações e execuções em virtude do despacho que manda processar o pedido de recuperação judicial. Cessa esse efeito quando verificado o primeiro dos seguintes fatos: aprovação do plano de recuperação *ou* decurso do prazo de 180 dias.[357]

José Augusto Rogrigues Pinto:

O momento da retomada (não de reinício, que caracterizaria *interrupção*) é o do trânsito em julgado da sentença de encerramento do respectivo processo; mas na *recuperação judicial* há uma alternativa para a retomada da contagem, decorrente da determinação de que, 'em hipótese nenhuma, a suspensão excederá o prazo improrrogável de 180 (cento e oitenta) dias'. Portanto, mesmo que ainda não transitada em julgado a sentença de encerramento do processo de *recuperação judicial*, a contagem prescricional é retomada após 180 dias, contados desde o seu deferimento. A razão de ser da norma não é a mesma para as duas hipóteses:

---

[356] Lei nº 11.101/2005: Art. 6º. A decretação da falência ou o deferimento da recuperação judicial suspende o curso da prescrição de todas as ações e execuções em favor de devedor, inclusive daquelas dos credores particulares do sócio solidário.
[...].
§2º. As ações de natureza trabalhista, inclusive as impugnações a que se refere o art. 8º desta Lei, serão processadas perante a Justiça especializada até a apuração do respectivo crédito, que será inscrito no quadro geral de credores pelo valor determinado em sentença.
[...].
§4º. Na recuperação judicial, a suspensão de que trata o *caput* deste artigo em hipótese nenhuma excederá o prazo improrrogável de 180 (cento e oitenta) dias, contados do deferimento do processamento da recuperação, restabelecendo-se, após o decurso do prazo, o direito dos credores de iniciar ou de continuar suas ações e execuções, independentemente de pronunciamento judicial.
§5º. Aplica-se o disposto no §2º deste artigo à recuperação judicial durante o período de que trata o §4º deste artigo, mas, após o fim da suspensão, as execuções trabalhistas poderão ser normalmente concluídas ainda que o crédito já esteja inscrito no quadro geral de credores.
[357] COELHO, Fábio Ulhoa. *Manual de Direito Comercial*. 16. ed. São Paulo: Saraiva, 2005. p. 381.

na *falência*, a suspensão se funda na ausência de lógica dimanante da aceitação de curso simultâneo de dois procedimentos, um individual, outro concursal, dirigidos ao mesmo fim de satisfação do credor; na *recuperação judicial* ela se funda na conveniência de permitir ao devedor tomar fôlego para normalizar sua atividade empresarial em crise. Isso explica, a nosso ver, a limitação suspensiva nos 180 dias, tempo estimado como bastante para a tomada de fôlego pelo devedor em recuperação, do mesmo modo que explica a coincidência da definitividade que a suspensão assume, na falência, pela coincidência sistemática com o término do próprio processo concursal, só excepcionada pela cassação do decreto judicial em grau de recurso [...]. Em relação à *recuperação judicial*, a suspensão da contagem do prazo prescricional (ou seja, insistamos, a suspensão por via oblíqua das execuções) tem um limite de tolerância de 180 dias, findos os quais poderá ser iniciada ou concluída normalmente. A execução trabalhista é tratada destacadamente no §5º seguinte, do mesmo modo e com o acréscimo de que isso ocorrerá 'ainda que o crédito já esteja inscrito no quadro geral de credores.[358]

Francisco Antônio de Oliveira:[359]

Na recuperação judicial, a suspensão de que trata o *caput* em hipótese nenhuma excederá o prazo improrrogável de 180 dias, contados do deferimento do processamento da recuperação, restabelecendo-se após o decurso do prazo, o direito dos credores de iniciar ou de continuar suas ações e execuções, independentemente de pronunciamento judicial (§4º).

102. A indisponibilidade de bens prevista no art. 185-A do CTN é aplicável de ofício à execução trabalhista?

Sim.

Fundamento legal: CTN, art. 185-A;[360] Lei nº 6.830/80, art. 4º, §2º;[361] CLT, art. 889.[362]

---

[358] PINTO, José Augusto Rodrigues. *Execução Trabalhista*. 11. ed. São Paulo: LTr, 2006. p. 108-109.
[359] OLIVEIRA, Francisco Antônio de. *Execução na Justiça do Trabalho*. 6. ed. São Paulo: RT, 2007. p. 259.
[360] CTN: Art. 185-A. Na hipótese de o devedor tributário devidamente citado não pagar nem apresentar bens à penhora no prazo legal e não forem encontrados bens penhoráveis, o juiz determinará a indisponibilidade de seus bens e direitos, comunicando a decisão,

Doutrina:

Luciano Athayde Chaves:

Em princípio, por alcançar o procedimento da execução fiscal, regulada pela Lei nº 6.830/80, a medida acautelatória de indisponibilidade do patrimônio do devedor é aplicável ao Processo do Trabalho, nos termos do art. 889 da Consolidação das Leis do Trabalho. Essa supletividade serve tanto para as execuções fiscais processadas perante a Justiça do Trabalho, quanto para as execuções trabalhistas em geral, máxime porque os créditos trabalhistas, a par do que dispõe o art. 196 do Código Tributário Nacional, ostentam privilégio.[363]

Ben-Hur Silveira Claus:

De acordo com o art. 889 da CLT, os preceitos da Lei de Executivos Fiscais (Lei nº 6.830/1980) aplicam-se à execução trabalhista de forma subsidiária desde que não contrariem o processo judiciário do trabalho previsto nos arts. 763 a 910 da CLT. O §2º do art. 4º da Lei nº 6.830/1980 estabelece que "à Dívida Ativa da Fazenda Pública, de qualquer natureza, aplicam-se as normas relativas à responsabilidade prevista na legislação tributária, civil e comercial". Entre as normas relativas à responsabilidade prevista na legislação tributária, encontra-se o art. 185-A do Código Tributário Nacional, preceito que estabelece: "Na hipótese de o devedor tributário, devidamente citado, não pagar nem apresentar bens à penhora no prazo legal e não forem encontrados bens penhoráveis, o juiz determinará a indisponibilidade de seus bens e direitos, comunicando a decisão, preferencialmente por meio eletrônico, aos órgãos e entidades que promovem registros de transferência de bens, especialmente ao registro público de imóveis e às autoridades supervisoras do mercado bancário e do mercado de capitais, a fim de que, no âmbito de suas atribuições, façam cumprir a ordem judicial". Portanto, a aplicação da medida legal de indisponibilidade de bens à

---

preferencialmente por meio eletrônico, aos órgãos e entidades que promovem registros de transferência de bens, especialmente ao registro público de imóveis e às autoridades supervisoras do mercado bancário e do mercado de capitais, a fim de que, no âmbito de suas atribuições, façam cumprir a ordem judicial.

[361] Lei nº 6.830/80: Art. 4º, §2º: À Dívida Ativa da Fazenda Pública, de qualquer natureza, aplicam-se as normas relativas à responsabilidade prevista na legislação tributária, civil e comercial.

[362] CLT: Art. 889. Aos trâmites e incidentes do processo de execução são aplicáveis, naquilo em que não contravierem ao presente Título, os preceitos que regem o processo dos executivos fiscais para a cobrança judicial da dívida ativa da Fazenda Pública Federal.

[363] CHAVES, Luciano Athayde. Ferramentas eletrônicas na execução trabalhista. *In*: CHAVES, Luciano Athayde. (Org.) *Curso de Processo do Trabalho*. São Paulo: LTr, 2009. p. 968.

execução trabalhista tem por fundamento jurídico o fato de o preceito do art. 185-A do CTN integrar *as normas relativas à responsabilidade prevista na legislação tributária* (Lei nº 6.830/1980, art. 4º, §2º), ingressando na regência legal da execução trabalhista por obra do permissivo legal do art. 889 da CLT.[364]

Jurisprudência:

CONTRIBUIÇÕES PREVIDENCIÁRIAS. IMPOSSIBILIDADE DE PROSSEGUIMENTO REGULAR DA EXECUÇÃO. APLICAÇÃO DO ART. 185-A DO CTN. A ausência de bens em nome do executado constitui justamente o pressuposto para a determinação de indisponibilidade de bens, nos termos do disposto no *caput* do novel art. 185-A do Código Tributário Nacional. Trata-se, enfim, de medida a ser tomada na hipótese de impossibilidade de prosseguimento regular da execução, *servindo como garantia de que bens futuros possam ser objeto de apreensão judicial.* Isso é o que, aliás, está preceituado, há muito tempo, no art. 591 do CPC, que registra que 'o devedor responde, para o cumprimento de suas obrigações, com todos os seus bens presentes e futuros, salvas as restrições estabelecidas em lei'. O art. 646 do mesmo Diploma de Lei respalda este entendimento, na medida em que fixa que 'a execução por quantia certa tem por objeto expropriar bens do devedor, a fim de satisfazer o direito do credor (art. 591)'. Veja-se, com isso, que mais que se discutir sobre a perspectiva da moralidade – dar efetividade à jurisdição conferida à parte – tem-se uma questão de interpretação literal do texto de lei, não sendo demais praticar atos expropriatórios contra quem se nega, mesmo que seja forçado, a cumprir o que lhe foi determinado por sentença. A expropriação não se traduz em ato brutal contra o devedor e, muito menos, a decretação de indisponibilidade dos seus bens futuros, já que, quanto a estes, não há nem mesmo a suposição de que são essenciais à sobrevivência, não fazendo parte do que é esperado pelo devedor, diariamente. Cumpre ressaltar que o Direito Processual Moderno – especialmente, o do Trabalho – admite este tipo de procedimento. O juiz tem que buscar os bens do devedor e a efetividade da justiça, que deve ser buscada. (AP-00264-1995-038-03-00-0, Rel. Milton Vasques Thibau de Almeida, 26.07.2006). (italizei).

---

[364] CLAUS, Ben-Hur Silveira. A Aplicação da medida legal de indisponibilidade de bens prevista no art. 185-A do CTN à execução trabalhista: uma boa prática a serviço do resgate da responsabilidade patrimonial futura. *Justiça do Trabalho*, Porto Alegre, n. 362. p. 7, fev. 2014.

103. A averbação premonitória prevista no art. 828 do CPC é aplicável de ofício na sentença trabalhista condenatória?

Sim.

Fundamento legal: CPC, art. 828;[365] CLT, art. 769.[366]

Doutrina:
Luiz Guilherme Marinoni e Daniel Mitidiero:

[...] embora o art. 615-A, CPC, aluda apenas ao ajuizamento de execução como suscetível de averbação, contingência que, em um primeiro momento, parece cifrar essa possibilidade tão somente à execução de títulos extrajudiciais (art. 585, CPC) e de determinados títulos judiciais (art. 475-N, II, IV e VI, CPC), certo é que também é possível a averbação de requerimento de *cumprimento de sentença condenatória* (art. 475-J, CPC), tendo em conta que aí o patrimônio responde igualmente pela satisfação do exequente. [...] a compreensão da ação como direito fundamental à tutela do direito impõe que a possibilidade de averbação da petição inicial no registro competente se estenda a *toda e qualquer demanda capaz de reduzir o demandado ao estado de insolvência*. [...] não há possibilidade de execução frutífera sem que se mantenha íntegro o patrimônio do executado, atrelando-o à finalidade expropriatória.[367]

---

[365] CPC: Art. 828. O exequente poderá obter certidão de que a execução foi admitida pelo juiz, com identificação das partes e do valor da causa, para fins de averbação no registro de imóveis, de veículos ou de outros bens sujeitos a penhora, arresto ou indisponibilidade.
§1º. No prazo de 10 (dez) dias de sua concretização, o exequente deverá comunicar ao juízo as averbações efetivadas.
§2º. Formalizada penhora sobre bens suficientes para cobrir o valor da dívida, o exequente providenciará, no prazo de 10 (dez) dias, o cancelamento das averbações relativas àqueles não penhorados.
§3º. O juiz determinará o cancelamento das averbações, de ofício ou a requerimento, caso o exequente não o faça no prazo.
§4º. Presume-se em fraude à execução a alienação ou a oneração de bens efetuada após a averbação.
§5º. O exequente que promover averbação manifestamente indevida ou não cancelar as averbações nos termos do §2º indenizará a parte contrária, processando-se o incidente em autos apartados.

[366] CLT: Art. 769. Nos casos omissos, o direito processual comum será fonte subsidiária do direito processual do trabalho, exceto naquilo em que for incompatível com as normas deste Título.

[367] MARINONI, Luiz Guilherme; MITIDIERO, Daniel Francisco. *Código de Processo Civil: comentado artigo por artigo*. 4. ed. São Paulo: RT, 2012. p. 642.

Fredie Didier Jr., Leonardo J. C. Cunha, Paula Sarno Braga e Rafael Oliveira:

A regra deve ser interpretada de forma a que se lhe dê a maior eficácia e o maior proveito possível, em termos de proteção do credor e do terceiro de boa-fé. [...] a norma merece interpretação extensiva, de forma a ampliar sua eficácia protetiva do credor e dos terceiros adquirentes, para admitir a averbação de *qualquer* ação que possa futura e eventualmente gerar execução.[368]

Sérgio Cruz Arenhart:

Na verdade, o autor de qualquer ação que esteja atrelada, por sua causa de pedir, a futura, embora eventual, execução capaz de reduzir o devedor ao estado de insolvência, pode obter certidão comprobatória do seu ajuizamento e pedir sua averbação.[369]

Luciano Athayde Chaves:

A certidão, para efeito de averbação, pode ser até obtida na fase de conhecimento, desde que o pedido seja líquido ou estimado. Luciano Athayde Chaves registra o entendimento de "ser essencial articular essa nova ferramenta com o princípio do impulso oficial que rege a execução trabalhista (art. 878, CLT), permitindo que tal medida seja adotada também *ex officio* pelo Juízo da execução".[370]

Ricardo Fioreze e Ben-Hur Silveira Claus:

Ao estabelecer que 'a execução poderá ser promovida [...] *ex officio* pelo próprio Juiz', a regra posicionada no art. 878, *caput*, da CLT autoriza ao juízo perante o qual foi formado o título executivo não só instaurar a atividade jurisdicional executiva correspondente, como também praticar todos os atos que compõem o procedimento executivo, à exceção daqueles cuja prática legitima exclusivamente as próprias partes. A despeito de sugerir que a promoção da execução de ofício constitui

---

[368] DIDIER JR, Fredie *et al. Curso de Direito Processual Civil*: execução. 4. ed. Salvador: Juspodivm, 2012. v. 5, p. 323. (Sem itálico no original).

[369] ARENHART, Sérgio Cruz. *Curso de Processo Civil*: execução. 4. ed. São Paulo: RT, 2012. v. 3, p. 268.

[370] CHAVES, Luciano Athayde. Ferramentas eletrônicas na execução trabalhista. *In*: CHAVES, Luciano Athayde. (Org.). *Curso de Processo do Trabalho*. São Paulo: LTr, 2009. p. 965.

simples faculdade assegurada ao juízo, o art. 878, *caput*, da CLT desafia interpretação além da meramente literal, orientada, em especial, pelos princípios da efetividade da atividade jurisdicional e da razoável duração do processo. A conjugação desses princípios potencializa os remédios, as medidas e as vias judiciais existentes e, por extensão, impõe ao juiz reconhecer-lhes eficácia máxima, capaz de conduzir ao alcance de resultados mais justos e dotados de maior utilidade prática, da maneira mais célere e econômica possível. Sob essa perspectiva, a regra contida no art. 878, *caput*, da CLT, ao mesmo tempo em que confere legitimidade ao juízo para promover a execução de ofício – o que compreende, reitera-se, a própria instauração da atividade jurisdicional executiva e a prática de boa parte dos atos que compõem o procedimento executivo –, lhe impõe o dever funcional de assim proceder. Independentemente de tratar-se de poder ou dever, é certo que o direito processual do trabalho privilegia, na execução, a atuação de ofício do respectivo juízo. Assim, nas situações em que é lícito ao juiz promover a execução de ofício, entre os atos que podem – ou, caso se entenda pela existência de dever funcional, devem – ser praticados por sua iniciativa, também se inclui a averbação da existência da execução no registro de imóveis, registro de veículos ou registro de outros bens sujeitos à penhora ou arresto, pois, como exposto anteriormente, este ato integra o procedimento executivo. Ao comentar sobre a aplicação da averbação premonitória ao processo do trabalho, *Luciano Athayde Chaves* registra o entendimento de 'ser essencial articular essa nova ferramenta com o princípio do impulso oficial que rege a execução trabalhista (art. 878, CLT), permitindo que tal medida seja adotada também *ex officio* pelo Juízo da execução'. Ademais, nas situações em que é lícito ao juiz promover a execução de ofício, a determinação de realização da averbação premonitória da execução pode ser incluída na própria sentença condenatória. A averbação premonitória provoca uma intervenção na esfera patrimonial do devedor semelhante àquela causada pela hipoteca judiciária prevista no art. 466 do CPC. A oportunidade dessa intervenção, no caso da hipoteca judicária, coincide com a data da publicação da sentença.[371]

104. É lícita a hipoteca judiciária de bens móveis e outros?

Sim.

---

[371] FIOREZE, Ricardo; CLAUS, Ben-Hur Silveira. Execução efetiva: a aplicação da averbação premonitória do art. 615-A do CPC ao processo do trabalho, de ofício. *Justiça do Trabalho*, Porto Alegre, n. 366. p. 7, 2014.

Fundamento legal: CPC, art. 495;[372] CLT, art. 769.[373]

Doutrina:

J. E. Carreira Alvim:

Diferentemente do que acontecia quando da promulgação do Código, atualmente existem bens muito mais valiosos do que o bem imóvel, como as aplicações financeiras, os investimentos em títulos da dívida pública, ou, mesmo em ouro ou moeda estrangeira, não sendo razoável que tais bens não se prestem para garantir o cumprimento de uma sentença condenatória. [...] Diferentemente, também, da hipoteca legal, que incide apenas sobre bens relacionados nos incs. I a VII do art. 1.473 do Código Civil, a hipoteca judicial incide sobre qualquer bem, qualquer que seja a sua natureza (móveis, imóveis, semoventes, direitos e ações).[374]

Aline Veiga Borges e Ben-Hur Silveira Claus:

É a distinta natureza jurídica da hipoteca judiciária (instituto processual de ordem pública), na comparação com a hipoteca convencional (instituto jurídico de ordem privada), o que autoriza o jurista a afastar-se dos limites do art. 1.473 do CC quando se trata de inventariar os bens

---

[372] CPC: Art. 495. A decisão que condenar o réu ao pagamento de prestação consistente em dinheiro e a que determinar a conversão de prestação de fazer, de não fazer ou de dar coisa em prestação pecuniária valerão como título constitutivo de hipoteca judiciária.
§1º. A decisão produz a hipoteca judiciária:
I - embora a condenação seja genérica;
II - ainda que o credor possa promover o cumprimento provisório da sentença ou esteja pendente arresto sobre bem do devedor;
III - mesmo que impugnada por recurso dotado de efeito suspensivo.
§2º. A hipoteca judiciária poderá ser realizada mediante apresentação de cópia da sentença perante o cartório de registro imobiliário, independentemente de ordem judicial, de declaração expressa do juiz ou de demonstração de urgência.
§3º. No prazo de até 15 (quinze) dias da data de realização da hipoteca, a parte informá-la-á ao juízo da causa, que determinará a intimação da outra parte para que tome ciência do ato.
§4º. A hipoteca judiciária, uma vez constituída, implicará, para o credor hipotecário, o direito de preferência, quanto ao pagamento, em relação a outros credores, observada a prioridade no registro.
§5º. Sobrevindo a reforma ou a invalidação da decisão que impôs o pagamento de quantia, a parte responderá, independentemente de culpa, pelos danos que a outra parte tiver sofrido em razão da constituição da garantia, devendo o valor da indenização ser liquidado e executado nos próprios autos.

[373] CLT: Art. 769. Nos casos omissos, o direito processual comum será fonte subsidiária do direito processual do trabalho, exceto naquilo em que for incompatível com as normas deste Título.

[374] ALVIM, J. E. Carreira. *Comentários ao Código de Processo Civil Brasileiro*. Curitiba: Juruá, 2011. v. 5, p. 138-140.

sujeitos à hipoteca judiciária. Isso porque os objetivos superiores da hipoteca judiciária demandam uma interpretação apta a potencializar tanto o escopo teleológico de inibir fraude patrimonial, quanto o escopo teleológico de assegurar a futura execução da sentença condenatória. É dizer: demandam uma interpretação que transcenda aos limites do art. 1.473 do CC. Assentadas tais premissas, de imediato se faz razoável a conclusão de que o escopo teleológico desse instituto processual de ordem pública se realizará de forma tanto mais eficaz quanto mais amplo for o inventário dos bens sobre os quais possa incidir a hipoteca judiciária prevista no art. 466 do CPC. Essa conclusão guarda conformidade tanto com a doutrina processual contemporânea, quanto com a perspectiva das alterações legislativas instituídas pelas chamadas minirreformas do Código de Processo Civil ocorridas nos últimos anos. Se, de um lado, a doutrina processual contemporânea compreende a garantia da razoável duração do processo como uma expressão da própria garantia constitucional da efetividade da jurisdição, de outro lado, as minirreformas adotadas no âmbito do direito processual civil têm por diretriz o objetivo de aumentar a efetividade da jurisdição. Entre as minirreformas mais recentes, destaca-se a adoção da averbação premonitória prevista no art. 615-A do CPC, cuja lembrança é evocada pelas afinidades finalísticas que a averbação premonitória guarda com a hipoteca judiciária: ambas as medidas visam a inibir a fraude patrimonial e têm por objetivo garantir o êxito da execução.[375]

105. Tratando-se de executado solteiro, pode-se penhorar o bem residencial?

Sim.

Fundamento legal: Lei nº 8.009/1990, art. 1º.[376]

Doutrina:
Ari Pedro Lorenzetti:

A probabilidade de o solteiro vir a constituir família no futuro, ou a simples possibilidade disso, não é suficiente para que se confira uma interpretação extensiva a uma exceção legal cujo objetivo foi preservar

---

[375] BORGES, Aline Veiga; CLAUS, Ben-Hur Silveira. Hipoteca judiciária sobre bens não elencados no art. 1.473 do Código Civil: a efetividade da jurisdição como horizonte hermenêutico. *Justiça do Trabalho*, Porto Alegre, n. 364. p. 7, 2014.
[376] Lei nº 8.009/90: Art. 1º. O imóvel residencial próprio *do casal, ou da entidade familiar*, é impenhorável e não responderá por qualquer tipo de dívida civil, comercial, fiscal, previdenciária ou de outra natureza, contraída pelos cônjuges ou pelos pais ou filhos que sejam seus proprietários e nele residam, salvo nas hipóteses previstas em lei.

a entidade familiar, não tutelar o direito à moradia em si mesmo. A proteção da moradia é apenas um instrumento voltado à proteção da família.[377]

Radson Rangel Ferreira Duarte:

Mas, porque sozinhos não configuram uma entidade familiar, a convivência apenas entre os filhos não impede a penhorabilidade; logicamente, se eles forem os únicos membros da família, aí sim, estará satisfeita a hipótese da Lei nº 8.009. Também, o executado solteiro não constitui entidade familiar.[378]

106. O terceiro responde com seu patrimônio pessoal quando descumpre a ordem judicial para, na penhora de crédito, depositar em juízo o valor devido ao executado?

Sim.

Fundamento legal: CPC, art. 855, I[379] e art. 856, §2º.[380]

Doutrina:
Araken de Assis:

O art. 673, *caput*, prevê a sub-rogação do executado pelo exequente na titularidade do crédito ou da ação, não tendo aquele 'oferecido embargos, ou sendo estes rejeitados'. Operada a substituição, o inadimplemento da dívida permitirá ao credor pleitear a providência cabível em face do *debitor debitoris*, realizando-o, se necessário, *mediante execução forçada*.[381]

---

[377] LORENZETTI, Ari Pedro. *A responsabilidade pelos créditos trabalhistas*. São Paulo: LTr, 2003. p. 350.
[378] DUARTE, Radson Rangel Ferreira; ARANTES, Delaídes Alves Miranda. *Execução trabalhista célere e efetiva:* um sonho possível. São Paulo: LTr, 2002. p. 126.
[379] CPC: Art. 855. Quando recair em crédito do executado, enquanto não ocorrer a hipótese prevista no art. 856, considerar-se-á feita a
penhora pela intimação:
I - ao terceiro devedor para que não pague ao executado, seu credor;
II - ao executado, credor do terceiro, para que não pratique ato de disposição do crédito.
[380] CPC: Art. 856.
§2º. O terceiro só se exonerará da obrigação depositando em juízo a importância da dívida.
Observação: o terceiro responde com seus bens, se descumprir a ordem judicial e pagar diretamente ao executado, conforme a citada doutrina de Francisco Antônio de Oliveira.
[381] ASSIS, Araken de. *Manual da execução*. 11. ed. São Paulo: RT, 2007. p. 646.

Manoel Antônio Teixeira Filho:

Recaindo a penhora em direito e ação do devedor, e não tendo sido opostos embargos, ou sendo estes rejeitados, *o credor fica sub-rogado nos direitos do devedor* até a concorrência do seu crédito (CPC, art. 673, *caput*); assim, *o credor poderá exercer, em face do terceiro, as ações que cabiam ao devedor.*[382]

Francisco Antônio de Oliveira:

Poderá acontecer de a penhora recair sobre o rendimento que o bem (móvel ou imóvel) proporciona ao seu proprietário, *v.g.*, nos casos de locação e arrendamento. No caso, o detentor da coisa será também intimado da penhora e a partir de então deverá depositar o valor à disposição do juízo, pena de responsabilidade. Dispõe o art. 671 do CPC: 'Quando a penhora recair em crédito do devedor, o oficial de justiça o penhorará. Enquanto não ocorrer a hipótese prevista no artigo seguinte, considerar-se-á feita a penhora pela intimação: I – ao terceiro devedor para que não pague ao seu credor; II – ao credor do terceiro para que não pratique ato de disposição do crédito'. O STF (*DJ* 04.07.1955. p. 2215) decidiu que, 'se o devedor paga ao credor, apesar de intimado da penhora feita sobre o crédito ou da impugnação a ele oposta por terceiro, o pagamento não valerá contra este, que poderá constranger o devedor a pagar de novo, ficando-lhe, entretanto, salvo o regresso contra o devedor'. Temos para nós que no mesmo castigo incorrerá o terceiro que negociar com o devedor o crédito já penhorado, posto que não poderá invocar em seu favor a boa-fé.[383]

Sérgio Pinto Martins:

Estando o crédito penhorado, não mais poderá ser transferido pelo credor que tiver conhecimento da penhora, como menciona o artigo 298 do Código Civil, pois o crédito estará indisponível, vinculado ao resgate da obrigação. *Se houver transferência, implicará fraude à execução.* Intimado da penhora não mais poderá haver transferência do bem.[384]

---

[382] TEIXEIRA FILHO, Manoel Antônio. *Curso de Direito Processual do Trabalho.* São Paulo: LTr, 2009. v. III, p. 2163.

[383] OLIVEIRA, Francisco Antônio de. *Execução na Justiça do Trabalho.* 6. ed. São Paulo: RT, 2007. p. 173.

[384] MARTINS, Sérgio Pinto. *Comentários à CLT.* 11. ed. São Paulo: Atlas, 2007. p. 920.

Wolney de Macedo Cordeiro:

Realizada a penhora de crédito, *a exigibilidade do cumprimento da obrigação volta-se para o terceiro* que, conforme afirmamos anteriormente, tem o dever de cumprir a obrigação em favor do juízo da execução. Na realidade, o exequente sub-roga-se na condição de credor do terceiro (NCPC, art. 857) e poderá adotar as *medidas necessárias* à obtenção das parcelas creditícias.[385]

Jurisprudência:

EMENTA: *PENHORA DE CRÉDITOS. DESCUMPRIMENTO DA ORDEM JUDICIAL. APREEENSÃO DO VALOR DIRETAMENTE DA CONTA BANCÁRIA DO TERCEIRO. LEGITIMIDADE.* Em se tratando de penhora de crédito decorrente da prestação de serviços (cuja existência foi confessada expressamente pelo terceiro devedor) – hipótese em que ele assume a condição de depositário da respectiva importância – *é legítima a apreensão do valor diretamente em sua conta corrente bancária*, em hipótese de *descumprimento da ordem judicial*, conforme a *interpretação sistêmica* dos artigos 671, inciso I, 672, §§1º, 2º e 3º, do Código de Processo Civil. Agravo de petição acolhido. (TRT 6ª Região. Processo nº 000071-66.2010.506.0341. Primeira Turma. Rel. Nelson Soares Júnior. Julgamento: 02.02.2012. DEJTPE: 15.02.2012. p. 38).[386]

---

[385] CORDEIRO, Wolney de Macedo. *Execução no processo do trabalho*. 2. ed. Salvador: Juspodivm, 2016. p. 303.

[386] CORDEIRO, Wolney de Macedo. *Execução no processo do trabalho*. 2. ed. Salvador: Juspodivm, 2016. p. 303.

REFERÊNCIAS

ALMEIDA, Amador Paes de. *Execução de bens dos sócios.* 7. ed. São Paulo: Saraiva, 2004.

ALMEIDA, Cleber Lúcio de. *Execução trabalhista.* Belo Horizonte: Inédita, 2000.

ALVIM, J. E. Carreira. *Comentários ao Código de Processo Civil Brasileiro.* Curitiba: Juruá, 2011. v. 5.

AMARAL, Guilherme Rizzo. *Comentários às alterações do novo CPC.* São Paulo: RT, 2015.

ARENHART, Sérgio Cruz. *Curso de processo civil:* execução. 4. ed. São Paulo: RT, 2012. v. 3.

ASSIS, Araken de. *Manual da execução.* 11. ed. São Paulo: Revista dos Tribunais, 2007.

BAPTISTA DA SILVA, Ovídio A. *Curso de processo civil.* 4. ed. Rio de Janeiro: Forense, 2008. v. 2.

BARROS, Alice Monteiro de. *Curso de direito do trabalho.* 7. ed. São Paulo: LTr, 2011.

BORGES, Aline Veiga; CLAUS, Ben-Hur Silveira. Hipoteca judiciária sobre bens não elencados no art. 1.473 do Código Civil: a efetividade da jurisdição como horizonte hermenêutico. *Justiça do Trabalho,* Porto Alegre, n. 364. p. 7, abr. 2014.

CARRION, Valentin. *Comentários à consolidação das leis do trabalho.* 34. ed. São Paulo: Saraiva, 2009.

CHAVES, Luciano Atayde. *Curso de processo do trabalho.* São Paulo: LTr, 2009.

CLAUS, Ben-Hur Silveira. A aplicação da medida legal de indisponibilidade de bens prevista no art. 185-a do CTN à execução trabalhista: uma boa prática a serviço da responsabilidade patrimonial futura. *Justiça do Trabalho,* Porto Alegre, n. 362. p. 7, fev. 2014.

COELHO, Fábio Ulhoa. *Curso de direito comercial.* 13. ed. São Paulo: Saraiva, 2009. v. 2.

COELHO, Fábio Ulhoa. *Manual de direito comercial*. 16. ed. São Paulo: Saraiva, 2005.

CORDEIRO, Wolney de Macedo. Causas de impenhorabilidade perante a execução trabalhista e o novo Código de Processo Civil. In: DALLEGRAVE NETO, José Affonso; GOULART, Rodrigo Fortunato (Coord.). *Novo CPC e o processo do trabalho*. São Paulo: LTr, 2016.

CORDEIRO, Wolney de Macedo. *Execução no processo do trabalho*. 2. ed. Salvador: Juspodivm, 2016.

CORRÊA, Alcione Niederauer. *Das ações cautelares no processo do trabalho*. São Paulo: LTr, 1977.

DELGADO, Mauricio Godinho. *Curso de direito do trabalho*. 10. ed. São Paulo: LTr, 2011.

DIDIER JR, Fredie et al. *Curso de direito processual civil*: execução. 4. ed. Salvador: Juspodivm, 2012. v. 5.

DINAMARCO, Cândido Rangel. *Instituições de direito processual civil*. 3. ed. São Paulo: Malheiros, 2009. v. IV.

DUARTE, Radson Rangel Ferreira; ARANTES, Delaídes Alves Miranda. *Execução trabalhista célere e efetiva*: um sonho possível. São Paulo: LTr, 2002.

DINIZ, Maria Helena. *Código Civil anotado*. 8. ed. São Paulo: Saraiva, 2002.

DINIZ, Maria Helena. *Curso de direito civil brasileiro*. 24. ed. São Paulo: Saraiva, 2007. v. 1.

ENGISCH, Karl. *Introdução ao pensamento jurídico*. 10. ed. Lisboa: Fundação Calouste Gulbenkian, 2008.

FAVA, Marcos Neves. *Execução trabalhista efetiva*. São Paulo: LTr, 2009.

FIOREZE, Ricardo; CLAUS, Ben-Hur Silveira. Execução efetiva: a aplicação da averbação premonitória do art. 615-A do CPC ao processo do trabalho, de ofício. *Justiça do Trabalho*, Porto Alegre, n. 366, p. 7, jun. 2014.

GIGLIO, Wagner D. *Direito Processual do trabalho*. 16. ed. São Paulo: Saraiva, 2007.

LACERDA, Galeno. *Comentários ao Código de Processo Civil*. 3. ed. Rio de Janeiro: Forense, 1990. t. 1, v. VIII.

LEITE, Carlos Henrique Bezerra. *Curso de direito processual do trabalho*. 8. ed. São Paulo: LTr, 2010.

LORENZETTI, Ari Pedro. *A responsabilidade pelos créditos trabalhistas*. São Paulo: LTr, 2003.

LORENZETTI, Ari Pedro. *As nulidades no direito do trabalho*. São Paulo: LTr, 2008.

MANUS, Pedro Paulo Teixeira. *Execução de sentença no processo do trabalho*. 2. ed. São Paulo: Atlas, 2005.

MARINONI, Luiz Guilherme; MITIDIERO, Daniel Francisco. *Código de Processo Civil:* comentado artigo por artigo. São Paulo: Revista dos Tribunais, 2008.

MARINONI, Luiz Guilherme; MITIDIERO, Daniel Francisco. *Código de Processo Civil:* comentado artigo por artigo. 4. ed. São Paulo: RT, 2012.

MARTINS, Sérgio Pinto. *Comentários à CLT*. 11. ed. São Paulo: Atlas, 2007.

MEIRELES, Edilton. *Legitimidade na execução civil e trabalhista*. São Paulo: LTr, 2001.

MENEZES, Cláudio Armando Couce de. Legitimidade *ad causam* na execução (sucessores, sociedades integrantes de grupo empresário, sócios, administradores e acionistas). *Revista Genesis*, v. 20, n. 117, set. 2000.

MENEZES, Cláudio Armando Couce de. *Teoria geral do processo e a execução trabalhista*. São Paulo: LTr, 2003.

NEGRÃO, Theotonio; GOUVÊA, José Roberto F. *Código de Processo Civil e legislação processual em vigor*. 39. ed. São Paulo: Saraiva, 2007.

OLIVEIRA, Carlos Alberto Alvaro de; LACERDA, Galeno. *Comentários ao Código de Processo Civil*. 8. ed. Rio de Janeiro: Forense, 2007. t. 2,v. 8.

OLIVEIRA, Francisco Antonio de. *Consolidação das leis do trabalho comentada*. São Paulo: RT, 1996.

OLIVEIRA, Francisco Antonio de. *Execução na justiça do trabalho*. 5. ed. São Paulo: RT, 2006.

OLIVEIRA, Francisco Antonio de. *Execução na justiça do trabalho*. 6. ed. São Paulo: RT, 2007.

OLIVEIRA, Francisco Antonio de. *Comentários às súmulas do TST*. 9. ed. São Paulo: RT, 2008.

OLIVEIRA, Francisco Antonio de. O depositário infiel na nova visão do STF: outros temas especiais em sede executória. *Revista LTr*, ano 73, n. 9, p. 1031, set. 2009.

PINTO, José Augusto Rodrigues. *Execução trabalhista*. 11. ed. São Paulo: LTr, 2006.

PONTES DE MIRANDA, Francisco Cavalcanti. *Comentários ao Código de Processo Civil*. Rio de Janeiro: Forense, 1997. t. XV.

PÔRTO, Marcos da Silva. A impenhorabilidade do bem de família no direito processual do trabalho. *In: Estudos do Processo de Execução:* Tribunal Regional do Trabalho da Décima Quinta Região. São Paulo: LTr, 2001.

REQUIÃO, Rubens. *Curso de direito comercial*. 29. ed. São Paulo: Saraiva, 2009. v. 1.

ROMITA, Arion Sayão. Sucessão de empresa: assunção pelo sucessor da responsabilidade trabalhista e previdenciária do sucedido. *Revista Gênesis*, n. 37, p. 470, jan. 1996.

SALADINI, Ana Paula Sefrin. Fraude contra credores, fraude de execução e o processo do trabalho. *In:* SANTOS, José Aparecido dos. (Coord.). *Execução trabalhista*. 2. ed. São Paulo: LTr, 2010.

SALAMACHA, José Eli. *Fraude de execução*: direitos do credor e do adquirente de boa-fé. São Paulo: Ed. Revista dos Tribunais, 2005.

SBROGLIO, Ziula Cristina da Silveira. Impenhorabilidade do bem de família. *In:* SANTOS, José Aparecido dos. (Coord.). *Execução Trabalhista:* Amatra IX. 2. ed. São Paulo: LTr, 2010.

SCHIAVI, Mauro. *Manual de direito processual do trabalho*. São Paulo: LTr, 2008.

SCHIAVI, Mauro. *Execução no processo do trabalho*. 2. ed. São Paulo: LTr, 2010.

SILVA, Antônio Álvares da. *Execução provisória trabalhista depois da reforma do CPC*. São Paulo: LTr, 2007.

SILVA, Homero Batista Mateus da. *Curso de direito do trabalho aplicado:* execução trabalhista. São Paulo: Elsevier, 2010. v. 10.

SILVA, José Antônio Ribeiro de Oliveira. Execução trabalhista: medidas de efetividade. *Revista Juris Síntese*, n. 61, set./ out. 2006.

SOUZA, Marcelo Papaléo de. Efeitos da lei de recuperação judicial e falência na execução trabalhista. *In:* CHAVES, Luciano Athayde (Org.). *Curso de processo do trabalho*. São Paulo: LTr, 2009.

TARGA, Maria Inês Corrêa de Cerqueira César. O protesto extrajudicial de sentença trabalhista determinado pelo magistrado *ex officio*: um contra-senso?. *RDT*, v. 15, n. 1, jan. 2009. p. 21-24.

TEIXEIRA FILHO, João de Lima et al. *Instituições de direito do trabalho*. 22. ed. São Paulo: LTr, 2005. v. 2.

TEIXEIRA FILHO, Manoel Antonio. *Curso de direito processual do trabalho*. São Paulo: LTr, 2009. v. III.

TEIXEIRA FILHO, Manoel Antonio. *Execução no processo do trabalho*. 9. ed. São Paulo: LTr, 2005.

VILHENA, Paulo Emilio Ribeiro de. *Relação de emprego:* estrutura legal e supostos. 3. ed. São Paulo: LTr, 2005.

WAMBIER, Teresa Arruda Alvim et al. *Breves comentários ao novo Código de Processo Civil*. São Paulo: RT, 2015.

Esta obra foi composta em fonte Palatino Linotype, corpo 10
e impressa em papel Chambril Avena 70g (miolo) e Supremo 250g (capa)
pela Gráfica Star7, em Betim/MG.